KB046255

인생극장

막이 내리고 비로소 시작되는 아버지, 어머니의 인생 이야기

인생극장

노명우 지음

사계절

이 책을
충청남도 공주군 반포면 송곡리에서
7남매 중 넷째 아들로 태어났고,
1945년 일본 나고야에서 해방을 맞이한
1924년생 아버지(고 노병욱 요셉),
서울 종로구 창신동 오형제 우물터 근처에서
가난한 집 막내딸로 살다가
아버지와 부부의 연을 맺고 1966년 나를 낳아주신
1936년생 어머니(고 김완숙 세실리아),
그리고 내 아버지, 어머니와 공통의 사회적 운명에 처했던
이 세상의 모든 '그저 그런' 아버지와 어머니에게
바칩니다.

감사의 말

늘 그렇듯 이 책 『인생극장』에도 수많은 사람들의 정성과 노력이 담겨 있다. 이 책의 아이디어는 2014년 1학기 아주대학교 사회학과에서 개설한 '영상사회학' 강의에서 출발했다. 그저 한 학기 대학 강의로 끝날 수도 있었으나 섬세한 촉수를 지닌 『세상물정의 사회학』의 편집자 조건형 씨의 제안으로, 이 강의는 캠퍼스의 울타리를 넘어 세상 밖으로 나왔다. 그리고 한국 고전영화를 함께 보는 프로그램 '세상물정극장'으로 변주되었다.

'세상물정극장'은 식민지 시대부터 1970년대까지의 한국 고전영화를 함께 감상하고 토론하는 프로그램으로 2014년 하반기 복합문화공간 에무EMU에서 소박하게 시작했지만, 점차 열기를 더해 2015년 상반기 홍대 앞 상상마당에서 진행된 시즌 3까지 이어졌다.

'세상물정극장'은 일종의 확장된 공개 거실이었다. 많은 사람이 모였고, 영화를 보며 같이 웃고 울고 화내고 기뻐했다. 영화가 끝나면 영화가 촉발한 궁금증에 자극받아 이야기가 꼬리에 꼬리를 물고 이어졌다.

'세상물정극장'을 순조롭게 진행할 수 있도록 전폭적인 도움을 주셨던 에무의 김영종 관장님께 감사드린다. 또한 한국 고전영화 DVD 자료를 아낌없이 후원해준 한국영상자료원의 오성지 씨에 대한 감사 인사도 빼놓을 수 없다. '세상물정극장'을 시작한다는 소식을 개인 페이스북에 포스팅했을 뿐인데, 오성지 씨는 일면식도 없던 나에게 한국영상자료원에서 발매한 한국 고전영화 DVD를 증정했다. 덕분에 한국 고전영화 자료를 구하는 시간과 경비를 절약할 수 있었다. 영화 저작권과 관련한 편집자의 끝없는 질문과 온갖 요청을 꼼꼼하게 검토하고 적절한 도움과 조언을 준 한국영상자료원의 노창우 씨에게도 감사 인사를 드리고 싶다. 또한 나고야에 있던 보병 제6연대 건물이 이누야마犬山의 메이지무라明治村에 이전 복원되어 있음을 알려준 홍상현 씨에게도 감사의 뜻을 전한다.

누구보다도 '세상물정극장'이라는 확장된 거실을 열기와 관심으로 꽉 채워준 '동시대'의 소중한 사람들에게 감사드리고 싶다. 특히 강태성, 이승재, 이광윤, 임자헌, 홍성현, 정명섭, 윤혜숙 님은 '세상물정극장'의 잊을 수 없는 단골손님이었다. 나의 어머니 또한 '세상물정극장'의 가장 열성적인 관객이었다. 우리에게 식민지 시대부터 1970년대까지의 한국영화는 그저 신기한 구경거리였지만, 그 시대를 몸소 살아낸 어머니에게는 자신의 삶을 되짚어보는 계기가 되었다. '세상물정극장' 덕분에 어머니와 옛날이야기를 자연스럽게 나눌 수 있었고, 그 과정에서 '세상물정극장'은 어느새 그 시대를 살았던 보통 사람들의 이야기를 담은 '인생극장'이 되었다.

애초에 이 책은 2015년 세상을 뜬 아버지의 1주기에 맞추어 2016년 상반기에 출간할 계획이었다. 하지만 오랜 기간 아버지의 병간호를 도맡아 하셨던 어머니 또한 병을 앓고 계신다는 걸 2016년 이른 봄에 알게 되면서 원고 집필에 차질이 생겼다. 아픈 어머니를 돌봐야 했기에 원고에 할애할 수 있는 절대적인 시간이 부족했고, 2016년 6월 어머니와 이별하고 난 이후에는 상실감으로 인한 지독한 슬럼프가 찾아와 원고의 완성을 늦출 수밖에 없었다. 그 기간 동안 묵묵히 원고를 기다려주었을 뿐 아니라 위로를 아끼지 않았던 사계절출판사의 강맑실 대표님께 감사드린다. 나의 어머니를 언제나 잘 기억해주셨고, 어머니의 병환 소식에 누구보다 먼저 병문안을 와주셨던 그 자상한 마음을 어머니는 마지막까지 기억하며 고마워하셨다.

『세상물정의 사회학』의 편집자이자 '세상물정극장'의 기획자이기도 했던 조건형 씨에게 감사의 말을 전한다. 또한 사계절출판사의 인문팀장 이진 씨와 편집자 이창연 씨에게 뭐라고 감사해야 할지 모르겠다. '세상물정극장'의 진행부터 『인생극장』의 편집까지 온갖 수고를 마다하지 않은 그들이 없었다면 이 책은 세상에 나올 수 없었을 것이다. 편집자에 대한 감사의 말은 예의 바른 의례적 인사처럼 보여도, 언제나 그렇듯 너무나 분명한 사실을 표현한 것이다.

아버지와 어머니의 마지막 순간을 지켜보면서 힘든 시간을 서로 격려하며 이겨낸 나의 가족들(노찬우, 양애자, 노정선, 우종복), 그리고 아버지와 어머니의 사랑을 듬뿍 받고 자란 조카들(노재용, 노재미, 우유라, 우사라)의 관심으로 이 책은 완성될 수 있었다.

어머니는 텔레비전에 출연한 아들을 보고 싶어 했다. 마치 기적처럼 2016년 5월 JTBC 〈김제동의 톡투유〉의 이민수 PD에게서 출연 요청이 왔고, 그 덕분에 어머니에게 마지막 선물을 할 수 있었다. 어머니는 아들이 출연한 방송을 보고 또 보면서 "우리 아들 장하다" 하며 기뻐하셨다. 내친 김에 두 번째 녹화를 직접 구경하고 싶어 하셨지만, 바로 그 녹화가 있던 날 어머니는 응급실에 입원하셨고 그로부터 3일 후 세상을 떠나셨다. 응급실에 입원한 어머니에게 직접 전화를 걸어준 방송인 김제동 씨, 어머니에게 생애 마지막 즐거운 추억을 안겨준 이민수 PD와 김영주 작가를 비롯한 〈김제동의 톡투유〉 모든 제작진 여러분께 감사드린다. 아버지와 어머니의 마지막 길을 배웅해주신 아주대학교의 모든 교수님과 언제나 힘이 되어주는 나의 도라에몽에게도 감사의 말을 빼놓을 수 없다.

아버지의 장례 미사를 집전하고 늘 어머니를 기억해주셨던 김도현 요셉 신부님, 어머니의 장례 미사를 집전한 장광훈 안드레아 신부님, 전진성당에 계셨던 정재웅 마티아 신부님, 39년 동안 어머니와 함께한 마리아의 군단 레지오 마리애 Legio Mariae 단원들, 노병욱 요셉의 대부 강대영 말딩, 김완숙 세실리아의 대모 유윤애 리따, 어머니의 든든한 버팀목이었던 박명옥 막달레나와 허현애 사비나, 그리고 아버지와 어머니의 마지막 길을 위해 진심으로 기도해준 강연식 프란치스코, 곽보영 스텔라, 김순복 글라라, 김우례 루시아, 김정태 데레

사, 국준성 요한, 권태순 벨라뎃따, 박경자 비비안나, 송영재 스테파노, 안재민 야고보, 이명자 글라라, 이순인 엘리사벳, 이은실 카타리나, 이홍규 예로니모, 이희경 마리아, 윤희근 요셉, 조선희 모니카, 홍은순 아네스와 홍연희 에스델에게도 아버지와 어머니를 대신해 감사의 말을 전한다.

2018년 1월

아버지, 어머니와 이별한
경기도 파주시 광탄면 신산1리 '새뜰'과
아버지의 흔적을 찾아 떠났던 나고야와 선양,
이별로 인한 아픔이 치유되었던 헬싱키,
그리고 이 뜻깊은 기록을 마무리한 서울에서

머리말

"게다가 나는 고독孤獨한 몸인 걸 보면 용기가 안 나는군요."

- 영화 〈자유결혼〉(이병일 감독, 1958)

제齊 선왕宣王이 세상에서 가장 불쌍한 사람이 누구인지 물었다. '환/과/고/독'의 상태에 처한 네 종류의 사람이 가장 가엽다고 맹자가 대답했다. 아내를 잃은 사람(환鰥), 남편을 잃은 사람(과寡), 부모를 잃은 사람(고孤), 자식을 잃은 사람(독獨)이 세상에서 가장 불쌍하다는 것이다.

'환과고독'은 어찌 보면 인간의 운명이다. 어느 누구도 환과고독의 상태를 피해 인생을 마무리할 수 없다. 결국 그 순간이 나에게도 다가왔다. 2015년 아버지, 그리고 2016년 어머니와 이별하면서 부모를 모두 잃고 '고독'한 처지가 되었다. 그렇다. 예외적인 일이 아니니 유난을 떨 수는 없다. 많은 사람이 부모를 잃고 고아가 되듯 나 또한 이제 그러한 사람 중 하나가 된 것뿐이다.

부모를 여의었다는 누군가의 부고를 접할 때마다 상을 당한 자식의 심정을 상상해보려 했다. 부모를 잃어본 경험이 없을 때는 아무리 상상해도 알 수 없었던 그 심정을 이제는 안다. 도저히 글로 옮길 수 없는 그 마음을.

쓰라렸다. 연인과의 이별로 인한 고통과는 다른 쓰라림이었다. 연인과는 이별하더라도 어느 정도 고통의 시간을 보내고 나면, 또 다른 사랑이 예전의 사랑이 남긴 상처를 치유해준다. 하지만 부모는 완벽하게 '대체 불가능한' 존재이다. 그 빈자리를 대신해줄 수 있는 또 다른 존재는 아무리 기다려도 결코 나타나지 않는다. 그러니 부모를 잃은 상실감은 시간이 흘러도 무뎌지지 않는다. 그래서 사람들은 마음이 '아프다'와 '아리다'를 구별하기 시작했나 보다. 이제는 '아리다'라는 단어의 뜻을 확실히 안다.

아주 오래된 습관을 바꾸어야 했다. 부모를 잃는다는 것은 더 이상 '응석'이 허용되지 않는다는 뜻이다. 누구나 부모 앞에서는 나이와 상관없이 '응석받이'이다. 나 또한 그랬다. 칭찬을 받으면 우쭐했고, 꾸중을 듣는 순간에도 그래도 부모는 끝내 내 편이라는 믿음이 있었다. '응석'은 오랜 기간 나의 심정적 방패막이이자 정서상 최후의 보루였다.

장례 절차상의 이별은 며칠 걸리지 않았지만, 이 오랜 감정상의 습관이 해소되기까지는 생각보다 긴 시간이 필요했다. 내 안의 '응석'을 비워내기 위해 아버지와 어머니라는 가족 호칭을 잠시 유예하고, 1924년부터 2015년까지, 그리고 1936년부터 2016년까지 인생극장의 무대에 섰던 자연인-노병욱과 자연인-김완숙의 삶을 이 책 『인생극장』에 담는다.

이 책을 쓰는 동안 사회학자 아들은 미처 다하지 못한 효도에 대한 회한을 아버지와 어머니의 인생에 대한 물음으로, 그리고 아버지와 어머니의 동시대인들이 살아내야 했던 '당대'에 관한 물음으로 바꾸기 위해 노력했다.

그러므로 『인생극장』은 나의 아버지와 어머니에 관한 책이자, 그들과 '동시대'를 살았던 이 세상의 무수히 많은 아버지와 어머니 혹은 할아버지와 할머니를 위한 책이다. 나의 아버지와 어머니가 처했던 사회적 운명, 그리고 그에 대한 기록은 희귀한 사례가 아니라 '범례凡例'라는 의미를 지닌다. 이 책을 읽는 당신의 부모가 예외적으로 특별한 존재가 아니었다면, 나의 부모와 당신의 부모 혹은 조부모는 사회적 운명의 공동체에 가깝다. 그들은 모두 그렇게 살아왔다. 그래서 그들만의 심성을 공유한다. 그렇다.

차례

6 감사의 말
11 머리말

19 **프롤로그**
순간이 모여 인생을 이루다

내던져진, 그리고 갇혀버린 우리
역사로 자기 인생을 기록하는 영웅과 이름 없는 필부
인생을 심정으로 표현하는 '그저 그런' 사람들
욕으로 정리되는 20세기: 아버지의 마지막 증상
마지막까지 가만가만한 한탄: 어머니라는 여성의 성격학적 증상
자식조차 그들의 인생을 묻지 않았다
아들이 대신 쓰는 자서전
기록도 자료도 없는 보통 사람의 삶은 어떻게 복원될 수 있을까
심층 소망으로 들어가는 입구: 시네마 파라디소
과거로의 여행기

1부 몰락의 순간
아버지의 식민지 시대

52 1장 기원 혹은 고향, 송곡리
'어쩌다' 신분제가 소멸한 공간
식민지라는 껍데기

64 2장 제국의 소국민

보통학교가 남긴 것: "내가 일본말을 잘했어"
소국민이 되기 위한 의례
영달이 혹은 아버지의 교실
책 읽는 소년상

84 3장 청춘으로 들어가는 어떤 붐

소년을 사로잡은 만주 붐
일확천금의 꿈
만주로 가는 길

106 4장 국민의 자격: 나고야의 조토헤이

독립군도 친일파도 아닌 그 시대의 보통 사람
황국신민 육성을 위한 국가의 교육장, 영화관
스크린 위에 투영된 제국
"우리에겐 그럴 자격이 없네"
신민으로 포섭된 아버지
아버지의 스무 살을 찾아 나고야로 향하다
국가라는 거대한 가족
"어째 오늘 밤 꼭 무슨 일이 터질 것만 같애요"

2부 탈출의 순간

전쟁과 어머니의 레인보우 클럽

156 1장 창신동 산동네, 그들만의 세상

일본어가 필요 없는 창신동 산동네
이화장, 경성제국대학 그리고 효제국민학교

169 2장 전쟁과 운명, 증발된 사춘기

여성의 전쟁 기억

184 3장 전쟁이 만들어낸 기적들
두 가지 생명선 – 아버지와 유엔군
캐나다 부대의 철수와 파주행

199 4장 레인보우 클럽의 세상물정
삼거리의 이층 양옥 건물
체면이 필요 없는 생활력의 시대
"외로움 이전에 나는 살아야 한다"
레인보우 클럽이라는 신세계
환영받지 못한 삼거리의 아프레걸 양공주
"그런 썩어빠진 변명은 하지두 말어"
어머니의 길

246 5장 레인보우 클럽 저 멀리 아메리카
아메리카라는 이상향
"유학을 하고 영어를 하고 박사호 붙어야만"
"불쌍하게도 한글을 몰라요"
"나는 딱하게도 구식 여자였나 보아"
"미국 얘기 들려주세요"
이름조차 명동이라 어두움은 싫다네
불타는 영화관

3부 꿈꾸는 순간
삼거리 무지개 다방의 꼬마 주방장

289 1장 삼거리, 노씨 가족의 탄생
"나 슬퍼하지 않아. 이제 자식에게 내 애비의 보람을 느껴"
"애, 4·19혁명도 별수가 없구나"
"청와대로 이사를 와서 우리는 공부를 더 열심히 하기로 했어요"
삼거리의 가족들

가족 밖의 사람들

309 **2장 한국 남자 아버지, 남자들만의 워커힐**

"오늘부터 워커힐 쇼에 미라도 나가게 됐는데"

삼거리의 남성 연대

바람피우는 남자들

332 **3장 여자 그리고 어머니, 아니 엄마**

"그럼 바로 보는 법을 알려줄까?"

"괜찮아요, 전 아무렇지도 않아요"

"닥터 리는 스탠포드대학에서 AB학위를 받으셨다죠? 참 훌륭하십니다"

353 **4장 나, 어린이의 삼거리 목격담**

레인보우 클럽에서 무지개 다방으로

아들의 작은 전후 사회, 신산국민학교

어른들의 숨겨진 학교, 대한뉴스

아이들의 유신학교

"잘살고 못사는 게 팔자만은 아니더라"

삼거리 무지개 다방의 어린 주방장

삼거리의 이중성

"얄개야, 우리에겐 밝고 희망찬 내일이 있어"

"난 그런 거 몰라요"

415 **에필로그**

미래라는 순간

434 참고문헌

441 영화 목록

446 영상 목록

일러두기

1. 이 책에 수록된 한국 영화 관련 도판은 한국영상자료원의 협조를 받아 저작권을 확인한 뒤, 저작권 소멸 작품을 제외하고는 모두 저작권자나 대리인, 소장자의 허락을 얻거나 비용을 지불하고 사용한 것입니다.
2. 그 밖의 도판은 저자가 소장하고 있거나 퍼블릭 도메인public domain인 경우를 제외하고는 모두 저작권자나 자료 제공자 등 출처를 표기하였습니다.
3. 이 책의 외래어 표기는 기본적으로 국립국어원의 외래어표기법을 따랐으나, 일제강점기 만주 일대를 묘사한 부분에서는 당시 사람들이 실제로 사용했던 표현, 즉 봉천(현재의 선양), 신경(현재의 창춘) 등을 그대로 살려 썼습니다.
4. 본문 가운데 '영상' 아이콘이 있는 경우는 책 뒤에 해당 영상을 볼 수 있는 웹주소를 소개하였습니다. 저작권이 소멸했거나 저작권자의 허락을 얻은 영상은 사계절출판사에서 운영하는 유튜브 채널 혹은 공식 블로그의 '노명우의 인생극장' 게시판에서, 그 밖의 영상은 원 출처에서 감상할 수 있습니다.

순간이 모여 인생을 이루다

말 없는 피조물은 의미되면서 구원을 희망할 수 있다.

• 발터 벤야민, 『독일 비애극의 원천』

1924년, 그해에도 언제나 그랬던 것처럼 수많은 사람들이 태어났고 각자의 인생을 시작했다. 새로 인생극장의 무대에 오른 사람만큼이나 많은 사람이 인생극장을 떠났다. 여느 해와 다를 바 없는 그해 1924년, 한 사내아이가 충청남도 공주군 반포면 송곡리 65번지에서 농사꾼의 아들로 이 세상에 발을 내디뎠다. 그로부터 12년 후인 1936년, 서울의 동대문 근처 청계천변의 빈한한 도시 상공인 집에도 딸이 태어났다. 기록에 따르면 1936년에는 61만 5381명의 사람이 태어났다고 한다. 그 여자아이는 그해에 태어난 61만여 명 중의 한 명에 불과하다.

그 둘 모두 명망가의 자제가 아니었으니, 그저 그런 사람들 대부분이 그러하듯 그들의 출생과 관련된 특별한 이야기는 전하지 않는다. 위인전에 흔히 등장하는 태몽도 알려진 바 없다. 돌을 채 넘기지 못하고 세상을 떠나는 일이 흔했던 시절이다. 손 귀한 집안의 독자도 아닌 7남매 중 넷째로 태어난 남자아이와 7형제 중 마지막으로 태어난 여자아이의 탄생이 집안의 경사였을 리 없다. 농사꾼 집안에서 남자아이의 탄생은 일

손이 하나 늘었으니 큰 실망이 아니었을 수 있지만, 서울의 가난한 집 딸은 축복보다는 눈총을 받으며 태어났을 가능성이 높다.

충청남도 공주군 반포면 송곡리(현재는 충청남도 공주시)와 동대문 청계천변은 직선거리로도 150킬로미터가 넘는 먼 거리이다. 자동차로 이동해도 2시간 이상은 족히 걸릴 것이다. 그 사내아이와 여자아이가 태어났던 시절에는 아마도 하루 이상 걸렸을 것이다. 그들의 출생지와 가족 배경, 그리고 물리적 거리를 감안할 때 적어도 이론상으론 그 둘이 성장하여 특별한 인연을 맺을 가능성은 거의 없었다.

인생에 예정이란 없다. 줄거리가 예상되는 인생극은 지루하다. 전혀 예상하지 못했던 사건들이 모여 인생극의 묘미를 이룬다. 인생극장에서 어떤 일이 벌어질지 전혀 예상하지 못한 채로, 그 사내아이와 여자아이는 각자의 삶을 살았다. 그들이 어느새 어머니의 젖을 떼고, 걷기 시작하고, 어린아이가 되고, 사춘기에 접어들며 각자의 인생을 살아가는 동안 그들에게 '공통의 운명'을 강요하던 사회는 변태를 거듭했다. 그들은 식민지에서 태어났으나 어느 날 거짓말처럼 식민지의 껍데기가 붕괴되었고, 한국전쟁이 일어났다.

전쟁이 끝나고도 유엔군은 한동안 이 땅에 남았다. 유엔군이 철수한 뒤에는 미군이 남았다. 낯선 전후 질서의 틈바귀에서 그 사이 30대에 접어든 남자와 전쟁을 겪었어도 아직도 소녀티가 남아 있던 열아홉 살 여자가 부부의 연을 맺었다. 전쟁으로 인한 요동에 가까운 변동이 없었다면 불가능한 일이었다. 그렇게 기적처럼 인연을 맺은, 1924년에 태어난 나의 아버지 노병욱 요셉과 1936년에 태어난 나의 어머니 김완숙 세실리아 사이에서 지금 그들의 삶을 기록하는 사회학자 아들 노명우가 1966년 인생극장에 발을 내디뎠다.

내던져진, 그리고 갇혀버린 우리

인생은 우연이 쌓이고 쌓여 만들어진 필연이다. 우리가 막연히 알고 있는 것보다 훨씬 더 강하게 우연은 삶을 지배한다. 우주의 수많은 행성 중에서 칼 세이건이 묘사한 것처럼 그저 '창백한 푸른 점a pale blue dot'에 불과한 지구라는 행성에 생명체로 태어났다는 사실 자체가 거대한 우연이다. 우리는 '창백한 푸른 점'에 '내던져졌다(게보르펜geworfen)'. 어떤 나라에 태어날지 결정할 수 없었으니 국적은 우연이라 해야 한다. 어느 시대에 태어날지도 우리가 결정할 수 없었으니 그 또한 우연이라 할 수밖에 없다. 어느 '나라'에, 어느 '시대'에 내던져졌느냐에 따라 개인의 삶은 극명히 달라진다. 우리는 각자 태어난 시대에 '갇혀 있다(게슐로센geschlossen)'.

누구나 한 번은 스무 살을 경험한다. 아버지, 어머니, 그 사이의 아들인 나. 우리는 모두 스무 살을 겪었다. 하지만 우리 세 사람이 각기 맞이한 스무 살의 풍경은 너무나 달랐다. 스무 살이라고 모두 같은 스무 살이 아니다. 노병욱이 1943년에 스무 살이 되었을 때, 그는 공식적으로는 조선인이 아니라 일본인이었다. 김완숙은 스무 살에 이미 결혼한 처지였다. 심지어 전쟁도 겪었다. 전쟁도 겪고 어머니로 맞이하는 스무 살은 연인에게 키스와 장미꽃을 선물 받으며 스무 살을 맞이하는 요즘의 어떤 여성과는 너무나 다르다.

아버지가 1924년에 태어나야 할 어떤 필연적 예정은 없었다. 어머니 역시 1936년에 태어나야 할 필연 따위는 없었다. 1924년에 태어났기에 아버지는 식민지의 청년일 수밖에 없었고, 가난한 집 막내딸로 태어났기에 교육받을 기회를 원천적으로 박탈당한 어머니는 스무 살이 채 되기도 전에 결혼을 하고 아이 엄마가 되었다. 그들은 인생에서 제한 없는 선택의 가능성을 마주한 적이 없다. 그들 인생의 결정적 장면들은 언제나 제한된 선택지 중에서 궁여지책으로 고른 결과였다. 아버지와 어머니가 스무 살에 부딪혔던 그 엄청난 사건accident은 그저 우연히accidentally 그들의 삶 속으로 침투해 깊고도 굴곡진 흔적을 남겼다.

역사로 자기 인생을 기록하는 영웅과 이름 없는 필부

한 시대는 이후 시대에 흔적을 남기고, 그 흔적을 물려받은 이후 시대는 또 다른 흔적을 미래에 넘겨준다. 시간의 연속적 흐름 속에서 과거는 현재를 만들었고, 현재는 자신도 모르는 사이에 미래를 결정하고 있다. 이전의 시간과 이후의 시간이 맺고 있는 불가역적 관계가 사람과 사람의 인연으로 표현되면, 어떤 사람은 부모가 되고 어떤 사람은 자녀가 된다. 부모가 살았던 시대의 흔적은 자녀가 살아야 하는 시대에 영향을 미친다. 자녀는 원하든 원하지 않든 이전 시대의 흔적을 물려받을 수밖에 없다. 어느 시대를 사는 사람이나 부모가 물려준 유산과 씨름해야 한다. 나의 부모 또한 선대의 시간과 씨름하며 자신의 시대를 살아야 했을 것이다.

수많은 행위자가 시간의 유산과 씨름하며 나름의 방식으로 각 시대를 살아가지만 '당대'에 대한 영향력은 저마다 다르다. 어떤 이는 특정 시대에 자신의 이름을 남길 정도로 '당대'에 강한 영향력을 행사한다. 그들은 '당대'라는 물결에 투망投網하여 자신을 예외적인 존재로 만든다. 그래서 그들은 영웅이란 호칭을 얻는다. 영웅이 아닌 필부匹夫는 그 영웅이 내던진 투망에 갇힌 물고기와 같다.

1917년에 태어난 사람이 있다. 나의 아버지가 태어나기 불과 몇 해 전에 태어난 사람이다. 그들은 서로 동시대인이라 해도 무방하다. 아버지와 그 사람이 '당대'에 대응하는 방식, 그리고 '당대'에 가한 반작용은 사뭇 달랐다. 1924년에 태어난 아버지를 여전히 기억하는 건 우리 가족뿐이지만, 1917년에 태어난 그 사람 박정희를 기억하는 이들은 아주 많다. 그의 딸이라는 이유만으로도 대통령이 될 수 있을 만큼 그의 영향력은 사후에도 그치지 않았다. 그는 한 시대를 자신의 이름을 따서 명명할 수 있을 정도로 '당대'에 강한 영향력을 행사했다.

1940년 4월 만주국 육군군관학교(신경군관학교) 2기생으로 입교했다가 1942년 일본 육군사관학교 57기에 편입, 1944년 7월에는 다카키 마사오高木正雄라는 이름으로 당시 러허성

熱河省(현재의 허베이성河北省, 랴오닝성遼寧省 및 네이멍구자치구內蒙古自治區의 교차 지역)에 주둔하던 보병 제8단에 배속된 만주국 장교 박정희와 달리, 나의 아버지는 나고야로 징용당한 일본군 '조토헤이じょうとうへい(상등병, 상병)'에 불과했다.

아버지의 삶은 유별나지 않았다. 아버지의 삶에는 영웅호걸의 극적인 서사가 없다. 남로당에 들어갔다가 여순반란사건에 연루되어 1심에서 무기징역형을 받지만 우여곡절 끝에 살아난 박정희의 인생과 같은 극적인 순간이 아버지의 인생에는 없다. 1961년 결코 많다고 할 수 없는 나이에 군사 쿠데타를 일으키고 1979년까지 한국이라는 나라를 호령하던 박정희와 달리, 아버지는 삶의 어느 순간에도 역사를 규정하는 거대한 사건의 중심에 서 있었던 적이 없다. 아버지는 박정희와 같은 당대의 영웅호걸이 던진 그물 속에서 국가의 명령에 순응하는 유권자이자 납세자로 살아간 이 세상의 많고 많은 '그저 그런' 사람 중 한 명이었다.

어머니는 아버지보다 한층 더 이름 없는 삶을 살았다. 교육받지 못한 전업주부는 자신의 인생을 살면서도 자신의 이름을 내세울 일이 없다. 스무 살도 되기 전에 누군가의 아내가 되어 일생을 가정의 울타리 안에서 살았던 어머니는 가족 안에서는 '엄마'라는 사랑스러운 가족 호칭으로, 밖에서는 '노씨 부인' 혹은 '명우 엄마'로 불렸다. '김완숙'은 행정 서류상에만 등장하는 이름이다. 박정희의 아내 육영수에겐 영부인이나 여사 같은 높여 부르는 호칭이 따라 붙지만, 아무런 호칭 없이 쓰이는 김완숙이라는 이름의 다른 뜻은 무명씨이다.

시대에 갇히기는커녕 자신의 의지로 그물을 짜서 시대에 내던진 예외적 존재들은 자신의 인생을 역사로 기록한다. 아니, 역사 자체가 영웅적 존재들의 인생 기록으로 짜인 직조물이기도 하다. 영웅의 인생은 대하 서사시를 닮았고, 그 인생은 기념비에 담긴다.

역사에 자신의 인생을 기록할 수 없기에, 아니 기록할 엄두조차 내지 못하기에 무명씨들은 살면서 자신의 인생을 숨기는 재주를 몸에 익힌다. 자신을 가둔 시대에 대한 심정은 쌓이고 또 쌓이지만, 솔직하게 털어놓을 기회도 드물고 어쩌다 기회를 맞이한다 해도 '그저 그런' 사람의 심정에 귀 기울일 이는 없다. 심지어 자녀들마저 명절에 술 한잔 걸친 김에 털어놓은 심정을 뻔하디 뻔한 옛날이야기로 치부한다.

무명씨들은 아마 자신의 심정을 숨기는 재주를 키우며 평생을 살아갈 것이다. 그 심정은 노출해서는 안 되는 것이다. 아버지이기에 남자의 심정은 드러내기가 쑥스럽다. 어머니라면 여자의 심정 따위는 속곳처럼 꽁꽁 숨겨야 한다. 아무리 그런 재주를 키우며 평생을 살아왔어도, 그것을 아예 억누르기는 불가능하기에 '심정'은 슬그머니 꼬리를 드러낸다. 그 꼬리를 따라가면 우리는 어떤 '증상'과 만난다. 그 '증상'은 '심정'이라는 핵으로 가만가만히 다가갈 수 있는 통로이다.

욕으로 정리되는 20세기: 아버지의 마지막 증상

그렇다. 아버지는 '딱 한국의 아버지'였다. 또래의 아버지들이 그러하듯, 자상하지도 가정적이지도 않았지만 그렇다고 유별나게 권위적이지도 않았던 분이다. 가족과의 정서적 교감을 낯설어하셨기에 아버지가 품고 있는 심정은 가족에게도 잘 알려지지 않은 세계였다. 우리는 늘 함께 있었지만, 아버지는 당신의 심정을 식구들과 공유하지 않았다.

2015년 봄 넘치지도 모자라지도 않은 딱 그 시대의 아버지라는 표준 범주에 들어맞는 아버지가 세상을 떠나기 전, 치매라는 지독한 병이 인생의 마지막 시간을 급습했다. 아버지는 인생을 충실하게 복습했다. 거죽은 나날이 늙어갔지만 정신은 나날이 어려지기만 했던 아버지는 어머니가 잠시라도 보이지 않으면 마치 학교에서 돌아온 아이처럼 어머니를 애타게 찾았다. 감정의 기복도 하루가 다르게 커져갔다. 아버지는 기분이 좋을 땐 "백구야 훨훨 날지 마라" 하고 노래를 불렀고, 조금이라도 언짢으면 때론 영어로 때론 일본어로 욕을 늘어놓았다. 스스로 어쩌지 못하는 과거의 기억이 망령처럼 정신을 휘감을 때면, 아무도 알지 못하는 과거의 어떤 일에 사로잡혀 혼잣말을 늘어놓았다. 치매를 앓는 노인이 구축한 자폐의 세계로 들어간 아버지는 두 번 다시 그 세계에서 나오지 않았다. 생애의 마지막 단계에서 아버지는 자신의 나라에 타인이 발 딛는 것을 허락하지 않았다. 병이 깊어질수록 그 세계

는 더욱 단단해졌다. 가끔 아무도 추측할 수 없는 이유로 과거에 가위눌리면 아버지는 '바카야로ばかやろう'부터 '마더 퍽 유Mother fuck you'까지 각종 욕을 동원하여 가장 끔찍했던 기억을 자신만의 방식으로 회고하기 시작했다.

아버지는 자신이 살았던 세월 가운데 일본어가 지배했던 식민지 시기에는 '바카야로'를, 먹고살기 위해서 '양놈'들을 상대할 수밖에 없었던 한국전쟁 이후 시기에는 '갓뎀goddam'과 '마더 퍽 유'를 날렸다. 군인들이 지배했던 1960년대와 70년대는 외상값을 갚지 않은 어떤 군인에게 퍼붓는 저주의 말로 표현했다. 아버지는 대체 어떤 '심정'을 드러내지 못했기에 자신이 살았던 20세기를 당신이 구사할 수 있는 모든 종류의 언어를 동원하여 욕으로 정리했을까?

내세울 것 없는 아버지였지만, 최소한 집에서만큼은 '그저 그런' 남자가 아니었다. 아버지는 가장이었고, 가장으로 행세했고, 가장으로 대접받았다. 비록 형식적이라 할지라도 집안의 중요한 결정은 아버지의 승인을 거쳐야 했다. 집에서만큼은 '동굴 속의 황제'였기에 치매 걸린 아버지가 내지른 욕의 퍼레이드는 이상 증상이라기보다는 평상시 모습의 연장이라고 하는 게 맞다. 아버지는 평범한 사회적 지위 때문에 밖에서는 심정을 내지르지 못했지만, 집 안에서는 감정을 억누를 필요를 느끼지 못했다. 기쁨과 애정의 표현은 드물고 서툴렀지만, 보통의 아버지들이 그러하듯 분노는 결코 다스릴 필요가 없었다.

마지막까지 가만가만한 한탄: 어머니라는 여성의 성격학적 증상

팔순의 어머니가 아흔이 넘은 치매 걸린 아버지의 병수발을 들어야 하는 상황은 상상 이상으로 가혹하다. 아픈 아버지를 돌봐야 하는 책임이 왜 아내만의 몫이었을까? 한 개인에게 집중된 책임감은 때로 족쇄가 된다. '현모양처'라는 관습적 사유는 병수발의 책임을 어머니에게 집중시켰다. 어머니 당신도 스스로 그렇게 생각했고, 아들인 나도 그러는 게 자연스럽다고 습관적으로 생각했다.

2015년 4월 아버지가 세상을 떠나면서 어머니의 발에 채워졌던 병수발이라는 족쇄가 사라졌다. 아버지는 죽음으로써 족쇄의 잠금장치를 풀어주고 어머니 곁을 떠났다. 아내의 역할을 강요받았던 관습의 잠금장치에서 벗어난 어머니는 '과부의 안락'을 구가하는 '자유부인'이어야 했다. 유별나게 권위적이지는 않았지만 딱 그 시절의 남자들이 그랬던 만큼 '가부장'이었던 아버지의 아내였기에 어머니는 자신만의 삶을 살지 못했다. 어머니의 삶에는 가족의 그림자가 너무나 깊게 드리워져 있었다.

남자이자 남편인 아버지는 언제나 독립 변수였고, 여자인 어머니는 종속 변수였다. 독립 변수였으나 세심하지 못한 아버지가 벌여놓은 일의 뒷감당은 언제나 종속 변수인 어머니의 몫이었다. 어머니는 언제나 가슴을 졸이며 종종걸음으로 일을 해치웠지만 잘되면 아버지 탓, 안되면 부족한 내조 탓이 되는 희한한 책임 구조 속에서 살았다. 언제나 독립 변수였던 아버지는 인생의 마지막 순간에는 '절대' 독립 변수가 되었다. 치매는 날이 갈수록 사람을 어린 시절로 데려갔다. 노인의 고집에 유아적 사고방식이 더해지면서 아버지는 점점 더 신성불가침의 독립 변수가 되어갔다.

아버지가 돌아가신 후 나는 어머니가 이제 그리 많이 남지 않은 인생을 어머니도 아내도 아닌 자연인 김완숙으로 살기를 기대했다. 그러나 아버지의 첫 기일이 돌아오기도 전인 2016년 1월 어머니는 두통과 어지럼증을 느끼기 시작했다. 처음에는 아버지의 병간호로 인한 심신 쇠약 증상일 거라고 가볍게 여겼다. 그러나 건강검진에서도, 한의원에서도, 이비인후과에서도 특별한 원인을 찾지 못하면서 가벼운 판단은 점점 무거운 불안감이 되어갔다. 체구는 작아도 팔십 평생 병원 신세 한 번 안 질 만큼 건강한 어머니셨다. 신경외과 외래 예약을 하고, 병원 가는 날을 기다리던 어느 날 어머니는 극심한 두통을 호소했다. 언제나 자신을 억누르던 평상시 모습과 달리 어머니의 입에서 응급실에라도 가자는 말이 나왔다. 폐결핵이 의심된다는 응급실의 진단을 거쳐 입원실에서 최종적으로 폐암이라는 통보를 받던 날, 3월이 며칠 남지 않았지만 창밖에는 눈이 내렸다.

어머니는 인생의 마지막 자락에서 몇 개 국어의 욕을 동원하여 '심정'을 표현했던 아버지와는 달랐다. 어머니는 마지막 순간까지 예민했지만 사려 깊었고, 섬세했지만 까탈스럽지 않았다. 예상치 못한 암 선고를 받던 바로 그날도 적어도 겉으로는 감정의 동요를 전혀 드러내지 않았다.

평생을 가만가만히 살아야 했던 어머니처럼, 암 중에서도 가장 악성인 데다가 조기 발견도 쉽지 않고 전이 속도는 빠르다는 폐암은 가만가만히 어머니를 찾아왔다. 여자였기에, 어머니였기에, 그리고 아내였기에 자신의 심정을 꾹꾹 눌러야 했던 어머니를 닮은 그 병은 슬그머니 찾아와 야금야금 어머니의 몸을 휘저었다. 어머니는 겨울이 물러가고 봄이 찾아올 무렵 불쑥 끼어든 그 병을 맞아 여름이 채 오기도 전에 인생극장의 막을 내렸다. 평생 자신을 드러내지 못한 채 살았던 어머니는 삶의 마지막 순간에도 자신의 병을 꼭꼭 숨기고만 있었다. 인생극장의 막 또한 어머니의 성품처럼 요란하지 않게 살며시 내려왔다.

자식조차 그들의 인생을 묻지 않았다

부모의 죽음은 일생에 단 한 번 겪는 사건이다. 인생에서 단 한 번 겪는 그 순간을 통과하고 있는 사람들이 화장터에 모인다. 그곳에는 각자에게 단 한 번뿐인 죽음을 맞은 사람들이 줄을 지어 기다리고 있었다. 화장은 매 30분 단위로 쉴 새 없이 계속되었고, 평범한 삶을 살았을 그들은 별다른 의례도 축포도, 심지어 통곡도 없이 그곳에서 그렇게들 세상과 이별했다.

부모와 이별할 때는 극단적인 온도 변화를 경험한다. 차갑고 딱딱하게 굳은, 핏기가 완전히 사라져버린 얼굴. 독한 냄새가 진동하는 시체 보관소에서 염을 할 때의 아버지와 어머니는 생경한 '냉기'로 우리에게 말을 건다. 생명체의 체온을 급습한 그 차가움은 역설적이게도 그 생명체를 '보존'한다. 아버지와 어머니의 냉기는 이별을 준비하라는 신호이자 살아생전 드러내지 못한 심정이 어딘가 숨어 있으니 반드시 찾아내라는 은근한 암시일지도 모른다.

화장터에서 한 줌의 재가 되어 돌아온 아버지와 어머니에게선 '냉기'를 느낄 수 없다. 이미 재로 변하여 유골함에 담긴 부모를 품에 안았을 때, 하루 전의 '냉기'는 기이하게도 이미 사라진 상태다. 재로 변한 부모는 체온이라 하기엔 너무나 뜨거운, 지금껏 한 번도 느껴보지 못한 온도로 말을 건다. 열병에 걸린 환자에게서도, 열대의 바람에서도 느껴보지 못한 생경한 '온도'로 말을 거는 부모다.

하루 전 냉기로 보관했던 인생의 심정이 이제 기체가 되어 자유롭게 유유히 떠다닐 수 있을 것 같다. 낯선 '냉기'와 '온기'로 자신의 인생에 대해 유언을 남기는 부모 앞에서 아들은 망연자실한다. '냉기'와 '온기'의 언어를 세속의 언어로 번역하고 싶으나 그 언어는 해독되지 않는 이집트 상형문자를 닮았다. '냉기'와 '온기'를 오가며 부모가 남긴 유언은 남겨진 말(遺言)이자 동시에 떠도는 말(流言)이다.

뒤늦게 던지는 질문이 있다. 우리는 보통 그 사람이 누구였는가를 그가 살아 있을 때는 잘 모른다. 그 사람이 어떤 삶을 살았는지도 잘 알지 못한다. 나와 그 사람이 삶을 같이할 수 있는 시간이 꽤 남았다고 막연하게 생각하기에 언젠가는 그에게 직접 삶을 물어야겠다고 느긋하게 생각하며 궁금증을 무한히 지연시킨다. 아버지의 인생을 궁금해하지 않았다. 아버지 또한 자신의 삶에 대해 이러니저러니 이야기를 늘어놓지 않았다. 대단히 성공한 인생도 아니었기에 아들은 당연히 아버지는 평범한 삶을 살았으리라 막연하게 추측했고, 그저 그런 삶에서 뭐 얼마나 특별한 이야기를 길어 올릴 수 있겠느냐 미리 체념했다. 아버지 또한 그랬을 것이다. 이미 성장해서 독립된 자기 세계를 구축한 아들이 그저 그런 내 삶을 얼마나 궁금해하겠는가 알게 모르게 체념했을지도 모를 노릇이다.

아버지 곁에 머무를 수 있는 시간이 아직 많이 남아 있다고 생각했던 아들, 아버지가 병을 앓으면서 구축하기 시작한 자폐의 나라가 그리 빨리 지어지진 않으리라 희망적으로 생각했던 아들은 예상보다 빨리 완공된 아버지의 나라 앞에서 망연자실했다. 입구조차 알 수 없는 아버지의 나라 앞에서 서성거리며, 아들은 자신이 아버지의 과거에 대해 알고 있는 것이 단 몇 줄에 불과하다는 사실을 깨닫고 절망했다.

그렇게 아버지와 이별한 후 채 1년도 지나지 않았는데, 어머니가 암 판정을 받았다. 시한부 삶을 선고받은 어머니를 위해 아들은 할 수 있는 일이 없었다. 의사가 아니기에 병을 고칠 수는 없었다. 사회학자인 아들이 어머니를 위해 할 수 있는 유일한 일은 어머니가 자신의 인생을 회고할 수 있게 돕는 것이었다. 그저 '살아내야만' 했던 자신의 삶을 회고하게 하여 기나긴 인생길에서 암세포로 변했을지 모를 마음의 응어리를 풀어주는 일이 최선이었다. 의료진도 삶이 얼마나 더 남아 있는지 예측할 수 없는 병, 어느 누구도 생사를 장담할 수 없는 상황에서 아들은 '그저 그런' 어머니의 삶을 기록해야 한다는 의무감을 느꼈다.

마침내 사회학자 아들은 어머니에게 당신의 인생에 대해 묻기 시작했다. 어머니는 기억이 나는 범위 안에서 자신의 삶을 털어놓았고, 아들은 열심히 들었다. 이렇게 세상에서 가장 익숙한 관계, 아니 그저 익숙하기만 했던 어머니와 아들의 관계는 어머니라는 가족 호칭에 가려져 있던 한 여자의 인생을 묻고 답하는 관계로 변했다. 어머니의 병이 가져다준 놀라운 기회였다. 역시 인생은 예측불허임에 틀림없다.

아들이 대신 쓰는 자서전

1917년생 역사학자 에릭 홉스봄Eric Hobsbawm은 자신이 살았던 시대를 "인간이 살아온 역사 중에서도 가장 별스럽고 끔찍한 한 세기"였다고 평가한다. 자신이 살았던 시대를 스스로 기록하여 책으로 남긴 이유도 그 시대의 '별스러움' 때문이다. 이렇듯 강렬한 인생 체험은 자서전을 남겨야겠다는 충동을 낳는다. 홉스봄은 그러한 충동을 실현할 수 있는 지식인이었다.

아버지와 어머니가 살았던 삶 역시 홉스봄의 삶 이상으로 별스럽고 끔찍했다. 하지만 아버지와 어머니는 홉스봄처럼 자신의 시대를 자서전으로 남기기 어려운 보통 사람이다. 굳이 스스로 자서전을 쓰지 않아도 조갑제 같은 타인들이 길고도 긴 전기를 써주는 박정희와 달리, 무명씨나 다름없는 아버지와 어머니는 누가 대신해서 자서전을 써주지 않는다. '그저 그런 사람'의 자녀 중에서 조금 특별하다면 특별할 사회학자 아들이 아니라면 누가 이 평범하기 이를 데 없는 이들의 삶에 관심을 기울이겠는가.

아들 사회학자는 이제 여기에 부모를 대신하여 그들의 자서전을 써내려 가려 한다. 이 책의 형식은 나의 아버지와 어머니의 자서전이다. 하지만 여기 담긴 삶의 궤적은 나의 아버지, 어머니로만 한정되지 않는다. 특별한 사람 박정희의 전기는 지구상의 단 한 사람 박정희만을 위한 기록이다. 그러나 아들이 대신 쓰는 아버지와 어머니의 자서전에서는 그들과 같은 시대를 살았던 무수히 많은 보통 사람들의 삶을 발견할 수 있을 것이다. 그렇다. 평범한 삶의 다른 뜻은 보편적 삶이다.

아버지와 어머니가 직접 자서전을 쓰지 않았다는 것이 더 의미가 있을지도 모르겠다. 누구나 자신의 과거를 미화하고 싶은 충동을 느끼기 마련이다. 참회록이 아닌 이상 누구라도 자신의 과거를 진술할 때 의식적이든 무의식적이든 특정한 기억을 억압한다. 혹은 기억을 다른 모습으로 전치轉置하기도 한다. 자신의 과거를 더하거나 빼지 않고 오롯이 그려낼 수 있는 초인적인 능력을 지닌 사람이 아니라면, 대체로 자서전은 기억에 대한 억압과 전치를 피해갈 수 없다.

한국에 사는 사람이 한국만의 특성을 쉽사리 알아채지 못하듯, 우리는 우리의 사고방식에 막대한 영향을 미치는 무의식이 무엇인지 모르는 채 그것에 조종당하며 산다. 특히나 그 무의식이 특정한 세대 고유의 경험과 얽혀 일종의 세대 무의식이라는 속성을 지닐 때, 자서전을 쓰면서 그 무의식을 알아채기란 사실상 불가능에 가깝다.

아들이 대신 쓰는 '그저 그런' 부모의 자서전은 아버지와 어머니에 관한 사실들을 미주알고주알 늘어놓을 수 없다. 평범한 부모는 대개 자신의 역사를 아들에게 미주알고주알 늘어놓을 만큼 수다스럽지 않으며, 부모와 아들의 관계 역시 그리 살갑지 않기 때문이다. 둘 사이에 각별함이 없었다기보다는 정색을 하고 아들에게 들려주기에 부모의 지난날이 그다지 영웅적이지도 특별하지도 않았기 때문이다. 아니, 아들에게 그 모든 일을 다 들려주기가 아버지와 어머니는 겁이 났을지도 모른다. 그리하여 아들이 대신 쓰는 자서전은 부모에 관한 사실들이 빼곡하게 들어찬 두꺼운 책이 될 수 없다. 게다가 빠른 속도로 퍼져나간 치매와 암세포는 아버지와 어머니에게 자신의 삶을 회고할 수 있는 충분한 시간을 허락하지 않았다. 아버지의 증언을 녹음한 10분이 조금 넘는 파일이 있고, 어머니는 10시간 분량의 증언을 남겼지만 두 사람의 인생을 재구성하기에는 턱없이 부족하다.

기록도 자료도 없는 보통 사람의 삶은 어떻게 복원될 수 있을까

생애를 기록한 문서는 없다. 아버지와 어머니가 남긴 비망록도 없다. 사진이 남아 있기는 하지만, 아카이브라

하기에는 부족하다. 유년 시절과 청년 시절을 담은 사진은 거의 없고, 대개는 어쩌다 관광을 가서 찍은 기념사진이나 졸업식, 결혼식 등 가족 행사 때 찍은 사진들이다. 자료는 취약하고, 남아 있는 기록은 빈약하다. 아버지와 어머니의 삶을 대신 증언해줄 사람도 남아 있지 않다. 다행스럽게도 나의 부모는 '영웅'이 아니다. 자료가 없고 증언이 없으면 영웅의 생애는 기록할 수 없다. 그러나 아버지와 어머니는 영웅이 아니기에 이런 상황이 대리 자서전 쓰기를 불가능하게 하지 않는다. 아들 사회학자는 그들의 삶을 영웅의 삶으로 각색할 필요를 느끼지 않는다. 그래서 침착할 수 있다. 부모가 남긴 이야기는 초라하다. 그 이야기는 단지 모티프일 뿐이다. 그 모티프를 전개하고 발전시키는 것은 아들 사회학자의 몫이다. 아들 사회학자는 〈부모님의 주제에 의한 변주곡〉을 완성하는 작곡가의 임무를 수행해야 한다.

아버지도 어머니도 엘리트가 아니었다. 부끄럽지 않을 정도로 배웠지만, 그 배움은 입신양명의 수단이 될 만큼은 아니었다. 책을 읽는 부모님의 모습을 본 적이 없다. 그들은 독서 공중이 아니었다. 심지어 부모님은 줄곧 책상에 앉아 책을 보고 있는 아들을 이해하지 못했다.

아버지는 나름의 방식으로 세상을 해석하고 판단했지만, 책은 어느 한순간에도 그 해석과 판단의 도구가 되지 못했다. 1909년생 박태원이나 1910년생 이상 같은 대도시의 지식인이 아니었던 나의 아버지는 내 기억이 맞는다면 신문을 열심히 읽는 분이 아니었다. 보통학교 졸업이 최종 학력인 아버지는 줄곧 텍스트의 세계와는 거리를 둔 채 살았다. 아버지가 『삼천리』 『개벽』 『별건곤』 같은 잡지를 읽었을 리는 결코 없다. 국민학교도 제대로 졸업하지 못한 나의 어머니 또한 텍스트의 세계와는 거리를 두고 살았다. 어머니가 살았던 시절의 남녀 격차는 지금 우리가 경험하고 있는 것과는 비교할 수 없을 정도로 절대적이었다. 텍스트의 세계는 극소수의 엘리트 여성을 제외한 대다수의 여성에게는 자신의 삶과 전혀 무관한 영역이었다.

텍스트의 세계에서 직업을 얻은 아들과 달리 텍스트와 동떨어진 삶을 살았던 아버지와 어머니의 자서전을 쓰기 위해, 그리고 같은 시대를 살았던 수많은 아버지와 어머니들이 공유했던 '심층 소망'에 닿기 위해 아들 사회학자는 '당대'의 베스트셀러를 펼치는 대신 '당대'의 대중영화 속으로 들어간다.

심층 소망으로 들어가는 입구: 시네마 파라디소

저기 영화관에 아버지가 관객으로 앉아 있다. 아버지 옆에는 어머니도 있다. 지금 누군가의 아버지이거나 할아버지 혹은 할머니이거나 어머니일 수 있는 사람들이 영화관 주변을 서성인다. 영화관이 낡았든 새롭든 상관없다. 상설 영화관이 없는 시골엔 이동 영사반이 등장했다. 날이 어두워지고 공터에 스크린이 설치되면 사람들은 세상 구경을 하겠다고 구름떼처럼 모여들었다. 영화관은 사람들을 블랙홀처럼 빨아들이고, 사람들은 영화관에서 세계를 구경한다. 그들은 뉴스영화를 본다. 뉴스가 제공하는 판단과 해석을 그대로 믿으며 세상물정을 이해한다.

1961년 5월 16일에 일어난 그 사건을 '당대'의 사람들은 활자화된 텍스트로 접하지 않았다. 대부분의 사람이 여전히 문맹이던 시절이니 신문이라는 미디어로 그날의 일을 접한 이들은 많지 않았을 것이다. 그해 '5월 16일'을 분석적인 신문기사로 접했는지, 그보다 한층 비판적일 수 있는 책으로 접했는지, 아니면 촉각적이고 감각적인 영상 미디어로 접했는지에 따라 동일한 사건이 사람들의 생각에 미치는 영향은 확연하게 달라질 수 있다.

그때는 텍스트의 세계에 모여 있는 사람보다 영화관에 모이는 사람이 더 많았다. 대중교육이 부재했던 그 시절의 신문은 대중 미디어라기보다는 엘리트 미디어에 가까웠다. 신문이 엘리트 남성의 미디어였다면, 영화는 남녀노소 가리지 않고 접할 수 있는 대중 미디어였다. 영화관에서 사람들은 세상의 일들을 생생한 영상으로 접했다. 〈대한뉴스〉에서 5월 16일을 군사혁명이라 부르면, 영화관에 모인 사람들은 그날을 혁명이 일어난 날로 받아들였다. 뉴스영화가 보여주는 이미지는 관객에게 세계 그 자체나 마찬가지다. 이미지를 설명하는 뉴스영화의 목소리는 그 어떤 텍스트보다 깊숙이 '당대' 사람들의 의식 속으로 파고든다.

뉴스영화가 끝나면 사람들은 극영화를 본다. 영화를 보며 키득거린다. 울기도 한다. 다함께 웃기도 한다. 함께 영화를

영상 1

"부패와 무능으로 국민의 신망을 잃은 민주당 정권을 물리치고 보다 더 힘차고 복된 새 나라를 이룩하기 위하여 우리 국군 장병들은 총궐기했습니다"라며 5·16 군사혁명의 의의를 설명하는 〈대한뉴스〉 314호(1961년 5월 20일). 한국정책방송KTV 제공

보고 있는 동안 관객이라는 지위를 공유하는 그들은 일시적으로 단일한 상상의 공동체가 된다. 남자와 여자의 차이도, 학식의 차이도, 계급의 차이도 그 순간만큼은 무력화된다. 현실에서 그들을 갈라놓았던 모든 차이가 영화관에서는 '관객'이라는 동일성 속으로 사라진다. 그렇게 그들은 '동시대인'의 감각을 배운다.

텔레비전이 본격적으로 보급되기 전, 영화는 텍스트에 접근할 만한 학식이 없는 사람까지도 끌어당기는 문턱 낮은 미디어였다. 까막눈인 사람도, 텍스트에 익숙하지 않은 사람도 불편함 없이 다가갈 수 있는 시청각 미디어였다. 영화의 세계에 포섭된 사람과 텍스트의 세계가 품고 있는 사람의 숫자는 비교할 수 없을 만큼 차이가 났다. 질적 우수성이 아니라 필부에게까지 닿을 수 있는 파급력을 놓고 본다면 당연히 대중영화가 우위에 있었다. '대중성'은 질적 우수성을 기준으로 삼는다면 평가 절하될 수도 있겠지만, 그 파급력을 잣대로 삼는다면 저급하다는 말로 간단히 무시할 수 없는 현상이다.

대중영화에는 특정 시대의 소망이 담겨 있다. 대중영화는 옳고 그름을 판단하지 않은 채 보통 사람들이 가슴에 품고 있는 기대를 재현한다. 비평가에게는 통속적이거나 저속한 키치처럼 보일 수도 있지만, 이 '대중성'은 부모가 공유했던 '심층 소망'을 찾으려는 아들에게는 매우 소중한 통로이다. 아들의 관심은 부모가 공감했을 당대의 '욕구'와 '열망'의 흔적을 대중영화를 통해 추적하는 것이다.

대중성의 힘은 공감에 있다. 어떤 영화가 수많은 사람들에게 광범위하게 수용되었다면, 이는 곧 그 작품이 관객과 폭넓은 공감대를 형성했다는 뜻이다. 대중성이란 대중이 우둔해서 발생하는 현상이 아니다. 대중성은 사회학자 에바 일루즈Eva Illouz의 말처럼 "어떤 사회가 소중히 여기는 가치, 특정한 문제를 바라보는 두려움, 함께 흥분하며 설레는 상상력 등을 이야기 속에 녹여낼 때" 생기는 현상이다.

평론가의 우쭐한 시선에 쉽게 저질이라 평가되는 대중성, 거기 숨어 있는 '당대'로 향하는 '작은 문'을 시야에서 놓쳐선 안 되겠지만, 다른 한편으로 대중성은 독毒과 약藥의 거리가 멀지 않다는 걸 증명하는 현상이기도 하다. 아버지와 어머니는 시네마 파라디소의 주인이 아니다. 그들은 시네마 파라디소의 상영작을 결정할 수 있는 위치에 있지 않다. 고작 영화를 볼 것인지 말 것인지를 선택할 수 있을 뿐이다. '당대'를 호령하는 위치에 있는 사람은 아버지와 어머니가 관객으로 앉아 있는 영화관의 뉴스영화에 자신의 의도를 때로는 노골적으로, 때로는 은밀하게 끼워 넣을 수 있다. 뉴스영화는 어떤 때는 새빨간 거짓말로, 어떤 때는 하얀 거짓말로 가득 채워져 있다. 그 거짓말의 체계를 뚫고 진실에 도달할 능력이 없는 관객은 알고 속고 모르고 속는다.

뉴스영화가 끝나고 스크린의 막이 오르면 극영화가 시작된다. 아버지와 어머니는 눈앞에 펼쳐지는 이야기를 허구로 간주하지만, 그 이야기는 사실 두 분이 앉아 있는 영화관의 현실과 보이지 않게 연결되어 있다. 아버지와 어머니는 그저 한 편의 이야기에 감탄하고 웃고 울었을 뿐이다. 그들은 자신이 무엇에 휘둘리고 있는지 모른다. 대중영화의 주인공들이 표현하는 '당대'의 상식이 영화 관람을 통해 아버지와 어머니의 머릿속으로 들어온다.

과거로의 여행기

아버지와 어머니의 '당대', 그 '당대'의 풍속이 직간접적으로 담겨 있는 옛날 영화의 시대를 직접 경험하지 못한 아들 사회학자는 외국인의 시선으로 영화 속에서 그 시절의 풍속과 풍경을 발견한다.

부모님의 시네마 파라디소에서 나는 아버지와 어머니의 과거를, 그들이 나에게 고백하지 않았던 혹은 못했던 꿈을, 두 분 사이에서 태어나 성장한 내가 유년기에 간직했던 꿈을, 그리고 영화 속에 등장하는 무수히 많은 사람들의 꿈을 보았다. 아들 사회학자는 과거를 지배했던 꿈, 부모님의 나라를 지배

영상 2

홀로 4남매를 키우던 춘삼은 이웃집 과부 수원댁의 따뜻한 정에 위안을 얻는다. 서로에게 호감을 느낀 두 사람은 함께 극장을 찾는다

영화〈마부〉(강대진 감독, 1961)

했던 꿈, 여전히 현재를 지배하고 있는 꿈의 기원을 해석하는 사람이 되어 아버지와 어머니의 인생을 대리 기록한다. 이 책은 아버지와 어머니의 자서전이자, 동시에 '부모님의 나라'로 떠난 여행기이기도 하다.

부모님이 저기 앉아 있다. 시네마 파라디소의 불이 꺼졌다. 영사기는 스크린에 빛을 투사한다. 이제 마술 환등/판타스마고리아(그리스어 환상Phantasm과 집합agora이 결합된 단어로 환상, 허상 등을 뜻한다)의 빛이 영화관을 장악한다. 스크린 위엔 세상물정을 담은 '인생극장theatrum mundi'이 펼쳐진다. 이 '인생극장'에서는 아버지와 어머니, 그리고 그들을 닮은 무수히 많은 특별할 것 없는 사람들이 무대에 오른다. 그들은 삶을 살아낸다. 삶을 살아내며 웃고 울고 기뻐하고 슬퍼한다. 그들의 '인생극'은 때로는 비극이고, 때로는 희극이다.

"이 창고는 괴상한데요?"

"이곳은 창고가 아니라 우리가 살고 있는 진짜 인생극장이죠. 마침 전등도 연극처럼 꺼지고."

"그래요, 인생은 연극이에요. 연극이 아니래면 우리가 왜 하필 이런 데서 만나요?"

"연극으로 알지 않는다면 이 괴로운 세상을 어떻게 살아갈 수 있답니까? 그런데 오늘 밤 우리는 인생극장의 연극배우인 동시에 구경꾼이기도 합니다."

• 영화 〈독립전야〉(최인규 감독, 1948)

불이 꺼졌다. 이제 우리는 '인생극장'으로 들어간다.

1부

몰락의 순간

아버지의 식민지 시대

아버지는 단호하게 송곡리를 떠났고,
이후로는 돌아보지 않았다.
아버지가 송곡리를 등진 이유는
내가 풀어야 하는 수수께끼이다.

모든 개인은 어느 정도 수수께끼 같은 존재이다.

• 시어도어 젤딘, 『인생의 발견』

1부의 문을 여는 흑백사진은 1963년 무렵 찍었으리라 추정되는 사진이다. 사진의 전면에 추수가 끝난 논이 있고, 초가집이 줄지어 서 있는 마을 뒤로 산이 보인다. 한국전쟁의 흔적인지, 마을 사람들이 겨울 땔감을 산에서 구한 탓인지 마을 뒷산은 민둥산이다. 목도리를 하고 있는 어린 여자아이의 차림과 베어놓은 벼로 보아 사진 속 계절은 겨울이다. 여자들은 한복을 입고 있는데, 이 사진에 등장하는 유일한 성인 남자는 양복에 코트까지 갖춰 입었다. 마을 풍경과는 사뭇 어울리지 않는 차림이다.

남자는 이 동네에 사는 사람은 아닌 듯하다. 농사꾼도 아닌 듯 보인다. 아마 도시에 살다가 고향집에 잠시 다니러 온 것 같다. 남자를 배웅하려는 듯 다섯 사람이 그 뒤를 따르고 있다. 마을을 떠나는 남자의 발걸음이 전혀 무거워 보이지 않는다. 고향을 떠나는 장면에서 느껴질 법한 아쉬움이 이 사진에는 없다. 남자는 뒤돌아보지 않는다. 그보다는 빨리 이곳을 벗어나고 싶어 하는 것처럼 보인다. 오랜만에 고향집을 찾은 이 남자는 고작 하룻밤을 보내고 황급히 떠나는 것은 아닐까? 남자의 그런 마음을 충분히 알고 있다는 듯 배웅하는 사람들도 그리 슬퍼 보이지 않는다. 의례적인 작별 인사를 나눌 뿐이다.

서둘러 집을 떠나는 듯한 이 남자가 당시 40대에 접어든 나의 아버지 노병욱 요셉이다. 그리고 아버지가 등지고 있는 곳이 바로 아버지의 고향 충청남도 공주군 반포면 송곡리 65번지이다. 내 기억이 맞는다면 아버지의 고향집은 까치집이 있는 나무 왼편의 초가집이다. 아마도 맨 끝에 서 있는 허리가 약간 굽은 노인이 아버지의 어머니, 즉 나의 할머니인 듯하다.

사람이 어딘가로부터 황급히 달아나고 싶어 한다면 이유는 보통 둘 중의 하나이다. 먼저, 머물러 있는 곳이 못마땅하기 때문일 수 있다. 설사 그곳이 고향이라도 못마땅하다 여기는 사람은 고향을 등진다. 또 한 가지, 고향이 그 사람을 애써 밀어내지 않는다 해도 다른 어떤 곳이 그를 강하게 끌어당길 수도 있다. 바깥의 그 어딘가는 때로는 구체적인 이유로, 때로는 바람 따라 불어오는 향기처럼 막연하게 머물러 있는 사람을 유혹할 수 있다. 아버지에게 송곡리는 어떤 경우에 해당하는지 나는 잘 알지 못한다. 아버지가 송곡리의 질식할 듯 답답한 분위기를 견디지 못해 떠났는지, 아니면 밖에서 불어오는 향기를 따라갔는지 정확한 이유는 알 수 없다. 분명한 사실은 아버지는 송곡리를 꽤나 일찍 등졌고, 내가 기억하는 한 그곳을 자주 찾지 않았다는 것이다.

사람이 나이를 먹으면 '수구지심首丘之心'이 생긴다고들 하는데, 아버지는 인생의 마지막 순간까지 송곡리에 대한 향수를 드러내지 않았다. 송곡리는 아버지가 태어나 유년 시절을 보낸 고향임은 분명하지만, 아버지에게는 돌아가야 할 곳이 아니라 반드시 떠나야 할 곳이었다. 아버지는 단호하게 송곡리를 떠났고, 이후로는 돌아보지 않았다. 아버지가 송곡리를 등진 이유는 내가 풀어야 하는 수수께끼이다. 그 수수께끼를 풀기 위해 아들 사회학자는 아버지가 등지고 떠났던 반포면 송곡리 65번지를 찾아간다.

1장 기원 혹은 고향, 송곡리

송곡리, 한때 노씨 집성촌이었다고 들었다. 먼 친척들도 많이 사는 곳이라 했다. 그러나 세월이 많이 흘렀다. 아버지를 기억하는 동네 사람은 아무도 없다. 당연히 내가 아버지의 아들임을 알아채는 이도 없다. 사진 속의 풍경과 나의 유년 시절 기억을 되살려 아버지가 그 사진을 찍은 곳을 확인하고 싶었지만 쉬운 일이 아니었다. 좌표를 확정할 만한 실마리라고는 어떤 것도 남아 있지 않았다. 초가집은 한참 전에 다 사라졌고, 길도 바뀌었고, 민둥산도 없어졌다. 사진 속의 까치집은 말할 것도 없다.

아버지가 '인생극장'의 무대에 설 수 있게 해준 아버지의 아버지와 어머니, 즉 나의 할아버지와 할머니 또한 과거의 언젠가 '인생극장'의 무대에 올랐을 것이다. 하지만 나는 할아버지와 할머니를 잘 알지 못한다.

'어쩌다' 신분제가 소멸한 공간

내가 아버지의 아들로 '인생극장'에 데뷔했을 때

할아버지는 이미 세상을 뜬 후였다. 이름을 직접 언급하기보다는 가족 호칭을 사용하는 우리의 언어 습관 탓에 집에서도 주로 '할아버지', '할머니'라고만 불렀기에 나는 그분들의 이름조차 모르는 채 살았다. 아버지가 돌아가신 후 발급받은 가족관계증명서에서 '노인수', '한청주'라는 이름을 보고는 한참을 낯설어 했다. 워낙 옛날 분들이라 가족관계증명서에도 이름만 적혀 있을 뿐 주민등록번호조차 없었기에 그들의 정확한 출생연도는 확인할 길이 없었다.

아버지는 고향 이야기를 거의 하지 않았다. 심지어 자신의 부모인 나의 할아버지와 할머니에 대해서도 이런저런 이야기를 했던 기억이 없다. 아버지와 할아버지, 할머니의 관계는 각별하지 않았다. 지금의 시각에서 보면 좀 이상하다 여겨질지 몰라도 부모 자식 사이가 요즘처럼 유난을 떨던 때도 아니니 특별히 문제 있는 사이였다고 추정할 수는 없다.

할머니에 대한 정보는 더더욱 없다. 아들인 아버지나 며느리였던 어머니나 할머니에 대해서는 별다른 언급이 없었다. 할머니는 세상에 태어나 딸로 며느리로, 그리고 아내이자 어머니로 살았지만, 여느 여인들처럼 행적을 추적할 수 있는 어떠한 흔적도 남기지 못하고 세상을 떠났다. 그래도 할아버지에 대해서는 대략적이나마 그 행적을 추정할 수 있는 사실이 한 가지 있다.

어머니의 말에 따르면 할아버지는 송곡리에 땅을 꽤나 많이 가지고 있던 농사꾼이었고 방앗간도 운영했던, 시골에서는 나름 부자 축에 드는 분이었다. 그래서인지 지금의 이장에 해당하는 구장區長을 지냈다고 한다. 구장은 대단한 벼슬이나 직책이라기보다는 촌락 단위로 한 명씩 임명되는 말단 중의 말단직에 불과하다. 하지만 할아버지가 구장이었다는 이야기는 할아버지가 어떤 분이었는지를 추정할 수 있는 유일한 단서이니 결코 가볍게 들리지 않는다. 구장이라는 단어는 내게 사뭇 비장한 느낌마저 준다. 1939년에 제작된 영화 〈국기 아래서 나는 죽으리〉(이악·오카노 신이치 감독, 1939)에서 일제강점기 한 시골 마을의 구장이 등장하는 장면을 마주했을 때는 심지어 가슴이 뛰기까지 했다. 이 영화는 조선문화영화협회와 일본문화영화사가 제작한 선전영화다. 따라서 식민통치를 정당화하려는 의도가 분명하게 읽힌다. 하지만 내 입장에서는 이 영화에 일제강점기의 구장이 나온다는 사실 하나만으로도 흥분하기에 충분하다.

이 영화에는 생산 확충이 '후방에 있는 국민', 즉 총후국민銃後國民의 의무라는 신념을 가진 한 마을의 구장이 등장한다. 후방에서 군인들을 도와야 한다는 애국심에 불타는 이 노인은 갈라진 논에 홀로 물을 길어 나르며 가뭄과 싸우고 있다. 급기야 노인은 기력이 다하여 쓰러지는데, 쓰러지는 순간에도 생산을 확충하려는 노력을 아끼지 말아달라고 부탁한다. 이 노인의 당부에 아낙들은 열을 맞추어 물을 길어 나른다. 참으로 선전영화다운 줄거리 전개다. 송곡리의 구장 할아버지는 이 영화의 주인공 구장 노인만큼이나 당시의 질서에 충실했던 분이었을까?

희미하기는 하지만 할아버지를 추정할 수 있는 또 하나의

영화 〈국기 아래서 나는 죽으리〉에서 구장은 "아니오. 어떻게 하든 생산을 확충시키는 것이 우리들 총후국민의 의무요."라며 쓰러질 때까지 일을 한다.

구장의 말에 감명받은 부녀자들이 총후국민의 의무를 다하기 위해 가뭄과 싸움에 나선 장면.

실마리가 있다. 아버지는 가끔 노씨가 "그래도 충청도 양반 집안"이라는 다소 엉뚱한 말로 할아버지를 표현했다. 아버지가 '충청도 양반 집안'이라는 표현을 사용할 때는 늘 '그래도'

라는 전제가 꼬리표처럼 따라다녔다. 송곡리는 지금도 농촌이다. 할아버지가 살아 계시던 100여 년 전에도 역시 농촌이었다. 계룡산에서 그다지 멀지 않아 그 산세의 영향이 느껴지는 곳이기에 너른 논도 밭도 없는 동네다. 읍내도 아니고, 신작로에서 멀리 비껴나 있는 외진 곳이다.

너른 평야 지대가 아니니 대지주가 눈여겨볼 만한 곳도 아니고, 그저 그런 자영농들이 모여 살았을 곳이다. 물론 소작농도 있었겠지만 대지주가 없으니 소작농이라 해도 큰 설움을 겪지는 않았을 것이다. "그래도 충청도 양반 집안"이라는 아버지의 수사를 풀어보면 이렇다. 송곡리 사람들이 대개 그랬듯이 직업상으로는 농사꾼이지만, 족보상으로는 양반이라는 뜻일 게다.

아버지가 할아버지를 특별히 자랑한 일이 없었던 것으로 보아 다소 재산이 있는 집안이었지만 할아버지는 우국지사도 선각자도 아니었음이 분명하다. 아마 할아버지의 아버지도 농사꾼으로 송곡리에 사셨을 것이다. 조상이 언제 송곡리에 터를 잡았는지 그 연원은 알 수 없다. 나의 조상들은 송곡리에서 태어났기에 계속 그곳에서 살았고, 농사꾼의 자식으로 태어났기에 마찬가지로 농사꾼이 되어 인생을 살다가 떠났을 것이다.

왕가가 있는 한양에서 사대부이자 대지주인 양반 신분으로 살아온 가문에게는 신분제의 붕괴가 커다란 사건이었겠으나 송곡리 같은 시골 마을에서는 신분제가 철폐되었다기보다는 점점 의미를 상실하여 흐지부지 해체되었을 것이다.

식민지배와 같은 정치적 변화 또한 송곡리에서 대를 이어 농사를 짓던 집안의 '그저 그런' 사람에게는 대단한 몰락으로 다가오지 않았을 것이다. 왕조 시대에 영화를 누렸던 사람이라면 식민화가 몰락이고 지위의 하락이었겠으나, 농사꾼들은 왕조 시대에도 농사꾼이었고 일제강점기에도 그저 농사꾼이었을 터이다. 보통의 농사꾼이었음이 분명한 나의 할아버지에게 식민 질서는 '시일야방성대곡是日也放聲大哭'할 사건은 아니었을 것이다.

식민지라는 껍데기

대단한 집안의 자제도 아니었고, 출세를 한 분도 아니었으니 아버지의 유년 시절에 대해서는 어떤 기록도 남아 있지 않다. 그래도 어머니는 과거를 회고할 때 자신의 심정을 드러내기도 하고, 아들이 이해하지 못하는 눈치면 적극적인 동의를 얻어내기 위해 이야기의 주변 맥락과 자신의 감정을 최대한 자세히 설명하는 편이었다. 하지만 아버지는 감정보다는 정보 위주로 이야기를 전달하는, 회고라고 하기에도 무엇할 정도로 사실을 무미건조하게 나열하는 식이었다. 때문에 아버지의 인생을 기록하기 위해서는 더욱더 많은 상상력이 필요하다.

아버지가 송곡리에서 보낸 유년 시절을 상상할 수 있는 실마리는 거의 남아 있지 않다. 송곡리에서 찍은 사진들은 이미 그곳을 떠나고도 한참 시간이 흐른 뒤에 슬그머니 찾아가 찍은 것들이다. 아버지가 유년 시절을 보낸 1920~30년대의 송곡리가 어떤 모습이었는지는 짐작할 길이 전혀 없다. 당시의 평범한 농촌의 삶을 묘사하는 역사책도 찾을 수 없다. 자기 시대를 증언할 수 있는 할아버지도 아버지도 더 이상 생존해 있지 않다. 그 시절을 복원하려면 상상력을 발휘하는 수밖에 없다. 손에 쥔 것이 없으니 알고 싶은 마음은 더욱 간절하지만 아들은 아버지의 유년 시절로 들어가는 입구를 도통 찾지 못한다.

마치 세상에 존재하지 않았던 것처럼 아무런 흔적도 남기지 못한 그 시절의 평범한 농촌을 상상하기 위해 궁리하고 또 궁리하고 있을 때, 홀연 그 상상을 돕는 다큐멘터리 영화 두 편을 발견했다. 1925년 독일의 성 베네딕토회 성 오틸리엔연합회 소속 노르베르트 베버Norbert Weber 신부가 두 번째로 한반도를 방문했다. 그는 당시 조선의 풍경을 촬영해 〈고요한 아침의 나라에서Im Lande der Morgenstille〉라는 제목의 다큐멘터리 영화를 제작했다. 〈고요한 아침의 나라에서〉는 무성영화다. 이 영화 속의 농촌이 정확히 어디인지는 알 수 없다. 영상의 상태는 썩 좋지 않지만, 아버지의 유년 시절을 추측할 만한 흔적을 애타게 찾는 아들에게 이 영화는 보물이나 다름없다.

그리 길지 않지만, 이 영화는 내가 한 번도 뵌 적 없는 할아버지, 할머니가 살았고 아버지가 유년 시절을 보낸 충청남도 공주군 반포면 송곡리를 상상하도록 돕기에 충분하다. 영상에 어린아이가 등장할 때마다 나의 어린 아버지는 저 아이를 닮았을까, 아니면 또 다른 아이를 닮았을까 하는 상상이 꼬리

영상 3

〈고요한 아침의 나라에서〉에는 1925년 무렵 조선의 가족 생활이 담겨 있다.

에 꼬리를 물고 이어진다. 부모가 등장하는 장면에선 나도 모르게 한 번도 뵌 적 없는 할아버지의 모습을 상상한다.

베버의 카메라는 1925년 무렵 조선의 일상을 꼼꼼하게 담아냈다. 한 가족의 모습이 보인다. 어떠한 소리도 담겨 있지 않은 무성영화. 그렇기에 오히려 더 상상을 자극한다. 한 여자아이가 있다. 아버지인 듯한 남자가 그 아이를 안고 있다. 손귀한 집안이었는지 이 아이는 모든 사람의 관심을 한 몸에 받고 있다. 아이를 안은, 아버지로 추정되는 사람의 얼굴은 싱글벙글이다. 아이의 어머니인 듯한 여인이 그 모습을 웃음 지으며 바라본다. 잠시 후 그 여인이 아이를 업어준다. 그래, 예전에는 다들 이렇게 아이를 업어서 키웠지.

아버지도 갓난아이였을 때는 저렇게 할머니의 등에 업혀서 자랐을 것이다. 아니, 곰곰이 생각해보면 이 영상 속의 아이처럼 아버지가 귀여움을 독차지했을 가능성은 별로 없다. 자그마치 일곱 명의 아이가 줄줄이 태어난 농촌 가족이다. 한 명 한 명에게 특별한 관심을 보이기에는 아이가 너무 흔했고, 일거리는 너무 많았을 것이다.

마루 위에 가족이 모여 앉아 식사를 하는 장면도 볼 수 있다. 네 명의 어린아이와 세 명의 어른이 밥상 하나에서 식사를 한다. 당시로서는 아주 당연했을 대가족이다. 아버지가 태어난 1924년 무렵의 송곡리 사람들도 이런 모습으로 식사를 했을 것이다. 아무런 소리도 없는 무성영화이지만, 물끄러미 화면을 바라보고 있노라면 나도 모르는 사이 머릿속에서 영상 속 인물들이 나누었을 법한 대화가 떠오른다.

계집아이들이 그네를 타며 놀고 있는 장면도 있다. 그네 뒤로는 아무런 특색도 없는 농촌 마을의 풍경이 보인다. 송곡리의 개구쟁이였을지도 모르는 아버지와 비슷한 시기에 태어난 아이들의 모습도 구경할 수 있다. 아이들은 흙바닥에 금을 긋고 땅 따먹기 놀이를 한다. 야유회를 나온 것일까? 여자아이 둘이 신식 춤을 추고 있고, 그 모습을 어른들이 구경하고 있다. 개구쟁이처럼 생긴 사내아이는 러시아 춤을 춘다. 발놀림이 보통 재주가 아니다. 절로 탄성이 나온다. 구경하던 아이들도 이 사내아이의 재주에 박수를 보낸다.

아버지는 어떤 놀이를 했을까? 할아버지는 이 영상에 등장하는 아버지처럼 아들에게 자상한 분이었을까? 아버지는 러시아 춤을 추는 사내아이처럼 개구쟁이였을까? 〈고요한 아침의 나라에서〉는 이런 질문에 답을 주지 못한다. 그래도 충

영상 4

〈고요한 아침의 나라에서〉 가운데 신식 춤, 러시아 춤을 추는 아이들의 모습.

분하다. 이런 기록 필름이라도 남아 있는 덕에 아주 희미한 윤곽이기는 하지만 아버지가 태어나고 자란 1920년대 송곡리의 이미지가 그려지기 시작한다.

1925년에 촬영된 〈고요한 아침의 나라에서〉보다 조금 뒤인 1939년의 조선 풍경을 담은 영화가 있다. 〈Tyosen〉* 이라는 이름의 다큐멘터리 필름이다. 이 영화에는 식민화된 조선에 사는 어린아이들의 모습이 담겨 있다. 전체 분량에서 어린아이들이 등장하는 장면은 결코 길다고 할 수 없지만, 아버지의 유년 시절을 상상할 만한 단서에 굶주려 있는 아들은

* 편의상 〈Tyosen〉이라 부르는 이 영화의 정식 제목은 〈동경-북경: 조선과 만주국을 거쳐Tokyo-Peking: Through Tyosen and Manchoukuo〉이며, 전체 분량은 38분이다. 이 영화는 2004년 일본 오사카의 플래닛영화자료도서관에서 발견되었고, 그해 한국영상자료원에 인수되면서 한국에도 그 존재가 알려졌다.
•김려실, 2008, 「기록영화 〈Tyosen〉 연구」, 『상허학보』 24, 202쪽.

영상 5

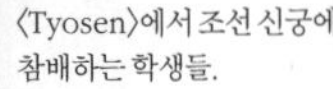
〈Tyosen〉에서 조선 신궁에 참배하는 학생들.

영상 6

〈Tyosen〉에서 체조하는 여학생들.

이 짧은 장면도 무심코 지나칠 수 없다.

여자들이 개울에 모여 빨래를 하는 장면이 있다. 빨래 방망이를 힘차게 내리치면서 카메라를 향해 활짝 웃고 있는 여인의 모습이 보인다. 아버지의 어머니, 그러니까 나의 할머니도 이 여인처럼 빨래터에서 아버지의 기저귀를 빨았을 것이다. 아버지가 조금 더 자란 뒤에는 들로 산으로 뛰어다니며 흙을 잔뜩 묻힌 옷을 빨래 방망이로 두드려 빨았을 것이다.

갓난아이였다가 어느새 걷기 시작한 아이들, 애기라는 말보다 어린아이라는 말이 어울리는 아이들의 무리도 볼 수 있다. 서울 남산이 보인다. 지금의 백범광장에는 조선신궁이 자리 잡고 있다. 힐튼호텔에서 백범광장으로 올라가는 아주 긴 계단을 오르면 조선신궁이 나온다. 국립묘지에 참배하는 정치인들보다 더 엄숙한 표정으로 여학생들이 참배를 하고 있다. 세일러복을 입은 채 라디오에서 흘러나오는 음악에 맞춰 체조를 하는 여학생들의 모습도 보인다.

아버지도 어느 날부터인가 젖을 떼고 걷기 시작했을 것이다. 그리고 어린아이가 되어 학교에 다니기 시작했을 것이다. 아버지는 어떤 학생이었을까? 아버지도 〈Tyosen〉에 등장하는 여학생들처럼 학교에서 이런 체조를 했을까? 〈고요한 아침의 나라에서〉와 〈Tyosen〉을 보고 있으면 질문이 끝없이 이어진다. 아버지의 인생 여정을 따라가는 일을 이제 겨우 시작했을 뿐인데 걱정이 앞선다. 그래도 가야 한다. 침착하게.

2장 제국의 소국민

아버지는 "그래도 충청도 양반 집안"이라는 표현을 간혹 사용하셨지만, 진짜 양반이라면 몸에 배어 있어야 할 유교적 세계관과는 거리가 멀었다. 양반 타령은 자식들이 좀 더 잘되기를 기대하며, 남부끄러운 짓 하지 말라는 뜻에서 억지로 찾아낸 근거 같은 것에 불과했다. 아버지는 조상님들께 제사를 올려야 한다며 고향집을 방문하는 일도 없었고, 그런 것들을 우리에게 강요하거나 권유하지도 않았다. 과연 할아버지는 어땠을까? 당연히 알 길은 없다. 한 가지 분명한 사실은 할아버지가 강력한 유교적 세계관을 지닌 분이었다 하더라도 그 영향력은 아버지를 거치면서 완벽하게 사라졌다는 것이다.

송곡리에서 태어난 사람들은 대개 자라면서 자연스레 농사일을 배웠을 것이다. "그래도 충청도 양반 집안" 타령을 하셨으니, 농사꾼이 될 예정이었더라도 어느 정도 글공부에 대한 압박은 있었을 것이다. 송곡리에도 작은 서당이 있었다고 했다. 아버지가 어린 시절 서당에 잠시 다니며 천자문을 배웠다는 말씀을 하셨던 기억이 난다.

계룡산 자락의 시골 마을에도 변화는 찾아왔다. 아버지가 소년이 되었을 무렵, 송곡리는 할아버지가 살았던 조선시대의 송곡리와는 다른 곳이 되었다. 그리 멀지 않은 곳에 근대식 학교가 들어섰다. 서당에 계속 다닐 것인가, 보통학교*로 옮길 것인가 하는 새로운 선택지가 생긴 것이다. 서당에 남느냐, 새로운 세계인 보통학교로 옮겨 가느냐 하는 결정은 급격히 몰락하던 봉건적 구세계와 새롭게 등장하는 식민지 근대 세계 중에서 어디로 들어갈 것인가를 선택하는 일이기도 했다. 아버지가 학교에 들어갈 나이가 되었을 때 이미 대세는 근대식 학교로 기운 상태였다. 아버지는 송곡리에서 멀지 않은 면 소재지 반포면에 위치한 반포공립보통학교에 입학했다(1921년 개교, 1938년 반포공립심상소학교로 개칭, 1941년 반포공립국민학교로 개칭, 현재의 반포초등학교).

아버지는 당신이 공부를 그다지 잘하는 편이 아니었다고 했다. 당신이 다녔던 학교를 때로는 보통학교, 때로는 소학교라고 혼용해서 말씀하시곤 했는데, 식민지 시기 동안 초등 교

* 갑오개혁 이후 처음으로 근대식 교육이 시작되었을 때 초등교육을 담당했던 학교의 명칭은 소학교였다. 1905년 을사늑약 체결 이후 통감정치가 시작되면서 소학교는 1906년 8월 '보통학교령'에 따라 조선인이 다니는 학교는 보통학교普通學校로, 일본인이 다니는 학교는 심상소학교尋常小學校로 이름이 바뀌었다. 보통학교는 수업 연한도 6년에서 4년으로 축소되었다. 보통학교는 다시 "충량한 황국신민 육성"을 목표로 한 '제3차 교육령'(1938년 3월 3일~1943년 3월 8일)에 따라 심상소학교로 명칭이 바뀌었고, 1941년 4월부터는 국민학교로 또 한 번 명칭이 변경되었다.

육기관의 명칭이 빈번히 바뀌었다는 점을 감안하면 이를 노인의 기억력 탓으로만 돌릴 수는 없다.

보통학교가 남긴 것: "내가 일본말을 잘했어"

학교는 한 사람의 성장 과정에서 생물학적 부모보다 더 강력한 영향력을 행사한다. 부모는 유전적인 영향력을 행사하지만, 한 사람의 가치관이 형성되는 과정에서는 결정적인 역할을 수행하지 못할 수도 있다. 특히 학교라는 제도가 보유한 지적 역량을 상회하는 수준의 지식을 갖지 못한 부모는 자식의 성장을 전적으로 학교에 위탁한다. 보통의 부모는 이런 선택을 한다. 할아버지 역시 당대의 뛰어난 유학자는 아니었으니 아버지의 성장을 교육기관에 의지하는 통상의 방법을 선택했을 것이다.

아버지의 학교생활은 보통학교에서 끝났다. 분명 돈이 없어서 상급학교에 진학하지 않은 건 아닐 것이다. 아버지는 우스갯소리로 중학교 시험을 보긴 했는데 떨어졌다는 말씀을 하시곤 했다. 할아버지의 경제력으로 미루어 짐작해볼 때 농담처럼 말씀하신 "떨어졌다"가 진실에 가까울 것이다. 상급학교에 진학하지 않은 아버지는 식민지 시대에 엘리트가 될 수 있는 궤도에 오르지 못했다. 보통학교 졸업이라는 학력으로는 당시의 엘리트 코스인 경성제국대학*은 꿈도 꿀 수 없었고, 동경 유학 같은 건 인생의 계획에 넣을 생각조차 할 수 없었다.

보통학교만 겨우 졸업한 아버지가 2008년 일본으로 가족 여행을 갔을 때 여전히 일본어를 자유자재로 구사하는 모습을 보고는 깜짝 놀랐다. 아버지는 일본인과의 의사소통에 전혀 거침이 없었다. 심지어 식당 벽에 붙어 있는 일본어 메뉴판이나 신문, 잡지도 막힘없이 읽어내셨다. 아버지에게 일본어는 모국어는 아니었지만, 그렇다고 외국어라는 범주로 이해할 수 있는 언어도 아니었던 것이다. 당시에도 이미 팔순을 넘긴 노인이었던 아버지가 어깨를 으쓱하며 자랑처럼 말씀하셨다.

"내가 일본말을 잘했어."

그전까지 아버지가 일본어로 말씀하시는 걸 한 번도 들은 적이 없었다. 일본어로 말하는 아버지를 그때 처음으로 목격한 셈이다. 식민통치가 끝난 지 반세기도 넘었는데, 입에서 일본어가 자연스럽게 튀어나오는 걸 보면 아버지에게 일본어는 모국어 같은 외국어였다.

내가 기억하고 이해하는 범위에서 아버지는 어머니와 달리 새로운 것에 대한 호기심이 그다지 강하지 않았다. 나의 학

* 일제강점기 동안 경성제국대학은 총 2300명의 졸업생을 배출했는데, 그중 조선인은 800명에 불과했다. 당시 경성제국대학을 졸업한 조선인은 최고의 엘리트 자리에 오를 수 있었다. 졸업생은 대부분 식민통치와 관련된 관공서로 진출했다. 학교로 진출한 경우 관립 고등보통학교나 중학교, 사범학교가 대부분이었고, 은행으로는 조선은행, 한성은행, 조선식산은행, 조선상업은행 등이 대표적이었다.

•장세윤, 1992, 「일제의 경성제국대학 설립과 운영」, 『한국독립운동사연구』 6, 393쪽.

1930~40년대
심상소학교의 모습.
위는 1932년
진해웅동공립보통학교
개교기념 사진,
아래는 1930년
여수공립보통학교
(전면의 건물은 국보 304호
여수 진남관으로 일제시대에
보통학교로 쓰였다)의
조회 체조 광경.

자적 취향은 전적으로 어머니의 영향이다. 할아버지 역시 마찬가지였다고 한다. 아마도 부계 쪽 유전자는 지식 탐구욕과는 거리가 있는 모양이다.

그럼에도 불구하고 "내가 일본말을 잘했어"라는 아버지의 자랑 아닌 자랑은 왜 불쑥 튀어나왔을까? 아버지처럼 학구적이지 않았던 분이 어떻게 일본어를 잘할 수 있게 되었을까? 그 배경에는 아버지가 받았던 보통학교 교육이 자리 잡고 있다. 상급학교에 진학하지는 못했지만 식민지 시기 보통학교 취학률을 기준으로 볼 때, 아버지가 유난히 배움이 짧았던 분은 아니다. 아버지의 보통학교 졸업장은 넘치지도 부족하지도 않은 수준의 학력이었다.*

자기도 모르게 내보인 일본어 구사 능력에 대해 아버지는 자랑 섞인 말씀을 하셨다. 왜 아버지는 일제강점기를 살았던 흔적인 유창한 일본어 실력에 아무런 부끄러움도 느끼지 못했을까? 부끄러움은커녕 일본어를 "그래도 충청도 양반"과 더불어 자신을 높일 수 있는 하나의 근거로 삼았던 것은 아닐까? 대체 소년 아버지는 보통학교에서 무엇을 배웠을까?

한 나라를 다른 나라가 정치적으로 지배한다고 해서 갑자기 모든 것이 같아질 수는 없다. 일본은 조선을 강제로 점령하고 식민지배 체제를 구축했지만 평범한 사람들이 바로 그 체제에 편입되었을 리 없다. 지배자 일본인과 피지배자 조선인이 사용하는 언어가 다르고, 문화도 서로 다르기 때문이다. 따라서 아버지의 보통학교 입학과 나의 국민학교 입학은 동일한 의미를 지니지 않는다. 소년 아버지는 보통학교에 다니면

* 공립보통학교를 기준으로 1923년의 취학률은 12.6퍼센트(남자 27.1퍼센트, 여자 3.7퍼센트)에 불과했고, 1934년에는 21.5퍼센트(남자 34.0퍼센트, 여자 8.6퍼센트)였다. 1942년에 이르러서도 취학률은 채 절반이 안 되는 47.7퍼센트(남자 66.1퍼센트, 여자 29.1퍼센트)에 머물렀다.
•오성철, 2000, 『식민지 초등교육의 형성』, 교육과학사, 133쪽.

서 단지 교육의 세계로만 들어간 게 아니다. 송곡리에서는 경험하지 못했던 식민 세계와 만난 것이다.

송곡리 마을회관에서 반포초등학교까지는 4킬로미터 정도이다. 요즘엔 그 정도 거리를 걸어 다니는 사람은 없지만, 당시에는 10리 길쯤이야 충분히 걸어 다녔을 것이다. 송곡리를 출발한 소년 아버지는 10리 길을 걸어 반포공립보통학교를 오갔다. 중간에 꽤 큰 개울도 건너야 하는 길이다. 아마 처음에는 10리 길을 왕복하는 게 버거웠겠지만, 매일같이 오가며 금세 익숙해졌을 것이다.

송곡리에서는 조선말을 사용했겠지만 학교의 공식 언어는 일본어, 즉 당시 표현으로는 국어라는 의미의 '고쿠고國語'였다. 조선인들은 학교에 다니기 시작하면서 지배자의 언어인 일본어의 세계로 들어갔다. 할아버지 시대 입신양명의 통로였던 과거제도는 사라지고, 그 자리를 근대식 학교가 차지했다. 출세를 하려면 과거 합격이 아니라 상급학교에 진학해야 하는 시대가 열린 것이다.

당시 조선인들이 보통학교에 진학한 동기는 사뭇 실용적이었다 한다. 일본어를 배워야 농사꾼이 아닌 다른 직업을 얻을 수 있다는 인식이 확산되면서, 보통학교에 입학하려는 사람의 숫자가 항상 입학 정원을 웃돌았다.* 보통학교가 조선인

* 보통학교 입학시험의 합격률은 1927년에는 84.8퍼센트였는데, 점점 경쟁이 치열해져 1936년에는 51.4퍼센트까지 떨어졌다. 이후 완만하게 상승했지만 1940년에도 합격률은 64.6퍼센트에 불과했다.

• 오성철, 앞의 책, 151쪽.

들이 일본어를 익히는 주된 경로였기에 같은 식민지 시대를 살았다 하더라도 보통학교를 나오지 않은 사람은 일본어에 대한 이해도가 낮았다.* 보통학교를 다닌 적 없는 '완전불취학자'들은 모국어인 조선어만을 구사할 수 있었다. "내가 일본말을 잘했어"라는 아버지의 단골 레퍼토리에는 '내가 이래봬도 송곡리에서는 흔하지 않은 보통학교 나온 사람이야'라는 자랑이 숨어 있는 것이다. 이 자랑을 늘어놓고는 금세 공주에 있는 농업학교 시험을 봤다가 떨어졌다며 살짝 어색한 웃음을 짓기는 했지만……. 출세하지 못했기에 사실상 써먹을 데가 없었던 아버지의 갈 길 잃은 일본어 실력은 뜻밖에도 팔순이 넘은 관광객의 처지에서 요긴하게 쓰였다. 이 기막힌 상황에서 아버지는 부지불식간에 자신의 소년 시절을 떠올렸던 것이다.

소국민이 되기 위한 의례

반포보통학교의 그 시절 모습을 담은 사진이나 기록은 찾을 수 없었다. 그 대신 1931년생 박완서가 남긴 매동보통학교의 풍경을 통해 소년 아버지가 수년간 10리 길을

* 통계에 따르면 1923년 조선에서 일본어를 해독할 수 있는 사람은 전체 인구의 4.08퍼센트에 불과했다고 한다. 1943년에는 그 수가 비약적으로 증가하여 22.15퍼센트에 이르긴 했지만, 그때도 전체 인구의 대다수는 일본어 해독 능력을 지니지 못했다. • 이영재, 2008, 『제국일본의 조선영화』, 현실문화연구, 304쪽.

걸어서 다녔던 반포보통학교의 모습을 상상할 수 있다.

> 제일 먼저 배운 일본말은 호안덴奉安殿이었다. 호안덴은 운동장 우측 꽃나무를 잘 가꾸어놓은 화단 속에 있는 회색 빛 작은 집이었다. 교문에 들어설 때, 반드시 그쪽을 향해 절을 해야 하고 그 절은 선생님한테 하는 절보다 더 많이 굽혀 몸을 직각으로 만드는 최경례最敬禮라야 된다는 것도 배웠다. …… 호안덴은 천황의 칙어를 넣어두는 데였다. 천황의 칙어는 일본말을 익힌 후에도 한마디도 못 알아듣게 어렵고 길었으며, 교장의 식사는 더 길었다. 여기저기서 쓰러지는 아이가 생길 정도로 지루한 식이었지만 끝나면 모찌를 두 개씩 나누어 주었다. …… 호안덴 다음으로 우리가 꼭 알아둬야 할 일본말은 변소였다. 그리고 선생님, 학교, 교실, 운동장, 동무, 몇 학년 몇 반 따위를 일본말로 익히면서 한 달 동안을 운동장에서 선생님을 졸졸 따라다녔다. 입학하자마자 조선말은 한마디도 못 쓰게 하고 눈에 보이는 사물과 행동을 일본말로 반복해서 주입시켰다. 모든 사물이 거듭 태어났다. 나처럼 일본말에 대한 사전 지식이 하나도 없는 아이에겐 여간 힘든 시기가 아니었다.
>
> • 박완서, 『그 많던 싱아는 누가 다 먹었을까』

최경례하는 소년 아버지를 머릿속에 그려본다. 1890년 국가 교육의 방향을 담아 메이지 천황 명의로 발표된 '교육칙어教育勅語'는 소년이 이해하기에는 너무나 어려운 내용이었다. 왜 고개를 숙여 '최경례'를 해야 하는지 소년 아버지도 박완

호안덴에 최경례하는 모습.

서처럼 이해할 수 없었을 것이다. 하지만 학교에 발을 들여놓는 순간 집에서나 통하는 어리광은 금지되는 셈이니 알 수 없는 거대한 권위를 느끼며 아버지 역시 등굣길에 고개를 숙여 인사했을 것이다. 교육칙어의 내용 자체는 그다지 중요하지 않다. 왜 그래야 하는지 이유를 몰라도 특정한 행동을 반복하다 보면, 처음에는 낯설고 기이하게 느껴졌던 것도 이내 몸에 배게 된다. 한창 성장하고 있던 소년에게야 더 말할 나위가 없다. 백지 상태나 다름없는 소년의 머릿속에 박힌 그 이미지는 오랫동안 지속되어 사유의 습관처럼 자리 잡는다. 절대자에 대한 절대적인 복종과 존중의 표현인 '최경례'를 유년 시절에 반복한 사람은 자신도 모르는 사이에 전체에 대한 무조건적 복종의 태도를 몸에 익힌다.

반복적인 의례를 통해 소년은 사춘기로 접어들기도 전에

신민臣民이라는 자기정체성을 형성한다. 신민은 황국의 번영을 위해 존재한다. 그게 아니라면 존재할 이유도 의미도 없는 개체에 불과했다. 아버지는 학교에서 단지 고쿠고만 배운 게 아니다. 고쿠고가 수단이자 통로였다면, 아버지는 고쿠고로 이루어진 '국민이 되는 방법'을 배웠다.

학교에 들어서자마자 교육칙어를 향해 '최경례'를 해야 했던 보통학교의 모습을 추정할 수 있는 영화가 있다. 일제 강점기의 소년이 등장하는 영화 〈수업료〉(최인규 · 방한준 감독, 1940)는 1938년에 광주북정심상소학교에 다니던 4학년생 우수영*의 수기를 바탕으로 만들어진 작품이다. 이 영화를 통해

* 우수영은 조선통감부와 총독부의 기관지였으며 일본어로도 발행되었던 『경성일보京城日報』에서 내던 어린이 신문 『경일소학생신문京日小學生新聞』이 1938년 11월에 주최한 '전선소학생작문경작全鮮小學生作文競作'에 참가해 조선총독학무국장상을 받았다. 당시 조선총독부 경무국 도서관 촉탁이자 이후 영화 〈집 없는 천사〉의 시나리오를 담당했던 니시키 모토사다西龜元貞의 아이디어로, 고려영화사에서 우수영의 수기를 〈수업료〉라는 제목으로 영화화하기로 결정했다. 고려영화사의 이창용이 제작하고 최인규와 방한준이 공동 감독한 〈수업료〉는 1939년 최인규가 감독을 맡아 촬영이 시작되었으나 최인규의 와병으로 방한준이 이어받아 완성했다. 주인공 우영달 역은 연극배우 김복진의 아들로 경성의 청계소학교 5학년이었던 정찬조가 맡았고, 극중에서 우영달과 라이벌인 안정희 역은 당시 경성여자사범부속소학교 학생이었던 김종일이 맡았다. 내선內鮮 교환에 의해 일본인 배우도 출연했는데, 담임교사 역을 맡은 배우는 스스키다 겐지薄田研二이다. 야기 야스타로八木保太郎가 각색했고, 유치진이 조선어 대사를 담당했다. 〈수업료〉는 1940년 4월 30일 서울의 명치좌明治座와 대륙극장에서 개봉하여 그해 최고의 흥행을 기록했다.

아들은 아버지의 소년 시절을 구경한다.

영달이 혹은 아버지의 교실

아이들이 교실에 한가득이다. 교단에는 교탁과 칠판이 있다. 칠판 왼쪽에 지도가 걸려 있고, 칠판 위에는 급훈이라 추정되는 문구가 적힌 액자가 걸려 있다. 교실 왼쪽으로는 창문이, 오른쪽으로는 복도로 향하는 출입문이 있다. 교실을 구성하는 소품은 지금과 다르지만, 교실의 배치는 내가 다니던 국민학교와 크게 다르지 않다. 반포보통학교 시절의 소년 아버지를 연상시키는 남자아이들이 절반, 여자아이들이 절반이다. 그때만 해도 여자와 남자는 분단별로 구분해서 앉았던 모양이다. 여자는 여자끼리, 남자는 남자끼리 짝을 이뤘다. 머리를 뒤로 묶은 여자아이들이 절반쯤이고, 나머지 절반은 짧게 자른 단발머리이다. 남자아이들은 대개 머리가 짧다. 아예 군인처럼 빡빡머리를 한 소년도 적지 않게 보인다. 이 장면 하나만으로도 아버지가 앉아 있던 반포보통학교의 교실을 충분히 상상할 수 있다.

수업은 일본어로 한다. 심지어 선생님도 일본 사람이다. 그러나 수업이 끝나면 아이들은 자기들끼리는 조선어로 이야기를 한다. 학급 반장인 영달이는 모범생이다. 집에 돌아와 그날 학교에서 배운 지리 수업 내용을 큰 소리로 복습한다.

"우리나라는 아시아의 중심 일본열도. 조선반도를 지나 만주국에서 관동까지 아우르는 일본열도……."

1
영화 〈수업료〉에서 교실 수업 장면.
한국영상자료원 제공

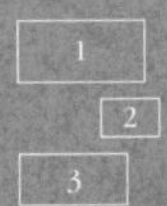

2
영달이가 앉은뱅이책상에 앉아
지리 공부를 하고 있다.
영상 7

3
수업료를 갖고 오지 못한 아이들은 일어서서
이유를 설명해야 한다. 영달이가 일어서 있다.
한국영상자료원 제공

영달이는 식민 질서 안에서 나고 자란 소년이다. 제국의 한 지방으로 편입된 조선의 지리를 수업 시간에 배운 대로 충실히 받아들인다. 지리 수업 내용을 복습할 때는 일본어로 말을 하지만, 할머니가 집에 돌아오자 영달이의 입에서는 조선어가 튀어나온다. 아버지 역시 마찬가지였을 것이다. 반포보통학교에서는 일본어로 수업을 하고, 송곡리 집으로 돌아오면 할머니에게 "학교 다녀왔습니다"라고 또박또박 조선어로 말했을 것이다.

송곡리의 어느 집에도 영달이가 앉아서 공부하던 앉은뱅이책상이 하나쯤 있었을 것이다. 공부를 썩 잘하지 못했다는 아버지의 말로 짐작해볼 때, 아버지는 영달이처럼 집에 돌아오자마자 책상에 앉아 부지런히 그날 배운 내용을 복습하는 소년은 아니었겠지만…….

공부를 하던 영달이가 갑자기 울음을 터트린다. 영달이는 석 달째 수업료를 내지 못하고 있는데, 내일이 수업료 납부일이라는 게 생각났기 때문이다. 영달이는 당장 내일이 걱정이다. 아버지와 어머니는 돈 벌어 오겠다며 나간 지 한참이나 되었지만 소식이 없다. 할머니와 단 둘이 지내는 영달이네 집엔 이미 쌀마저 떨어진 지 오래다.

날이 밝았다. 담임 선생님이 조례를 시작한다. 반장인 영달이는 학급 전체를 대표하여 자리에서 일어나 "차렷, 경례"라고 큰 소리로 말하고, 반 아이들은 그 구호에 따라 담임 선생님께 인사하지만 영달이의 표정은 밝지 않다. 오늘이 수업료 납부일임을 누구보다 잘 알고 있기 때문이다. 수업료를 내지 않은 아이들은 자리에서 일어서야 한다. 담임 선생님은 한 명 한 명에게 수업료를 갖고 오지 않은 이유를 묻는다. 일어섰던 아이들 중에서 한 아이는 그 사이에 부모님이 교무실에 수업료를 납부하고 간 덕분에 자리에 앉는다. 단순히 수업료 납부일임을 잊고 안 가져온 아이도 있다. 그 아이도 별 창피함 없이 이유를 말하고는 자리에 앉는다. 자리에 앉을 수 없는 아이들이 있다. 돈이 없어서 수업료를 내지 못하는 아이들이다.

책 읽는 소년상

우영달은 공부에 집착한다. 수업료가 없어 학교에 다니지 못할 형편이면서도 공부에 대한 집념을 잃지 않는다. 결국 영달이는 평택에 있는 친척에게 돈을 빌리기 위해 수원에서 평택까지 걸어가기로 한다. 수원에서 평택은 어린아이가 걸어가기에는 결코 가깝지 않은 거리다. 그러나 영달이는 다리 아픈 걸 악착같이 참으며, 심지어 노래까지 부르면서 평택을 향해 걸어간다.

상급학교에 진학할 경제적 자원은 충분했지만, 공부를 못해서 가지 않았다고 말하는 아버지는 우영달과는 조금 다른 소년이었음이 분명하다. 할아버지의 재력으로 봤을 때 아버지는 영달의 처지에 놓이지는 않았을 것 같다. 공부에 안달하는 편도 아니었을 것이다. 아버지는 수업료를 내지 못해 교실에 서 있는 영달이, 집에 돌아오면 복습부터 철저히 하는 영달이보다는 존재감 없이 교실에 앉아 있는 여느 보통학교 학생에 가까웠을 것이다. 영달이도, 영달이의 라이벌인 안정희도, 그리고 존재감 없이 앉아 있던 나의 아버지 같은 사람도 모두 같은 껍데기 속에 있다. 식민지라는 껍데기 속에.

그 시대를 살았던 모든 소년이 우영달은 아니었겠으나, 공부에 안달하는 소년 우영달의 모습은 시대적 공감을 얻기에 충분했다. 〈수업료〉가 당대의 흥행영화가 된 것은 우연이 아니다. 공부에 대한 영달이의 집착, 어떻게 해서라도 공부를 해야 한다는 절박한 심정은 알게 모르게 그 시대를 살았던 사람의 상식이었다.

내가 다니던 국민학교 교정에는 책 읽는 소녀상이 있었다. 선생님들은 독서의 중요성을 강조할 때 꼭 그 소녀를 언급했다. 소녀상은 학교 어디에서든 잘 보이는 위치에 있었기에 유년 시절 독서라는 행위에 대해 내가 가졌던 이미지는 이 소녀상으로부터 아주 큰 영향을 받았다. 아버지가 다니던 보통학교에도 상징물이 있었다. 교정의 한편에는 최경례를 해야 하는 호안덴이 있었고, 또 다른 한편에는 등에 지게를 지고도 손에서 책을 놓지 않는 한 소년의 동상이 있었다. 1930년대 모든 보통학교에는 근검절약하며 어떤 환경에서도 공부를 놓지 않는 인물을 상징하는 니노미야 긴지로二宮金次郎의 동상이 서 있었다.

사실 아버지보다는 영달이가 니노미야 긴지로를 닮았다고 할 수 있다. 그렇다고는 해도 아버지 역시 아침저녁으로 오가는 길에 본 니노미야 긴지로 동상의 영향을 많이 받았을 것이다. 호안덴에 최경례를 반복하면서 권위에 복종하는 습성

니노미야 긴지로 동상. 본명은 니노미야 손토쿠二宮尊德로 에도시대 후기의 농촌 행정가이자 사상가이다. 근검절약과 성실한 노동을 실천한 인물로 널리 알려져 그가 어린 시절 공부하던 모습을 형상화한 동상이 1930년대 소학교에 보급되었다.

무교육 한자로는 이 세상에 못살겟다

배우지못한게 철천의 한되어

유서남기고 철도자살

교육을 받지 못해 자살한 한 청년의 이야기를 실은 1933년 4월 21일자 『동아일보』 기사.

을 몸에 익힌 것처럼 말이다. 아버지가 공부에 열심인 사람도 아니었고 공부를 업으로 삼아 출세한 분도 아니었지만, 매일 같이 마주치던 동상은 소년의 마음에 '공부하는 사람'에 대한 존경심을 담기에는 충분했을 것이다.

선생님은 아이들에게 니노미야 긴지로를 닮아야 한다고 기회가 있을 때마다 강조했을 것이다. 아버지는 니노미야 긴지로처럼 하교 후 송곡리 뒷산으로 나무를 하러 올라가면서까지 책을 읽는 소년은 되지 못했지만, 그래도 책 읽는 소년의 동상은 '사람은 마땅히 그래야 한다'라는 성장 독본으로 작용했을 가능성이 크다. 그래서였을까? 아버지는 절대로 활자를 가까이하는 분이 아니었는데도 가끔씩 내 방에 들어와 내가 책을 읽는 모습을 보면 신기해하면서도 매우 기특해하셨다.

1933년에 일어난 한 사건을 보도하는 『동아일보』 4월 21일자 기사는 인상적이다. 신문은 한 청년의 죽음을 다루고 있다. 모든 죽음이 신문에 보도되지는 않으니, 당시의 상식으로 봤을 때 이른바 보도 가치가 있다고 판단된 죽음이다. 불과 열여덟 살 먹은 청년이 기차에 뛰어들어 자살했다. 그가 남긴 유서 덕에 우리는 그가 스스로 목숨을 끊은 이유를 알 수 있다. 청년은 조선 독립이라는 대의 앞에 목숨을 내놓은 애국지사가 아니다. 사랑에 실패해 세상을 비관하고 살기를 포기한 염세주의자도 아니다. 그가 유서에서 밝힌 자살의 이유는 이렇다.

"나는 교육을 받지 못한 탓으로 모든 치욕을 받아가면서 일생을 살아가지 않으면 안 되었습니다."

신문은 "무교육한 자로는 이 세상에 못 살겠다"라며 언제나처럼 신문 특유의 선정적인 헤드라인을 뽑았다.

나라가 망했다고 모든 개인이 다 망하지는 않는다. 어떤 사람은 나라가 망한 틈을 타 기회를 잡기도 한다. 나라가 망하는 대변화를 이용해 신분 상승까지 해내는 처세의 달인이 아니라면, 식민통치의 대상으로 전락한 사람에게 출세할 수 있는 기회는 제한되기 마련이다. 조선인으로 태어난 운명을 거슬러 신분 상승을 이룰 수 있는 최후의 수단은 '공부'다. 비록 나라는 망했어도 내가 똑똑하면 나까지 망하지는 않을 거라는 믿음. 식민통치가 안정화될수록 사람들은 이 믿음을 야금야금 공유하고 은밀히 떠받든다. 식민지는 특히 능력주의meritocracy가 사람들의 의식을 휘감기 좋은 조건이다. 니노미야 긴지로는 능력주의의 상징물이다. 니노미야 긴지로를 삶의 독본으로 삼았을지 모르는 그 18세 청년은 공부라는 마지막 동아줄을 손에 쥘 수 없는 자신의 신세를 한탄했던 것이다.

자신을 바르게 세워 세상에 이름을 알린다는 '입신양명立身揚名' 같은 유교적 이상은 이제 삶의 독본으로서 효력을 상실했다. 식민화로 유교적 가치가 붕괴된 나라에서 '공부'는 단지 출세를 위한 도구가 되었을 뿐이다. 식민통치의 강도가 높아질수록 그 몰락의 흐름에서 나만이라도 탈출하고 싶다는 욕망이 스멀스멀 자라났다. 개인에게 탈출구를 제공하는 수단으로서의 공부, 그에 대한 물신적 집착은 '각자도생'을 생활 윤리로 채택하게 했다.

식민통치의 기간이 길어질수록 사람들은 공부를 왜 하는지 이유는 묻지 않은 채 그저 공부라는 행위에 모든 꿈과 야망을 우겨다짐으로 구겨 넣었다. 아비지는 공부에 별 뜻이 없었기에 소년 우영달과는 별개의 세계에 놓여 있는 사람처럼 보일 수도 있다. 하지만 두 사람의 차이는 단지 아버지가 '각자도생'의 길을 공부에서 찾지 않았다는 점뿐이다. 자기 인생을 스스로 책임지며 걸어가야 한다는 생활 윤리 앞에서 공부를 수단으로 삼은 영달이와 그렇지 않았던 소년 아버지의 차이는 그래서 사소하기만 하다.

보통학교를 졸업한 후 아버지는 할아버지의 농사일을 물려받았을 것이다. 그 시절 아버지처럼 보통학교를 졸업했으나 상급학교에 진학하지 못한 사람들, 그래서 식민지 시대의 하급 관리자 자리조차 넘볼 수 없었던 사람들의 유일한 선택지는 선대의 직업을 물려받는 것이었다. 하지만 할아버지가 구축한 송곡리의 질서를 그대로 물려받기에는 아버지의 자유주의적 기질이 너무 강했다. 공부를 각자도생의 방편으로 삼지 않은 소년 아버지는 어떤 붐을 따라 탈출을 결심했다. 살아남기 위해 조선반도를 탈출하는 사람들이 열병처럼 향했던 땅 '만주', 그곳에서 풍겨오는 향기는 '고쿠고'를 통한 입신출세의 기회를 얻지 못해 농사꾼이 될 운명에 처해 있던 소년 아버지를 사로잡았다. 결국 소년 아버지는 송곡리의 질서에서 탈주를 감행했다.

3장　　청춘으로 들어가는 어떤 붐

소년을 사로잡은 만주 붐

1931년 9월 18일 일본 관동군이 만철 선로를 폭파하는 자작극을 벌이고는 이를 구실로 군사 행동을 개시한 이른바 만주사변이 일어났다. 그리고 1932년 1월 만주국이 세워졌다. 겉으로는 독립적인 국가인 체했으나, 만주국이 일본의 괴뢰 정부임은 누구나 다 알고 있는 사실이었다.

보통학교에서 익힌 '고쿠고'로 상급학교에 진학하거나 출세하는 데 실패한 사람들, 아예 처음부터 '고쿠고'를 익힐 기회조차 얻지 못한 사람들의 눈에 만주는 가난에서 탈출할 수 있는 유일한 통로인 듯했다. 만주는 하나의 '붐'이었다.

대중문화는 옳고 그름을 따지기 전에 사람들이 무엇을 좋아하는지에 민감하게 반응한다. 설사 옳다고는 할 수 없어도 사람들 대다수가 어떤 신기루에 사로잡혀 있다면 대중문화는 그 신기루를 꿈의 풍경으로 제공한다. 당시 대중문화에서 만주는 주권을 상실한 식민지 조선인이 일확천금을 노릴 수 있는 땅으로 그려졌다. 만주는 대중문화 안에서도 '붐'을 이루었다. 대부분 현재 필름이 남아 있지 않지만 1920년대 후반부터 해방 전까지 만주를 무대로 하는 영화가 쏟아져 나왔다. 〈풍운아〉(나운규 감독, 1926), 〈사랑을 찾아서〉(나운규 감독, 1928), 〈지나가의 비밀〉(유장안 감독, 1928), 〈유랑〉(김유영 감독, 1928), 〈약혼〉(김서정 감독, 1929), 〈큰 무덤〉(윤봉춘 감독, 1931), 〈남편은 경비대로〉(도전장 감독, 1931), 〈복지만리〉(전창근 감독, 1941) 등이 모두 만주를 무대로 한 작품이다. 영화를 통해 만주는 사람들의 삶에 성큼 다가왔다.

봉천奉天(현재의 선양瀋陽)이나 신경新京(현재의 창춘長春), 하얼빈哈爾濱은 만주를 무대로 한 영화에서 주인공이 결국 도달하고 마는 종착점으로 나타난다. 다양한 인물이 저마다의 사연을 품고 식민지 조선에서 벗어나 희망을 안고 향하는 현실적인 도피처 혹은 도달 가능한 유토피아가 만주에 있었다. 영화 주제가이며 당대에 어마어마한 인기를 끌었던 노래 〈복지만리福地萬里〉의 가사처럼 만주는 "저 언덕을 넘어서면 새 세상의 문"이 있는 곳이다.

복지만리 영상 8

달 실은 마차다 해 실은 마차다
청대콩 벌판 위에 헤이 휘파람을 불며 불며
저 언덕을 넘어서면 새 세상의 문이 있다
황색 기층 대륙 길에 어서 가자 방울 소리 울리며

백마를 달리던 고구려 쌈터다
파묻힌 성터 위에 헤이 청노새는 간다 간다

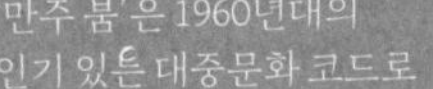

1 2
3 4

'만주 붐'은 1960년대의 인기 있는 대중문화 코드로 또 한 번 재현되었다.

1 〈대지의 지배자〉(정창화 감독, 1963) 한국영상자료원 제공
2 〈쏘만국경〉(강범구 감독, 1964) ©양해남 컬렉션
3 〈압록강아 말하라〉(강민호 감독, 1965) ©양해남 컬렉션
4 〈광야의 결사대〉(정창화 감독, 1966) 한국영상자료원 제공

저 고개를 넘어서면 새 천지의 종이 운다
다함없는 대륙 길에 빨리 가자 방울 소리 울리며

• 김영수 작사, 이재호 작곡, 백년설 노래(1941년, 태평레코드)

꽃피는 북만선

영상 9

꽃을 실은 기차냐 봄을 실은 기차냐
북만벌 천리길에 새 고향의 해를 본다
낙랑대 기타 우는 청춘의 고개 넘어 달려라 달려
아, 나부끼는 검은 연기 희망의 깃발이냐

노래 실은 기차냐 춤을 실은 기차냐
북만벌 대토지에 새 고향의 달이 뜬다
풍년조 두견 우는 축복의 물을 건너 달려라 달려
아, 구성진 기적 소리 황금의 군호러냐

웃음 실은 기차냐 감격 실은 기차냐
북만벌 신천지에 새 고향의 별이 좋다
농산대 놀이 좋은 광명의 들을 지나 달려라 달려
아, 고향의 웃음소리 당연히 마음 편쿠나

• 박향 작사, 전기현 작곡, 이인권 노래(1941년, 태평레코드)

만주는 멀다. 만리萬里나 떨어져 있는 곳이다. 하지만 아무리 멀어도 그곳은 행운을 기약하는 땅, 즉 복지福地다. 탈출을 꿈꾸는 사람들은 일종의 '만주 열병'을 앓을 수밖에 없었다.

송곡리의 농사꾼이 될 예정이었던 아버지에게도 이 '붐'이 찾아왔다. 조심스럽게 추정해본다면, 아마 아버지는 백석이 만주로 떠났던 이유를 공유했을지도 모른다. 만주로 떠나기 직전의 백석을 묘사한 글이 있다.

> 당신이 만주로 혼자 떠나시려는 결심을 굳히게 된 것은 순전히 뛰어넘을 수 없는 복잡한 가정사와 봉건적인 관습 때문이었다. 당신은 그것들로부터 아주 떠나고 싶었던 것이다. 당신은 부모님의 강권으로 억지 장가를 몇 번씩이나 들고, 또 그 때문에 집을 뛰쳐나와서 정신적 번민도 무수히 겪었다.
>
> • 김자야, 『내 사랑 백석』

아직 청년기에 접어들기 전이었던 아버지가, 만주로 이주하던 1939년에 이미 28세였던 백석만큼 자아인식의 전환을 맞지는 못했겠으나 아버지 역시 송곡리의 봉건적 관습에서 벗어나고 싶은 욕망이 작지 않았을 것이다. 송곡리의 농사꾼이 되어 태어나 자란 곳을 한 번도 떠나지 않고 살아가기에 아버지는 너무나 자유분방한 분이었다. 송곡리는 '열병' 혹은 '붐'에 휩싸여 청년기의 입구로 들어서던 아버지에게 너무나 작고 안정적인 곳이었다. 아버지는 송곡리 대신 만주를 선택했다.

일확천금의 꿈

만주로 떠나기 전날 할아버지는 아버지를 꾸짖었을까? 꾸짖음이 언쟁으로 바뀌고, 아버지는 태어나 처음으로 할아버지의 명을 어기는 불효의 시간을 통과했을까? 아니면, 낡은 질서에서 탈출하는 가장 손쉬운 방법인 야반도주를 택했을까?

어려운 길을 선택할 만큼 아버지의 탈출 욕구가 간절했든, 아니면 한때의 치기와 열병에 휩싸여 손쉬운 길을 택했든 송곡리를 떠난 그날 이후 아버지와 할아버지 사이에는 단절이라는 굵은 선이 그어졌다. 망국亡國의 서사에 사로잡힌 할아버지는 당신의 품을 떠나는 아들을 질책할 힘을 이미 상실했을지도 모른다. 아버지는 무기력한 할아버지를 거역하기 위해서 그다지 많은 에너지가 필요하지 않았는지도 모른다.

만주로 떠나는 아들은 아버지가 아들을 통제할 수 있는 마지막 수단인 재산 상속권마저 포기했을까? 상속권은 부모 세대가 자식 세대에게 오래된 가치관을 종용할 때 가장 효과적으로 사용할 수 있는 수단이다. 그러나 자식이 재산을 축적하기 시작하면, 이 상속권을 올가미로 사용하던 부모 세대의 영향력은 힘을 잃는다. 동경으로 유학을 가서 고등교육을 받은 소수의 사람들은 식민지 질서하에서 출세하여 망국의 그늘에서 신음하는 부모 세대와 단절하고 모던보이가 될 수 있었다. 하지만 이 길은 아무나 걷지 못했다. 이 경로로 진입하기 위해서는 부모의 든든한 경제적 배경이 필요했다. 그러한 배경이 없는 사람에게 남은 선택은 동경이 아니라 만주였다. 아버지는 이광수의 소설 『유정』에서 사랑에 실패하고 도망가는 주인공 최석처럼, 또 먹을 것이 없어 이주한 영화 〈복지만리〉의 보통 사람들처럼 만주를 목적지로 선택했다.

만주로 가는 길

아들 사회학자는 소년 아버지가 보통학교를 다니던 과거의 송곡리로는 갈 수 없다. 대신 아버지가 소년에서 청년으로 넘어가던 시기에 '붐'을 따라 향했던 만주 봉천, 지금은 선양이라는 이름으로 불리는 그 도시에 가보기로 했다. 아버지는 기차를 타고 갔겠지만 지금은 육로가 막혀 있으니 비행기를 타야 한다.

인천국제공항은 언제나 그렇듯이 다양한 이유로 어딘가를 향해 가는 사람으로 북적인다. 온갖 종류의 사람들이 뒤섞여 출국 수속을 기다리고 있다. 해외여행이 처음인 듯 출국 절차가 낯설어 두리번거리는 사람도 있고, 늘 떠나는 비즈니스 여행에 지쳐 보이는 사람도 있다. 간만에 동창들끼리 여행을 떠나는 듯 마치 수학여행 가는 중고생처럼 들떠 있는 중년의 남녀도 있고, 효도여행을 가는 노인들도 있다.

이렇게 다양하게 뒤섞여 있던 사람들이 출국 심사를 마치고 각자의 탑승구로 흩어지면, 각 탑승구는 저마다 고유한 색채를 내기 시작한다. 선양행 대한항공 탑승구. 단체 관광객은 보이지 않는다. 중국 여권을 든 채 한국어와 중국어를 섞어 말하는 사람, 업무차 가는 듯 비즈니스 수트에 브리프케이스를 든 사람, 한국에서 돈을 벌어 고향집에 가는 듯 보이는 사람이 뒤섞여 있다. 비행기 안에서 들리는 한국어는 서울의 거리에서 흔히 들을 수 있는 한국어 억양과 완전히 다르다. 뒷좌석에 앉은 중년 남녀가 중국어와 한국어를 섞어서 대화한다. 그런 사람들 사이에서 업무차도 아니고 고향 방문도 아닌 전혀 다른 목적으로 선양을 향하는 나의 처지가 참으로 특이하다. 선양행 비행기는 백령도 부근을 통과하고 서해의 공해 구역을 지나 타오셴국제공항까지 이동한다.

송곡리를 떠난 아버지가 봉천까지 어떻게 이동했는지 구체적 기록은 남아 있지 않지만, 그 경로를 추정할 수 있는 구술 증언이 있다. 1928년 8월 28일 송곡리에서 멀지 않은 충청남도 공주군 반포면 도압리 551번지 노씨 집성촌에서 출생한 최수현 씨의 증언이다. 최수현 씨도 아버지처럼 공주군 반포면 도압리에서 만주 봉천으로 옮겨 갔던 사람이다.

> 초등학교 졸업하고 열다섯 살 때 만주를 갔어. 군대 안 가려고 그랬지. 일본 놈들이 그때 막 잡아갔거든. 할아버지가 손자 하나 있는 거 잡혀가면 큰일 난다 싶어서 만주에 보냈어. (무섭진 않으셨어요?) 무서워도 가야지. 어쩌겠어. 그때는 가라고 하면 가는 거여. 특급열차를 탔고 갔어. 짝수면 동경 방향, 홀수면 서울 방향이었고, 기차 삯이 40원이었어. 그거 타면 대전에서 봉천까지 한 번에 갔거든. 그 기차가 신의주 지나서, 봉천 지나 신경까지 가는 거였어. 기차를 얼마나 탔더라……. 그건 기억이 잘 안 나. 기차에서 내내 굶었지 뭐. 사 먹을 줄도 몰랐지. 열차 안에 일본 헌병이 왔다 갔다 하니까 (무서워서). 근데 나이가 어리고 애 같으니까 아무것도 안 하더라고.

• 경기도사이버도서관, 『수려선 - 지금은 잊혀진 협궤열차 이야기』

『삼천리』 제4권 제12호(1932년 12월 1일)에 실려 있는 「만주국 유기滿洲國 遊記」를 통해서도 아버지가 탔던 만주행 기차의 풍경을 상상해볼 수 있다. 부산에서 신경까지 한 번에 갈 수 있는 히카리光 특급열차가 있었지만, 아버지가 식당칸까지 딸려 있는 그런 고급 열차를 타고 갔을 리는 없다. 아마도 아버지가 탄 기차는 1932년 10월 6일 밤이라고 묘사된 그 기차의 풍경을 닮았을 게다(이하 내용은 「만주국 유기」를 참조하여 상상적으로 씀).

언제나처럼 그날 밤도 만주로 떠나는 기차는 경성역을 출발했다. '北行북행 액쓰푸레스'가 "커다런 음향의 波汶파문을 京城驛경성역 하늘에 그리우고 밤길의 코쓰를 달니기 시작"*했다. 만주행 기차는 만원이다. "나의 몸을 실은 764號호 바고늬는 定員정원을 훨신 超過초과하리만치 大滿員대만원"이었다. 편안한 여행이 아니다. 침대칸은 생각조차 할 수 없다. 기차 안에서 편안한 자리를 찾는 데 실패했기에 "한쪽 椅子의자가에 거러 안저 그대로 말뚝잠을 자지 안으면 안 될 형편"이었다. 각자 사연을 품에 안고 만주로 떠나는 승객들은 "모다 잠에 醉취"하였다. 승객들은 "안즌 채로 혹은 누은 채로 가지가지의 야릇한 形象형상으로 꿈나라"를 헤매고 있다. 기차가 평양역에 도착할 무렵 "一金五拾錢也일금오십전야"를 주고 "和食화식 '미소시루'"를 사 먹는다. 아직 갈 길이 멀기에 배를 든든하게 채워둬야 한다.

선양의 타오셴국제공항으로 향하는 대한항공 비행기 역시 만석이다. 2시간이 채 걸리지 않는 짧은 여행이지만 만석인

* 가독성을 위해 한글 독음을 달고 띄어쓰기만 약간 손을 보았다.

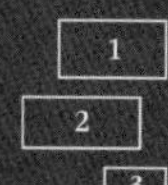

아버지는 대전역에서 출발하는 기차를 타고 만주 봉천역까지 이동했을 것이다.

1
일제강점기 대전역.
(대전시 제공)

2
만주국 시기의 봉천역.

3
당시 신경과 대련(지금의 다롄大連) 사이를 시속 100킬로미터로 운행하던 특급열차 아시아호.

비행기 좌석에 꼼짝없이 갇혀 있는 신세는 그다지 편하다고 할 수 없다. 아침 8시 5분에 출발하는 비행기를 타기 위해 다들 잠을 설쳤는지 비행기가 이륙하자마자 승객들은 "모두 잠에 취"한다. 기내식이 제공되니 조용했던 비행기가 다시 들썩이기 시작한다. 아버지 시절에 만주를 향하던 사람들은 '일본식 미소시루'를 먹었다지만, 2017년 선양으로 가는 대한항공은 기내식으로 밥과 불고기를 주主 요리로 하는 아침을 내놓는다. 불고기와 파인애플 한 조각, 모차렐라 치즈와 샐러드, 작은 빵과 버터, 물로 구성된 국적을 알 수 없는 상차림이다. 승객들 역시 외양만 봐서는 국적을 알 수 없다. 그들이 사용하는 언어로 추정해보긴 하지만, 그조차도 적당하다고는 못 하겠다. 서울 억양이 아닌 한국어를 말하는 사람, 중국어와 한국어를 섞어 쓰는 사람, 중국어로 묻는 질문에 한국어로 답하는 사람이 섞여 있다. 선양행 비행기는 조선어와 일본어, 만주어가 뒤섞여 있었을 아버지 시절 만주를 향하던 기차와 닮았다.

그 시절의 기차 안에는 다양한 사람이 타고 있다. "40假量가량의 허름한 양복쟁이 紳士신사 두 사람"이 "서로서로 懷中時計회중시계를 끄집어 내여 가지고 내것이 잘맛느니 네것이 못맛느니 하면서 시계 자랑"으로 먼 길을 떠난 사람의 곤한 잠을 방해하고 있다. 그 와중에도 "한 녀석은 體面체면도 모르고 제 욕심만 채우는 格격으로 그 여자의 뒤 등에다 비지 먹은 도야지갓흔 몸이를 비스듬이 긔대이고 코를 골기 시작"했다. 그 사이 어딘가에는 "새 사랑 새 태양에 신랑"이 되고자 심지어 "새 역사"도 모자라 "새 사주"를 꿈꾸는 사람이 곤한 잠에 빠져 있기도 하다. 만주로 떠나가던 사람들이 가슴에 품었던 꿈을 표현한 노래 〈만주 신랑〉을 들어보자.

만주 신랑 영상 10

정 하나 잘못 주어 우는 가슴아
호삭풍 불어오는 만주러라
흥안령 높은 고개 산부리 위에
새 사랑 새 태양에 신랑이 되자

발 하나 잘못 짚어 빠진 발길아
참대도 얼어 죽는 만주러라
흑룡강 넓은 물길 용솟음 속에
새 사주 새 역사에 신랑이 되자

꿈 하나 잘못 꾸어 헝큰 청춘아
눈물도 웃음 되는 만주러라
흥안령 흑룡강이 무궁한 벌판
새 살림 새 나라에 신랑이 되자

• 김다인 작사, 이봉룡 작곡, 송달협 노래(1942년, 오케레코드)

비행기 안의 풍경도 다르지 않다. 이륙하자마자 노트북을 꺼내놓고 뭔가 작업을 하는 사람, 신문을 읽는 사람, 면세품을 사기 위해 카탈로그를 열심히 연구하는 사람, 기내식도 거른 채 코를 골며 자는 사람 등등 모두 제각각이다. 그 시절의 기차처럼 2017년의 비행기도 각자의 사연을 안은 채 선양으로

아버지 시절의 봉천역이 아들 앞에 선양역이라는 이름으로서 있다.

향한다.

선양역에 도착했다. 그렇다. 모든 것이 한국보다 크다. 붉은 벽돌이 인상적인 옛 기차역을 아직도 사용하고 있다. 인구가 많은 나라답게 기차역을 이용하는 사람도 어마어마하게 많다. 서쪽으로는 다롄, 동쪽으로는 하얼빈, 남쪽으로는 단둥丹东까지 닿을 수 있는 랴오닝성의 교통 요지답게 대합실에서 기차를 기다리는 사람의 규모가 명절 때의 서울역 이상인 느낌이다.

아버지가 봉천에 도착한 후 이동했을 경로를 재현하기 위해 선양역에서 남행 기차를 타고 단둥까지 가기로 한다. 단둥에서 다시 북행하여 선양역으로 돌아올 생각이다. 지금 아들이 출발하는 곳은 중화인민공화국의 선양역이지만, 단둥에서 다시 북행하는 기차를 타고 도착할 때쯤에는 마음속에서 아버지의 만주 봉천역이 그려지기를 기대한다.

중국과 북한 사이의 국경인 압록강 변에 있는 도시 단둥에 도착했다. 압록강이 보인다. 강 건너편은 북한이다. 아버지가 봉천을 향해 이동할 때 건넜을 압록강 철교가 보인다. 기차가 마침내 "朝鮮조선과 滿洲만주를 얼거매인 鴨綠江압록강 쇠다리"에 도달했다. 이 다리를 건너면 "다리 저쪽은 朝鮮의 新義州신의주 다리 이쪽은 滿洲國만주국 安東縣안동현"이다. 국경에 도달했기에 "오는 사람은 이 편에서 가는 사람은 저 편에서 다 各各각각 稅關吏세관리의 손"을 거쳐야 한다. "朝鮮측으로부터 건너오는 데는 그다지 심하지 안으나 安東縣으로부터 朝鮮에로 드러가는 데는 稅關의 監視감시란 實실로 文字문자가치 지독하나 人力車인력차 自轉車자전차 步行人보행인 그 에느 것이나 모다 稅關세관 압헤서 스토푸를 당하고 일일이 檢査검사"받는다. 국경을 넘어선 "安東縣 거리거리에는 '慶祝打倒惡軍閥記念日경축타도악군벌기념일'이라는 포스터가 이곳저곳"에 붙어 있다. "某모방면에 출동하는 듯한 日本軍일본군과 滿洲國軍만주국군의 行車行列행차행렬"도 보인다. 하지만 만주국 군인과 일본군의 "콘트라스트는 컴페아의 對象대상이 못 될 만"하다. 만주국군에게서는 "正義정의에 빗나는 義俠心의협심이나 軍律군율을 직히는 軍人군인정신 등은 아모리 살펴도 그들의 머리 속에" 없는 것처럼 보이지만 "中國중국에서의 日本軍人은 'The strongest'"가 아니겠는가.

압록강에는 현재 두 개의 다리가 있다. 하나는 북한과 중국을 잇는 유일한 통행로 중조우의교中朝友誼橋이다. 다른 하나는 부서진 다리라는 뜻의 '압록강 단교'인데, 아버지가 송곡리를 떠나 봉천으로 갈 때 바로 이 다리를 건넜을 것이다. 아버지가 걸어간 길을 따라가 보기 위해 '압록강 단교' 중국 측 끝까지 걸어본다. 그리고 다시 걸음을 되돌려 단둥역에서 만주 봉천으로 가는 기차를 기다린다. 중국으로 건너오는 데는 항공편을 이용했지만, 현재의 조건에서 이렇게라도 아버지가 걸은 만주 봉천행 길을 재현해본다. 송곡리에서 신의주까지는 직선 거리로 508.6킬로미터, 압록강을 건넌 후 단둥에서 선양까지는 242킬로미터이다. 압록강을 건너 단둥을 지났을 때는 제법 높은 산들도 보였지만 봉천에 다가갈수록 땅이 점점 평평해진다. 송곡리에서는 볼 수 없었던 지평선이 보인다. 식생은 비슷하다. 개나리도 보이고 산에는 진달래도 피어 있다. 이렇게 아버지도 멀고 먼 길을 이동해 봉천에 도착했을 것이다.

아버지가 신경도 하얼빈도 아닌 봉천을 목적지로 선택한 이유는 단순했다. 일찌감치 만주로 이주해 봉천에 자리 잡은 먼 친척이 있었다. 그 친척이 봉천에서 사진관을 하고 있었기 때문에 아버지는 그곳에서 조수 일을 했다고 한다. 보통학교를 졸업하고 송곡리에서 농사꾼의 길을 걸을 운명이었던 아버지로서는 상전벽해와 같은 변화다. 사진 기술을 좋아해서 사진관에 발을 들여놓은 게 아니라, 만주로 가야 했고 마침 만주에서 신세지기로 한 친척이 '우연히' 사진관을 하고 있었다. 아버지도 이 우연이 이후 자신의 삶에서 어떤 필연을 가져올지 전혀 예상하지 못했을 것이다. 아버지의 만주행은 청운

압록강에 놓인
두 개의 다리.
왼쪽이 중조우의교,
오른쪽이 단교다.
©Prince Roy(플리커)

의 푸른 꿈 따위와는 거리가 먼 "그것은 잇때 것 우리는 '滿洲로 가는 사람은 朝鮮 내에서 살 수가 업스니까 그저 滿洲 벌판으로 방랑의 길, 유랑의 발로, 정처 업시 막연한 길을 떠난다'라는 생각"*에 가까웠을 터이니. 만주사변 이전에 이주한 조선인들이 주로 농민이었다면, 만주사변 이후로는 주로 지식인, 상공업자, 노동자들이 만주로 흘러들었다. 당연히 그들의 목적지는 농촌이 아니라 신경, 봉천, 하얼빈 등의 도시 지역이었다. 대련이 봉천과, 봉천이 신경과, 신경은 다시 하얼빈과 철도로 이어지면서 만주의 도시들은 '일확천금'을 통한 '인생 대역전'을 꿈꾸는 사람들을 무섭게 빨아들이는 곳이자 모던

* 「滿洲 가서 돈 벌나면? 諸 權威 모혀 圓卓會 열다」, 『삼천리』 제8권 제8호(1936년 8월).

의 유혹이 넘실거리는 공간이 되었다.

만주는 상상할 수도 있고, 직접 가볼 수도 있는 대도시였다. 제국의 수도 동경을 유학생 신분으로 밟을 수 없는 '그저 그런' 사람들도 직접 가서 경험할 수 있는 모던 도시가 만주에 있었다. 당시의 만주 붐을 반영한 유행가 〈할빈 다방〉의 가사를 보면 만주가 제공하는 메트로폴리스의 흔적을 느낄 수 있다.

할빈 다방 영상 11

푸른 등 꿈을 꾸는 하르빈 차茶방에
담뱃불 피워 물고 추억을 안고
눈 오는 겨울밤을 눈 오는 겨울밤을 조용히 보내면
아, 희망의 속삭임이 희망의 속삭임이
가슴에 넘친다
그리운 푸른 버들 늘어진 긴자銀座에
향기론 바람결이 다시 그리워
창살을 바라보면 창살을 바라보면 하얗게 쌓이는
아, 봄날을 기달리어 봄날을 기달리어 하르빈 아가씨

• 조명암 작사, 김해송 작곡, 이난영 노래(1942년, 오케레코드)

송곡리의 농사꾼 출신인 아버지는 봉천에서 '하르빈 아가씨'를 만났을까? 아니면 영화 〈복지만리〉의 주제곡을 흥얼거리면서 "저 언덕을 넘어서" 열린 "새 세상의 문"을 만끽하며 자신의 탈출을 정당화하고 다가올 내일을 꿈꾸고 있었을까?

탈출이라는 열병에 사로잡혀 있을 때는 이곳이 아닌 저곳이라면 "새 하늘 새 땅에 새벽"(조명암 작사, 김해송 작곡, 김해송 노래 〈희망의 썰매〉, 1939)일 거라 생각하지만, 그 열병이 조금씩 가라앉고 현실 감각이 그 자리를 대체하면 다시 공허한 마음이 열병처럼 찾아오기도 한다. 송곡리가 아버지를 밀어내는 힘이 강했을 때는 송곡리만 아니라면 어디라도 좋았을 것이다. 그러나 이주해 간 곳이 끌어당기는 힘이 그리 강하지 않다면 설렘은 어느새 고단함으로 바뀌어가기 마련이다. 아직 소년의 티를 완전히 벗어버리지 못한 아버지는 쉽게 열병에 휩싸였던 만큼 실망도 빨리 느꼈던 모양이다.

봉천에서의 삶은 오래 갈 수 없었다. 봉천역 주변과 중산광장에 늘어서 있는 붉은색 벽돌의 최신 건물들은 만철 자본의 크기를 짐작케 했다. 봉천은 송곡리뿐 아니라 경성에서도 상상할 수 없을 만큼 모던한 도시였지만, 부모를 떠나 '붐'을 타고 이주해 온 소년이 적응하기에는 차갑고 낯선 공간이었다.

봉천에서의 '모던' 체험은 아버지의 이후 삶에도 중요한 영향을 끼쳤다. 1940년은 당시 나이로 15세 이상 20세 미만 인구 중 무려 46.3퍼센트가 무업자인 시기였다. 직업이 있던 53.7퍼센트의 대다수는 농민이었다. 유업자 중 1차 산업 종사자는 71.1퍼센트였다. 할아버지에게서 물려받은 송곡리의 질서를 따른다면, 아버지는 무난히 53.7퍼센트에 속하는 유업자일 수 있었고 그 가운데 71.1퍼센트인 농사꾼이 될 수 있었다. 아버지가 송곡리의 질서에서 벗어나는 순간, 즉 할아버지와의 결별을 통해 자신만의 질서를 구축하는 성인의 꿈을

1
선양의 근대 건축물들. 만주국 시절 봉천의 분위기를 느낄 수 있다.

2
봉천역, 즉 지금의 선양역 건너편의 '철도 1912 호텔'.
1912년에 문을 연 곳으로 지금도 영업 중이다.

3
영화 〈군용열차〉(서광제 감독, 1938)의 한 장면.
북쪽에서 출발한 기차가 경성역으로 들어오고 있다.
아버지도 이 길을 따라 만주에서 송곡리로 돌아왔을 것이다.
영상 12

꾸는 순간 아버지는 그 질서가 주는 안정감과도 이별해야 했다. 언제나 그렇듯 자유는 항상 대가를 요구한다. 훗날 아버지가 당시로서는 흔하지 않은 직종인 사진사의 길을 걸었던 것은 이때의 봉천 체험이 낳은 결과다. 1940년 2차 산업과 3차 산업 종사자(15세 이상 20세 미만)는 전체 인구의 21.8퍼센트에 불과했다. 아버지는 71.1퍼센트의 세계에서 21.8퍼센트의 세계로 옮겨간 것이다.

봉천이라는 공간과 그곳에서 익힌 사진 기술은 아버지의 신체에 깊이 새겨졌다. 소년 아버지는 송곡리로 돌아왔다. 봉건적 잔재들이 지배하던 송곡리가 모던하고 이국적인 체험을 하고 돌아온 아버지의 마음에 들었을 리 없다. 게다가 사진이라는 뉴미디어를 맛본 사람이 다시 농사꾼의 지게를 질 수도 없는 노릇이었을 것이다. 송곡리로 돌아온 아버지는 봉천이든 하얼빈이든, 아니면 최소한 경성이라도 송곡리가 아닌 그 어딘가를 밤마다 꿈꾸었을지 모른다. 그 꿈이 간절했던 것일까? 아버지는 다시 송곡리를 떠났다. 아버지의 두 번째 탈출은 누구도 예상하지 못했던 방식으로, 또 전혀 생각지도 못했던 곳으로 아버지를 데려갔다.

1
2
3
4

1
만주국 시기 봉천의 거리.

2
1938년 봉천역.

3
봉천역 앞 거리 풍경.

4
주식회사 봉천극장.

4장 국민의 자격: 나고야의 조토헤이

야심이 넘치는 사람은 어떠한 환경에 내던져진다 해도 자신을 가두고 있는 껍데기를 뚫고 나와 의지를 펼친다. 모든 인간이 그렇지는 않다. 평범한 사람들은 그 껍데기를 그저 운명이라 생각하고 그에 적응하며 그 속에서 최선을 다한다. 아버지는 껍데기를 돌파하려는 사람이라기보다는 껍데기에 적응하는 사람에 가까웠다. 순응하며 살아가는 것이 적절한 처세술이라 생각했다. 그렇다고 해서 아버지를 옹졸하다고 할 수는 없다.

아버지는 보통학교에서 무엇인가를 부정하는 법을 배우지 못했다. 반복되는 최경례를 통해 순종하고 순응하는 방법은 익혔지만, 껍데기를 부정하거나 돌파하는 방법을 일러주는 이는 아무도 없었다. 송곡리는 농사꾼들만 모여 사는 작은 농촌 마을이다. 게다가 한 집 걸러 친인척일 정도로 인간관계가 매우 좁은 곳이다. 틀에 박힌 사람이 나오긴 쉬워도 유별난 사람은 여간해서는 나오기 힘든 곳이다. 아무리 만주 바람을 쐬고 왔다 해도 아버지 혼자 유별난 사람이 되기에는 반포보통학교에서 체화한 순종적 태도가 아버지를 강력하게 휘감고 있었다.

아버지의 생활철학은 채만식의 「치숙痴叔」에 등장하는 치숙, 즉 어리석은 아저씨의 생활철학과 크게 다르지 않았다. 치숙은 눈앞의 힘에 순종하며 살 수밖에 없는 게 세상 이치라고 철석같이 믿는 사람이다.

> 사람이란 건 제아무리 날구 뛰어도 이 세상에 형적 없이 그러나 세차게 주욱 흘러가는 힘, 그게 말하자면 세상물정이겠는데, 결국 그것의 지배하에서 그것을 따러가지 별수가 없는 거다. • 채만식, 「치숙」

별수 없다며 적응하지 않고, 그 껍데기에 다른 방식으로 대응하는 사람도 있다. 아버지보다 조금 일찍 태어난 박정희 같은 사람. 1932년 구미공립보통학교를 졸업한 박정희는 대구사범학교에 진학해 교사가 되었다. 그는 "세차게 주욱 흘러가는 힘"에 휘말려가는 게 '세상물정'이라 여겼던 아버지와 달리 "세차게 주욱 흘러가는 힘"을 자신을 위해 이용하는 편을 택했다. 치숙의 조카는 치숙의 생활철학을 받아들일 수 없다. 그는 세상이 마음에 안 들면 자기 마음에 들도록 바꿔놓겠다고 결심하는 야심 많은 사람이다.

> 요전 『낑구』라는 잡지에두 보니까 나뽈레옹이라는 서양 영웅이 그랬답디다. 기회는 제가 만든다구. 그리고 불가능이란 말은 바보의 사전에서나 찾을 글자라구요. 아 자꾸자꾸 계획하

고 기회를 만들구 해서 분투 노력해나가면 이 세상 일 안 되는 일이 어디 있나요? 한 번 실패하거든 갑절 용기를 내가지구 다시 일어서지요. 칠전팔기 모르시오?⋯⋯ 그래두 인제 두구보시우. 나는 천하 없어두 성공하고 말 테니. • 채만식, 「치숙」

박정희는 치숙의 조카를 닮았다. "천하 없어도 성공"하고 말겠다는 박정희는 1937년에 대구사범학교를 졸업했다. 군사 조직을 모범으로 삼아 학교를 구조화하던 제2차 조선교육령 시기에 예비교사 교육을 받은 셈이다. 개인의 자유로운 발전 따위는 교육의 목표가 아니었다. 교육의 제일 목표는 집단에 복종하는 개인, 체제의 원리에 조금도 어긋남 없이 모두가 일사분란하게 움직이는 시스템을 확립하는 것이었다. 학교는 조회와 주회, 집단 체조 같은 행사를 통해 집단 규율을 내재화하는 공간이었다. 사실상 예비 군사 조직이나 다름없었다.

구미공립보통학교를 다녔던 소년 박정희는 반포공립보통학교를 어기적어기적 다녔던 아버지와 달리 우등생이었다. 모범생 박정희는 학교를 휘감은 군사적 분위기에 잘 적응했고, 결국 교사를 양성하는 사범학교에 진학했다. 아버지가 보통학교를 졸업한 이후 보통 사람의 길을 걷는 동안, 박정희는 상급학교 진학을 통해 출세의 사다리를 하나씩 하나씩 성공적으로 올랐다. 사범학교에서 박정희는 아이들에게 군사 규율을 효과적으로 주입하는 방법을 배웠다. 사범학교를 졸업한 후에는 "충량한 황국신민의 육성"이 교육의 목표이고 국체

영상 13

영화〈지원병〉(안석영 감독, 1941)에서 아이들이 전쟁놀이를 하는 장면.

명징國體明徵(천황을 현인신現人神으로 간주하고 군신일체를 강조하는 국체 이념), 내선일체內鮮一體(내지, 즉 일본과 조선은 하나), 인고단련忍苦鍛鍊(괴로움을 참으며 몸과 마음을 단련하다)을 3대 강령으로 하는 제3차 조선교육령 시기인 1937~40년에 문경서부공립심상소학교의 교사가 되었다. 박정희의 교사 시절은 사실상 준사관학교였던 사범학교 시절과 크게 다르지 않았다. 소학교 교사 박정희는 학생들과 전쟁놀이 하는 걸 좋아했다 한다.

> 문경의 박 선생(박정희)은 토요일 오후나 일요일에는 아이들을 불러 모아서 학교 앞산에 올라갔다. 그리고는 편을 갈라 전쟁놀이를 시켰다. 나무 막대기를 주워 와서 총으로 사용하도록 했다. 박 선생은 목검을 들고 '얏 얏' 하면서 검도도 가르쳐주었다. 제자 박명래는 가을 운동회 때 박 선생이 지도하여 전쟁

놀이를 단체 경기로 보여준 것을 기억하고 있다. 학생들에게 목총을 만들게 하여 실을 잡아당기면 화약이 터져서 폭음이 들리도록 했다. 박 선생은 재빠른 아이들은 일본군으로, 동작이 굼뜬 아이들은 중국군으로 편성하여 고지전을 벌이는 연출을 했다. 물론 중국군이 패퇴하는 것으로 끝났다. 6학년생 박명래는 중대장이 되어 '돌격!' 하면서 달려가니 많은 부하들이 따라 주어 기분이 좋았다는 것이다. 학예회 때도 박 선생의 학급에서는 지원병 출정이란 제목의 연극을 했다. 각본은 박정희가 썼다. • 조갑제, 『내 무덤에 침을 뱉어라』

매우 일관성 있는 삶의 궤적이다. 소년 박정희는 군사화된 교육을 받았고, 상급학교에서는 그 자신보다 어린 소년들에게 군사화된 교육을 전달하는 방법을 배웠으며, 교사가 되어서는 학교에서 그 교육을 실행했다.

교사는 단순히 교사가 아니었다. 전혀 다른 직업인 것처럼 보이는 교사와 군인 사이에는 사실상 이질적인 요소가 없었다. 오히려 교사는 군인을 닮았고, 학교는 병영을 닮았다. 그도 그럴 것이 창의적인 개인이 아니라 충실한 황국신민 양성이 교육의 목표였으니 교사에게는 군인과 흡사한 자질이 요구되었다.

영화 〈수업료〉의 영달이는 소년이지만 동요를 모른다. 보통학교에서는 동요가 아니라 군가를 배웠다. 수원에서 평택까지 걸어가는 길에 영달이는 일본의 군가인 〈애마진군가愛馬進軍歌〉를 부른다.

영상 14

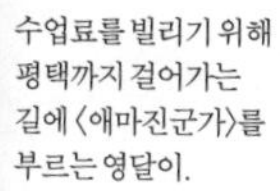

수업료를 빌리기 위해 평택까지 걸어가는 길에 〈애마진군가〉를 부르는 영달이.

애마진군가

영상 15

くにを出てから幾月ぞ 조국을 떠나고서 몇 개월인가
共に死ぬ気でこの馬と 이 말과 함께 죽을 각오로
攻めて進んだ山や河 공격하고 전진했던 저 산과 강들
とった手綱に血が通う 굳게 쥔 말고삐에는 피가 통하는구나
昨日陥としたト━チカで 그 전날 함락시킨 적 진지에서
今日は仮寝の高いびき 오늘은 큰소리로 코골며 선잠을 자네
馬よ´ぐっすり眠れたか 말아, 푹 잘 잤는가

明日の戦は手ごわいぞ 내일 싸움은 만만치 않을 거야
弾丸の雨ふる濁流を 총알이 빗발치는 탁류 위를
お前頼りに乗切っ 너 하나만 믿고 힘껏 내달려
任務果たしたあの時は 임무를 끝낸 뒤 찾아온 둘만의 시간

泣いて粥を食わしたぞ 눈물을 흘리며 여물을 먹여주었지

• 쿠보이 노부오久保井信夫 작사, 아라시로 쇼이치新城正一 작곡

동시녹음으로 제작된 〈수업료〉에서 〈애마진군가〉를 부르는 영달이의 앳된 목소리는 노래의 가사 내용과 충돌한다. 하지만 어쩌겠는가. 그들은 그 시절에 태어났으니. 자신을 감싸고 있던 껍데기에서 벗어나기에 그들은 아직 어리지 않았는가.

일본은 1936년에 독일, 이탈리아와 방공협정을 맺은 후 1937년 7월 7일 베이징北京 교외에서 일어난 중국군과의 충돌을 핑계 삼아 7월 9일 중일전쟁에 돌입했다. 난징南京에서 일본군이 시민 30만 명을 살해한 난징학살사건이 일어난 것도 같은 해 12월이다. 박정희가 소학교 교사를 시작하던 바로 그해이기도 하다. 박정희는 사실상 군인이나 다름없었던 교사를 그만두고 진짜 군인이 되는 길을 선택했다. 박정희가 참조할 수 있는 모델은 적지 않았다. 1937년 5월에 나온 『삼천리』 제9권 제4호에는 '만주국에서 활동하는 인물'이라는 기사가 실려 있다.

정규의 군인은 여기에 말할 것도 없고 촉탁으로 전일 時代日報시대일보 편집국장으로 있든 秦學文봉학문 씨가 秦學봉학이라고 일홈을 고처 關東軍관동군 囑託촉탁 겸 協和會협화회 囑託으로 있으며 …… 滿洲國 육군 중좌로서 李亮이량 씨가 있으며 또 滿洲國의 軍醫군의 소좌로서 安益祚안익조 씨가 있는데 씨는 얼마 전

血書・軍官志願

半島の若き訓導から

박정희의 만주 군관 시절 모습(왼쪽)과 혈서를 쓰고 군관에 지원했다는 내용의 『만주신문』 1939년 3월 31일자 기사(오른쪽).

까지 서울서 컬넘비아 레코-드 회사의 문예부장으로 있었다. 東京帝大동경제대 農科농과와 獸醫科수의과를 마친 뒤 다시 京城帝大경성제대 의학부를 마친 이다. •『삼천리』 제9권 제4호

시대일보 편집국장도 군인이 되고, 레코드 회사의 문예부장도 군인이 될 수 있는 곳이 만주인 시절에 야심 많은 박정희가 시골 학교 교사로 만족했을 리 없다. '붐'에 편승한 아버지의 만주행과 달리 박정희의 만주행은 매우 목적 지향적인 행위였다. 박정희는 문경 같은 시골의 보통학교 교사에 만족하지 못하고, "긴 칼 차고 싶어" 혈서까지 쓰고 1940년 2월 마침내 만주로 떠났다. 그리고 그해 4월 만주국 신경군관학교에 2기생으로 입학했다.

독립군도 친일파도 아닌 그 시대의 보통 사람

박정희가 "긴 칼 차고 싶어" 혈서를 쓰고 만주 신경으로 떠날 때, 아버지는 송곡리로 돌아왔다. 사진 기술로 몸에 새겨진 봉천 체험은 아버지를 더 이상 송곡리의 농사꾼으로 머물 수 없게 했다. 다행히 할아버지는 어느 정도 재력이 있는 분이었다. 아버지는 당시 기준으로 송곡리에서 그리 가깝지는 않지만 그렇다고 서울만큼 멀지는 않은 조치원에 사진관을 열었다.

어린아이 아버지는 소년 아버지를 거쳐 이제 청년으로 접어들었다. 세상을 적지 않게 경험했고, 학교에서의 배움은 짧았다 해도 세상을 자기 방식으로 해석할 수 있는 나이가 된 것이다. 식민지 시기를 살았던 사람들에 대해 우리는 보통 독립운동을 한다고 만주로 떠난 사람과 일제에 부역한 사람이라는 이분법적 시선으로 바라본다. 자신을 둘러싼 사회라는 껍데기에 적극적으로 동조하여 이득을 챙기거나 아니면 저항하거나, 이 두 가지 선택지 중에서 하나만을 택해 살아간다고 생각하는 것이다. 하지만 대다수의 사람들은 양자택일로 환원될 수 없는 중간 지대쯤에 거주한다. 적극적인 동조는 아무나 하지 못하는 선택이다.

적극적인 동조로 이득을 챙기기 위해서는 일정한 자격 조건을 갖추어야 한다. 보통 사람이 친일을 해서 얻을 수 있는 것이 얼마나 되었겠는가? 아버지는 친일파는 아니었다. 친일파가 아니었다고 해서 아버지가 독립 영웅에 가까운 인물이었다고 말한다면 이는 근거 없는 과장이다. 아버지는 친일을 통해 출세를 꾀하기에는 가진 게 없는 평범한 사람이었기에 친일을 해야 할 적극적 이유가 없었던 것뿐이다. 동시에 아버지는 '자유롭고', '기발하고', '엉뚱하고', '기막힌' 방식으로 시대의 한계를 뛰어 넘으려 하는 모던 보이도 아니었고, 잃어버린 조국을 찾겠다며 독립군의 길을 선택한 영웅적인 인물도 아니었다. 아버지는 평생을 자신의 시대에 적극적으로 동조하지도, 그렇다고 영웅적으로 거스르지도 못하는 삶을 살았다. 단 한 번도 자신의 뜻대로 자신의 시대를 창출하지 못한 '그저 그런' 사람들의 보편적인 운명을 아버지 역시 공유했다.

황국신민 육성을 위한 국가의 교육장, 영화관

아버지를 둘러싼 껍데기의 힘은 날이 갈수록 더욱 강해졌다. 아버지 또한 그 껍데기 속에서 자신도 의식하지 못하는 사이에 제국의 일원으로 편입되어 갔다. 상급학교에 진학하지 않았기 때문에 점점 더 군국주의화의 길로 치닫던 학교 교육에서 자유로울 수 있었고, 만주라는 공간이 허용했던 빈틈에서 청년기에 들어섰지만 그렇다고 그 껍데기에서 벗어날 수는 없었다.

청년 아버지가 만주 다음으로 이주해 간 조치원은 봉천처럼 모던한 곳은 아니었지만, 송곡리가 절대 채워줄 수 없는 모던에 대한 갈증을 어느 정도는 해소해줄 곳이었다. 송곡리는 당연히 영화관도 없고 이동 영사반이 들러 갈 만큼의 인구 규모도 못 되는 깡촌 중의 깡촌이었으나 조치원은, 그리고 거기서 멀지 않은 대전은 달랐다. 1932년 대전 대흥동에 경심관이 들어섰고, 1935년에는 중동에 대전극장이 문을 열었다. 이미 그곳에서는 영화 관람이 일상의 오락이자 소일거리로 자리 잡았다. 봉천에서 모던의 맛을 보고 온 아버지에게 영화관은 송곡리 너머를 꿈꿀 수 있는 백일몽의 장소였다.

아버지가 독서 공중이 아니었음은 분명하다. 농사꾼들이 모여 사는 송곡리에 텍스트를 읽고 남기는 전통이 있었을 리 없다. 보통학교를 다니며 말로 하는 '고쿠고'는 익혔지만 자리에 진득하게 앉아 성찰하는 분은 아니었으니 '고쿠고'로 된 텍스트를 읽을 일은 없었을 것이다. 아버지는 보통학교를 졸업한 이후에는 일본이 구축한 제국의 공식적인 질서에 더 이상 노출될 일이 없었다. 공식 교육기관은 제국의 질서가 지배하고 있었지만, 생활 세계에서는 여전히 과거의 관습이 힘을 발휘하고 있었다. 조선인 대다수가 근대식 교육을 받지 않았기 때문에 생활 세계에는 '고쿠고' 텍스트가 별다른 영향을 미치지 못했다. 따라서 일본이 조선인들을 전쟁 총력 체제로 동원하기 위해서는 텍스트 이외의 미디어가 필요했다. 영화가 제격이었음은 말할 필요도 없다. 『삼천리』에는 1940~42년에 제2차 고노에 내각에서 외무대신을 지낸 마쓰오카 요스케松岡洋右의 다음과 같은 말이 인용되어 있다.

> 영화는 이제로부터 더욱 중요한 역할을 하리라고 생각한다. …… 百万言백만언의 말과 글보다 영화가 제일이다. 어떠한 高

雅고야한 문장이라든가, 또는 귀로 듣는 것보다도 영화가 제일 빠르게 인간의 머리에 들어간다. 그럼으로 영화는 국운을 좌우한다고도 말할 수 있다. • 『삼천리』 제13권 제6호

1937년 중일전쟁이 일어나고, 1941년 12월 8일 하와이 진주만과 말레이반도 공습으로 태평양전쟁이 시작되면서 일본이 본격적인 전쟁태세에 돌입하던 시기는 아버지가 조치원에서 사진관을 운영하던 시기와 겹친다. 이 시기에는 통치자들이 그동안 오락물로만 간주해온 영화가 효과적인 대중 선전 미디어가 될 수 있음을 깨달으면서 영화와 관련된 새로운 조치가 취해졌다. 1933년까지만 해도 조선의 극장에서 가장 많이 상영된 영화는 미국 영화였다. 미국과 일본의 관계가 악화될수록 미국 영화는 하나둘씩 조선에서 금지되었고, 황국신민의 이데올로기적 동원에 유리한 목적성 조선 영화와 일본 영화가 조선의 극장을 누비기 시작했다.*

1942년 7월 10일부터는 문화영화뿐만 아니라 뉴스영화까지 의무 상영되어 뉴스영화-문화영화-본 영화라는 흐름이 만들어졌다. 영화관에 발을 들여놓기만 하면 관객들은 이

* 『키네마 순보』의 기사에 따르면, 1933년에 상영된 영화 중에서 외국 영화는 62.8퍼센트에 달했다. 1934년 활동사진영화취체규칙에 따라 외국 영화는 전체 상영 영화의 4분의 3을 넘을 수 없게 되었다. 1936년에는 조선 영화/일본 영화를 의무적으로 3분의 1 이상 상영해야 한다는 조치가 취해졌다. 중일전쟁이 발발한 1937년, 전시 체제가 강화됨에 따라 조선 영화와 일본 영화는 전체 상영되는 영화의 절반 이상을 차지했다. • 강성률, 2012, 『친일영화의 해부학』, 살림터, 114~115쪽.

데올로기의 흐름 속에 빨려 들어가는 것을 피할 수 없었다.

스크린 위에 투영된 제국

영화로 재현된 전쟁이 제공하는 스펙터클은 전쟁에 대한 실질적 감각을 상실하게 한다. 현실의 전쟁과 달리 영화 속 전쟁에는 영웅이 등장하고, 적군은 무기력한 반면 아군은 승승장구한다. 본 영화에 앞서 뉴스영화가 전하는 전선戰線 소식은 언제나 밝다.

영화 관람은 국민임을 확인하는 행위, 황국신민임을 다짐하는 의례에 가까웠다. 영화관에 불이 꺼지고 영사가 시작되면 스크린에 일장기가 등장한다. 관객은 기립해야 한다. 모자도 벗어야 한다. 그리고 자막에 맞추어 "우리는 일본 제국의 신민입니다私共ハ、大日本帝國ノ臣民デアリマス"로 시작하는 '황국신민서사'를 제창한다.

영화는 여러 가지 점에서 효과적이었다. 대다수의 사람들이 글을 읽지 못하는 상황에서 영화는 신문보다 효과적으로 대중의 의식을 좌지우지할 수 있는 미디어였다. 대중을 감정적으로 동원하기에도 어느 매체보다 유리했다. 텍스트로 찬양되는 진주만 공습의 성과와 영화로 제작된 진주만 공격 장면의 효과는 분명 달랐다. 텍스트는 매체의 특성상 수용자를 분석적으로 만들기 때문에 수용자는 주로 이성을 동원해야 한다. 아동용 선전영화의 모범이자 일본 국책영화 중에서 가장 성공한 〈하와이-말레이 해전ハワイ-マレ沖海戦〉(야마모토 가

영상 16

1942년에 개봉한 〈하와이-말레이 해전〉은 3개월 만에 50만 명 이상이 관람한 당대 최고의 흥행영화였다.

지로山本嘉次郎 감독, 1942)이 보여준 진주만 공습 장면의 획기적인 스펙터클은 전시 동원 체제에서 국민을 동원하는 데 분명 효과적인 수단이었다. 이 영화는 진주만 공격을 서술한 텍스트를 100번 이상 읽었을 때 발휘되는 효과를 단박에 대중에게서 이끌어낼 수 있었다. 전쟁의 스펙터클한 재현에 압도된 조선인 관객은 〈하와이-말레이 해전〉을 감상하면서 일본군에게 감정을 이입한다. 조선인 관객은 일본군의 전투를 보면서 박수를 쳤다. 〈하와이-말레이 해전〉 관객의 70퍼센트 이상이 조선인이었다. 일본 군대가 싱가포르를 총공격하며 영국군을 물리치는 장면에서는 조선인 관객도 일본인처럼 환호를 터트리며 박수를 쳤다. 영화관을 제법 드나들었을 아버지도 아마 환호하고 박수치는 관객 중 한 명이었을 것이다.

영화는 텍스트로는 아주 어렵사리 도달할 수 있는 내선일체라는 이데올로기를 매우 효과적으로 현실화한다. 전쟁이 심화될수록 그것을 스펙터클로 제공하여 총후 체제의 효과를 기대하려는 시도도 강화되었다. 대부분의 극장에서 단체관람이 이뤄졌다. 영화관을 출입하지 못하는 국민학생들에게는 학교 안에서 영화를 상영하기도 했다.

지방에는 영화관 시설을 갖추지 못한 곳도 많았기에 영사기를 직접 들고 가서 상영하는 이른바 이동 영사도 실시되었다. 조선총독부는 1920년 4월 일찌감치 문서과 내에 활동사진반을 신설하여 〈조선사정〉(1920), 〈조선여행〉(1923), 〈내지사정〉(1920) 등의 영화를 제작 및 순회 영사했다. 도시를 중심으로 한 영화 배급망의 한계를 넘어서 상설 영화관이 없는 지역에 사는 이들까지 제국의 세계에 편입시키려는 방편이었다.

"우리에겐 그럴 자격이 없네"

"긴 칼 차고 싶어" 혈서까지 쓰고 만주로 간 박정희에게 전시 체제는 자신의 야심을 실현할 수 있는 기회였지만, 아버지처럼 야심 없는 소시민에게는 그다지 달가운 환경은 아니었을 것이다. 식민체제하에서 모두가 독립투사로 변신하지는 않았다. '그저 그런' 사람들은 각자의 삶을 자기만의 방식으로 살아냈다. '내지인'과 조선인 사이의 차별은 당연히 있었겠지만, 그것을 실감하는 정도는 조선인들이 오르려던 사다리의 각 칸마다 다르게 다가왔을 것이다.

경성에서 느끼는 차별은 당연히 조치원에서 느끼는 차별보다 더 강했을 것이다. 하지만 식민지의 공식 질서가 뿌리 내리지 못한 농사꾼들의 생활 세계에서는 '고쿠고'를 알지 못해도 세상 사는 데 큰 지장은 없었다. '고쿠고' 구사 능력은 조선인이 식민체제하에서 출세하려면 반드시 손에 쥐어야 하는 자격증이었다. 보통학교에서 익힌 아버지 수준의 '고쿠고'는 경성제국대학까지 마치며 갈고닦은 '고쿠고'와 달리 지위 상승을 위한 자격증으로는 턱없이 부족했다. 본래 야심가보다는 자유주의자에 가까운 분이었으니 아버지는 위를 향하는 눈보다는 수평으로 움직이는 눈이 더 발달했을 것이다.

스크린에 투사된 제국의 질서 최전선에 서 있는 제국의 병사들, 즉 황군이 되는 '영광'은 내지인들에게나 허용된 훈장이었다. 제국 군대의 영웅적 스펙터클을 보고 경탄을 금하지 못하는 '그저 그런' 구경꾼들은 자신이 실제로 그 주인공이 되겠다는 생각은 감히 하지 못한다.

일본은 제국의 군인이 될 수 있는 '영광'을 조선인에게 부여하지 않았다. 기회가 드물다 보면 없던 욕망도 생겨나는 법이다. 유별나게 야망이 큰 사람들은 아버지처럼 영화로 그 활약상을 구경하는 것에 만족하지 못하고 스스로 제국의 군인이 되려 했다. 좀처럼 조선인에게 열리지 않았던 제국 군인의 길이 1938년 4월 육군특별지원병제도의 실시와 함께 열렸다. 혈서를 쓰고 만주까지 가서 제국의 군인이 되려 한 박정희가 있는 세상인데, 조선의 야심가들이 이 기회를 등한시할 리 없다.

스크린에 제국의 승리가 아무리 거창하게 투사되어도 피점령지 출신 조선인들에게는 그것이 자신의 승리로 다가오지 않는 괴리가 생길 수밖에 없다. 이런 모순 속에서 중심에 서 있지 못한 열외자들은 오히려 자신을 열외자로 만든 집단의 강한 인정을 원하게 된다. 특별지원병에 지원하여 제국의 군인이 되는 것은 이런 사람들에게는 친일이 아니었다. 그들은 일본군의 앞잡이가 되었다는 생각보다는 그 자체를 영광으로 여겼던 것 같다. 그래서일까. 특별지원병이 되기 위한 경쟁이 꽤나 치열했다.

특별지원병으로 선발되기 위해서는 신체검사, 학과시험, 구술시험 등 까다로운 절차를 거쳐야 했다. 그런데도 모집 인원보다 지원자 수가 7배(1938년, 406명 모집에 2906명 지원)~62배(1942년, 4077명 모집에 25만 4273명 지원)나 많았고, 1943년에는 6300명을 뽑는 데 무려 30만 4294명이 지원할 정도였다. 영화 〈지원병〉에는 식민지 청년 춘호가 "우리에겐 그럴 자격이 없네"라며 일본을 위해 싸우는 군인이 되고 싶어도 그럴 수 없다며 한탄하는 장면이 나온다. 영화 〈조선해협〉(박기채 감독, 1943)에 등장하는 세키라는 인물, 이름부터 아예 일본식인 이 식민지 청년은 삼촌에게 특별지원병에 지원하겠다고 털어놓는다. 특별지원병 모집 경쟁률을 보면 이런 장면이 결코 과장만은 아님을 알 수 있다.

진정한 일본인이 되고자 하는 마음을 일본 남자를 사랑하는 조선 남자 윤광호라는 인물을 통해, 즉 당시 풍속으로는 파격적이라 할 만한 동성애적 관계를 통해 표현(단편소설 「윤광호」)

1
영화 〈지원병〉에서 춘호는 이렇게 말한다.
"내선일체는 이미 실현된 것이지만 국가를 위해서 싸울 땐 우리 젊은 사람도 나서야 하지 않겠나. 지금의 우리에겐 거기 뜻이 있어도 될 수가 없네. 그럴 자격이 없네."

영상 17

2
영화 〈조선해협〉의 주인공 세키와 삼촌의 대화를 들어보자.
"삼촌, 전 남자로서 올바른 태도를 처음 알았습니다. 저도 이제 가려고 생각합니다."
"네가 군인이 된다고? 그래? 좋은 말이다. 그랬었군. 나도 기쁘다."

영상 18

榮譽의戰死한李仁錫家庭訪問記

"戰死는男子의當然事"

夫君에 못지안흔 夫人의決意

勇戰奮鬪에各界에서讚辭!

松竹少女歌劇 來月京城公演

3
『동아일보』 1939년 7월 9일자 기사에 따르면, 이인석은 충북 옥천 출신으로 1938년 육군병지원자훈련소를 수료한 후 보병 제79연대에 입영하여 1939년 5월 중일전쟁에 참전했다가 6월 22일 산시성 전투에서 전사했다. 최초의 조선인 지원병 사망자인 이인석은 1940년에 훈장을 받았다. 이 기사에는 "전사는 남자의 당연사"라는 이인석 부모의 인터뷰가 실려 있다.

한 이광수처럼, 어떤 이들에게는 지원병에 선발되는 것이야말로 완벽한 일본인이 될 수 있는 기회였다. 선발된 지원병은 진정한 일본인의 자격을 획득한 것으로 받아들여졌다. "좋은 소식이 있어요. 지원병 제도를 실시한대요"라는 영화 〈지원병〉 속 대사처럼, 완벽한 일본인 자격을 획득하는 것은 식민지 치하에서 입신양명을 꿈꾸는 사람들에게는 '좋은 소식'이었다. 조선인 최초로 일본 제국의 지원병으로 선발된 충북 옥천 출신의 이인석은 1939년 6월 22일 중일전쟁에서 사망한 뒤 영웅으로 떠받들어졌다. 심지어 그의 일대기가 일본의 창극 나니와부시浪花節로 만들어지기까지 했다.

이런 상황이었다고는 해도 아버지가 지원병이 되어 완벽한 일본인 자격을 얻겠다고 나서지 않는 이상, 이 광풍은 아버지와 아무런 상관이 없을 수도 있었다. 하지만 세상 일은 예측할 수 없는 법이다. 전쟁이 격화되고 더 많은 병력이 필요해지면서 까다롭게 군인 자격을 부여하던 특별지원병제도도 변경이 불가피하게 되었다. 일제는 1941년 6월 조선노무협회를 설립해 강제 징용을 실시하더니 급기야 1944년에는 국민징용령을 실시하기에 이르렀다. 국민징용령은 출세에 욕심 없는 아버지 같은 사람도 가만두지 않았다. 완벽한 일본인이 될 생각이 없는 사람들까지 군인으로 동원해야 했다.

신민으로 포섭된 아버지

아버지의 증언에 따르면 1945년 8월 15일 일본

이 패전을 선언했을 때 아버지는 나고야 일본 군대의 조토헤이, 즉 상병이었다. 패전 당시 조토헤이였다는 증언을 토대로 아버지의 입영 날짜를 역으로 추적하면 아버지는 1944년 4월 실시된 징병제에 의해 제국의 군인이 되었을 가능성이 매우 높다. 징병제를 통해 일본군 병사로 징집당한 조선인 청년은 약 21만 명이었다. 아버지는 그중 한 명이었던 것이다.

송곡리의 구장이었던 할아버지는 사실 마음만 먹으면 징용 대상 명부에서 아버지의 이름을 뺄 수도 있었을 것이다. 징병제 실시를 앞두고 총독부가 가장 중요하게 여겼던 업무는 호적 정비를 통해 징병 대상자 명부를 작성하는 일이었다. 명부 작성은 당연히 송곡리의 구장이었던 할아버지의 몫이었을 것이다. 민족주의적 감성으로 이해한다면, 만약 할아버지가 아들이 일본 제국의 군인으로 징집당하는 것을 원하지 않았다면 명부에서 슬쩍 아들의 이름을 뺄 수도 있었을 것이다. 그런데 할아버지는 그렇게 하지 않았다.

할아버지는 징병제가 실시되는 그날을 기다리고 있었던 것일까? 아들이 그 까다롭게 선발되던 지원병과 동일한 자격을 획득할 기회를 할아버지는 내심 반기고 있었는지도 모른다. 징병제를 통해 조선 청년들도 이제 당당하게 일본 제국의 국민이 될 수 있다는 이데올로기가 온갖 방법으로 전파되었으니, 할아버지 또한 징병제를 슬픈 소식이 아니라 순응해야 할 세상물정이라 여겼을 수도 있다. "손꼽아 기다리던 그날"이 오고야 말았다며 감격에 겨운 징병제 찬양 기사를 실은 『매일신보』를 보라.

오는 8월 1일 감격의 조선 징병제는 드디어 실시되었다. …… 전 조선 방방곡곡에는 이 제도의 실시를 기념하고 반도 민중의 결의를 선양하는 행사가 다채롭게 전개한다. 손꼽아 기다리던 그날이 오고야 만 것이다. 보무도 당당히 걸어가는 자기의 자태를 눈앞에 그려보며 열광하는 청년들의 기세를 보라. 또한 그 어버이들의 기뻐하는 얼굴을 보라. 반도 2500만은 이렇게 오늘이 오기를 대망待望하였던 것이다. 조선인들은 벌써 30년 전 합방의 그날부터 훌륭한 대일본제국의 국민이었다. 그러나 조선인의 가슴 한구석에는 어딘가 명실공이 떳떳한 대일본 제국의 국민이라고 ㅁ보할 수 없는 ㅁㅁ이 있었다. 그 이유는 간단하다. 다만 조선에 징병제의 실시가 없었기 때문이다. • 『매일신보』 1942년 10월 1일

☞ ㅁ로 표기된 부분은 활자 상실로 원문을 확인할 수 없음.

제국 군대의 일원이 되어 국민의 자격을 획득하고 싶었던 조선인에게 징병제는 "오기를 대망"하던 것이었다. 출세를 지향하는 조선인이라면 당연히 맞부딪쳐 돌파하고 쟁취해내야 할 세계였다. 마침내 황군으로 선발되어 국민의 자격을 갖추었다고 기뻐하는 〈조선해협〉의 주인공 세키의 훈련 장면을 보자. 이글이글 타오르는 눈빛에서 그가 황군이 된 것을 얼마나 감격에 겨워하는지 알 수 있다.

징병제는 '그저 그런' 조선인들의 생활 세계와 제국의 세계 사이의 거리를 단번에 좁혔다. 청년이라면, 그리고 청년을 가족으로 두고 있는 집이라면 어느 누구도 제국의 질서에서

영상 19

영화 〈조선해협〉에서 황군이 사람들의 환영을 받으며 행진하는 장면.

영상 20

〈조선해협〉의 주인공 세키가 훈련받는 장면.

자유롭지 못하게 된 것이다.

수십만 명의 조선인이 일본 군인의 자격을 자신의 성취가 아니라 외부의 강제로 얻었다. 그 수십만 명이 동일한 희열을 느꼈을 리 없다. '지원병'과 '징용병' 사이의 간극은 우리의 상상 이상으로 클 것이다. 누가 강제하기 전에 자신의 야망을 위해 스스로 지원하고, 지배자의 엄격한 선별 과정을 통과해낸 이들이 느끼는 자부심과 희열을 억지로 동원된 사람들에게까지 기대하는 것은 무리다. 평범한 사람에게 군대에 징용된다는 것은 정치적으로, 그리고 이후에 역사적으로 의미가 부여되는 거룩한 행동이라기보다는 어쩔 수 없이 해야만 하는 강제나 의무에 가까웠다.

이제 청년의 입구에 들어선 아버지는 익숙한 터전을 떠나 나고야까지 갔다. '붐'을 타고 의지로 떠난 만주 봉천행과는 전혀 다른 길이었다. 의지에 따른 공간 이동은 설렘을 낳지만, 강요된 이동은 두려움을 낳는다. 그 두려움은 당사자뿐만 아니라 그 모습을 지켜봐야 하는 가족의 것이기도 하다. 이글거리는 눈빛이 아니라 가족과의 이별에 슬퍼하고 낯선 곳을 두려워하는 눈빛의 징용병을 위해 만들어진 영화가 있다.

나고야로 징용 갔던 아버지의 심정을 상상하기 위해 아들은 1944년에 만들어진 〈병정님〉(방한준 감독, 1944)을 본다. 〈병정님〉은 경성의 상류 가정 출신인 히라마쓰 젠키平松善基와 농촌 출신인 야스모토 에이치康本瑛一가 징용되어 황군이 되는 과정을 낭만적으로 그린 선전영화*이다. 징용제는 경성의 부잣집 아들과 농촌의 '그저 그런' 아들을 황군이라는 공통의 운명으로 묶었다. 이 영화는 징용당한 조선 군인의 실상을 낱낱이 기록한 다큐멘터리 영화는 아니다. 그보다는 징병제가 실시되면서 강제로 황군의 자격을 획득하게 된 당사자와 가족들을 안심시키려는 목적으로 제작되었다.

출세하고 싶은 야망이 없으니 제국의 군인이 되고 싶은 마음도 없었던 아버지, 그리고 아들이 만주에 가서 '긴 칼 차기'를 기대하지 않았던 소박한 할아버지에게 어느 날 갑자기 부여된 황군의 자격은 결코 달갑지 않았을 것이다. 그렇다고 그걸 표현할 수는 없었다. 느닷없이 징용장이 날아와도 침묵할 수밖에 없는 '잘난 것 없는' 사람들, 영화는 이들을 설득하기

* 일제강점기에 제작되었던 영화 중에서 현재까지 남아 있거나 뒤늦게 발굴된 영화의 대부분은 내선일체를 강조할 목적으로 만들어진 선전영화다. 1938년의 〈군용열차〉를 필두로 좌익 운동에 참여했던 지식인들의 일종의 전향서였던 1941년의 〈지원병〉, 일본-만주-조선의 스타들이 총출동한 내선일체와 만선일여의 증거물인 〈그대와 나〉, 〈반도의 봄〉, 1942년 조선영화제작주식회사의 설립 이후 징병제 실시를 기념하여 제작된 〈조선해협〉과 곧 병사가 될 조선 소년들의 모습을 다룬 〈젊은 모습〉, 1944년 사단법인 조선영화사로 재편된 후에 제작된 〈병정님〉과 〈사랑의 맹서〉 등의 영화가 쏟아져 나왔다. 일본의 영화사를 도호東寶, 쇼치쿠松竹, 다이에이大映로 통합한 1940년 8월의 일본영화령을 본떠 조선영화령이 시행되면서 조선의 모든 영화사는 강제적으로 조선영화제작주식회사(약칭 조영)로 통폐합되었다. 조영은 형식상 법인이었지만 실제로는 모든 결정권을 조선총독부가 쥐고 있던 국책 회사였다. 조선영화령에 의한 강제 통합을 총독부는 영화 신체제라 불렀는데, 이 체제하에서 조선영화인협회가 결성되었다. 조선영화인협회는 영화를 국민의 정신을 계도하기 위한 수단으로 보았다. 조영이 설립된 후 '내지'와 조선의 합작이 본격화되었다. 일본의 감독 및 기술진이 조선인과 함께 영화를 만드는 것이 이제 일반적인 일이 되었다. 이렇게 만들어진 영화는 조선뿐만 아니라 일본과 만주에서도 개봉했다. 〈망루의 결사대〉, 〈젊은 모습〉 등의 영화는 스텝진이 대부분 일본인이고, 주요 배역도 일본 배우가 맡았다.

부모님들께 격의 없이
군생활의 근황을

1·2
영화〈병정님〉에서 징병 검사를 권유하며
자녀를 안심하고 군대에 보내라고 설득하는 장면.
영상 21

3·4
〈병정님〉속 징용병들이 훈련소에 입소하는 장면.
징용된 아버지가 훈련소로 들어간다.
영상 22

5
〈병정님〉에서 볼 수 있는 징용병들의 모습.

위해 수다스럽기만 하다. 이 수다가 의도하는 바는 영화의 인트로에 잘 드러나 있다. "이 작품의 목적은 군 생활에 충만한 대범한 여유와 성실한 인간성을 통해 엄격한 훈련과 가정적인 내무 생활을 함께 소개하기 위한 것이다."

수다스러운 자가 힘을 가지고 발언의 기회를 독점하다 보면, 결국 사람들은 그가 수다를 통해 구축한 세계에 포섭되고 만다. 힘 있는 자가 구축한 세계에 포섭되면, 그 경험은 개인의 기억에도 왜곡을 일으킨다. 아버지가 증언하는 나고야에서의 징용병 생활은 〈병정님〉이 수다스럽게 강조하는 세계와 너무나 닮았다. 〈병정님〉은 아버지의 징용병 시기를 추측할 수 있는 몇 안 되는 중요한 실마리 중 하나다. 그러나 그 세계는 수다스러운 만큼이나 위험하다. 그래도 아들은 그 위험을 감안하고 영화 속에서 아버지의 흔적을 찾을 수밖에 없다.

정확히 언제인지는 모르지만 1944년 어느 날을 상상해본다. 아버지는 그날 징용이라는 반갑지 않은 초대장을 받았다. 입영 통지서를 받고 내지인들과 동일한 자격을 획득했다고 기뻐했을지는 알 수 없다. 설사 그것을 자격 획득 증명서라고 받아들였다 해도 훈련소 입소가 다가올수록 그런 마음보다는 이별의 아쉬움이 컸을 것이다. 만주 봉천으로 떠나기 전날은 얼마간 설레는 마음이었을지도 모르겠으나, 입대 전날의 마음은 전혀 그렇지 않았을 것이다. 훈련소 입소를 앞둔 당시 아버지 또래, 그러니까 이제 막 스무 살에 접어든 조선의 수많은 청년과 그 가족도 같은 심정이었을 것이다.

이런 두려움을 달래기 위해 훈련소 입소 의례는 요란하게 진행된다. 훈련소로 향하는 징용병의 대열을 일장기를 든 수많은 사람들이 열렬히 환영한다. 동원이든 자발적 입소든 그것은 그다지 중요하지 않다. 거리에는 진심이든 아니든 징병을 축하하는 무리가 제국의 깃발을 흔든다. 누구나 이런 상황에 놓이면 분위기에 휩쓸려 우쭐한 기분이 될 가능성이 매우 높다. 징용병들은 요란한 음악 소리에 맞추어 훈련소로 행진한다.

자, 이제 훈련소다. 여기는 제국의 군인으로 징용된 사람들만 있는 곳이다. 조선인의 생활 세계는 훈련소 안에서는 통하지 않는다. 중대장은 여전히 조선인의 생활 세계가 익숙한 아버지에게 이렇게 연설한다.

> 조선에도 이미 징병제가 도입되었다. 이 소집령에 의거 제군들의 뒤를 따라 입대하는 수십만 장병들은 대부분 농촌 청년들이다. 군대는 제군들과 농촌 청년들을 동등하게 폐하의 적자로서 맞을 것이며 둘 사이에는 어떠한 차별도 있을 수 없다. 제군들은 일체의 허식과 자만심을 버리고 싸워야 할 것이다. 오늘부터 제군들은 군대의 규율과 상관의 가르침에 따라 복무하면 된다. 나 분대장은 이 군대야말로 진정한 국민으로 제군들을 연성하는 최고의 장소라고 단언한다. • 영화 〈병정님〉

아버지 혼자 이 세계에 대항할 수는 없었을 것이다. 아버지는 점차 제국의 세계에 물들어갔다. 어느새 수다스러운 〈병정님〉의 이데올로기를 사실로 받아들이게 되었다. 아버지의 스무 살은 그렇게 시작되었다.

아버지의 스무 살을 찾아 나고야로 향하다

아버지의 군 시절에 대해서는 별로 아는 바가 없다. 내가 그 이야기를 궁금해하며 아버지에게 묻기 시작했을 때는 이미 치매라는 증상이 아버지를 압도해버린 뒤였다. 치매 걸린 노인이 늘어놓는 군대 경험은 진위 여부를 의심할 수밖에 없었다. 식민지 시대에 대한 아버지의 회고는 횡설수설이라 할 정도로 앞뒤가 맞지 않았다.

군 시절에 대한 아버지의 회상은 두 가지로 압축된다. "일본 군대 밥이 아주 좋았다"와 일본이 패전을 하자 당시 아버지가 소속되어 있던 부대의 중대장이 아버지에게 고향으로 돌아갈 때 쓰라며 돈을 걷어 주었다는 것이다. 자신이 그 부대의 몇 안 되는 조선인 중 한 명이었는데, 고향으로 돌아간다고 하니 부대원들이 돈을 모아 주었고 고향에 돌아와 그 돈으로 소 세 마리를 샀다는 것이 아버지의 주장이었다. 아버지를 위한 모금을 중대장이 주도했고, 그가 참 친절했다는 말이 사실인지 궁금했던 가족들은 아버지가 그 중대장의 이름을 기억해내는 기적이 일어날까 하는 마음으로 그의 이름을 계속해서 물었다. 하지만 아버지의 이야기는 늘 "나는 나고야의 조토헤이였다"는 지점에서 무한 반복될 뿐이었다.

나고야의 학병을 소재로 한 영화 〈현해탄은 알고 있다〉(김기영 감독, 1961)에는 일본 여자와 사랑에 빠진 남자의 이야기도 등장하니, 일본군 중대장과 부대원들이 친절했다는 아버지의 주장을 치매 노인의 왜곡이라고만 치부할 수는 없는 노릇이다. 〈현해탄은 알고 있다〉의 대사처럼 "눈물의 성분은 세계 공통"일 터이니, 그곳에도 사람다운 사람이 있었을 가능성을 배제할 수 없다.

도요토미 히데요시의 성이 있는 도시로만 알고 있던 나고야는 이제 나에게 아버지가 1945년 해방을 맞이했던 도시, 아버지가 식민지 징용병 조토헤이로 복무했던 도시로 기억된다. 아버지는 일제강점기 징용 대상자로 확인되어 돌아가시기 전까지 한 해에 80만 원씩 대한민국 정부로부터 의료비를 받았다. 아버지의 스무 살 시절 흔적을 찾을 수 있는 실마리는 나고야에 있다. 아니, 정확히 말하자면 실마리를 찾을 수 있는 가능성만 있을 뿐이다. 그래도 가야 했다. 결국 아들은 나고야로 떠났다.

아버지가 나고야까지 어떻게 이동했는지 그 경로는 분명하지 않다. 기차를 타고 부산까지 가서 부산에서 다시 배를 타고 나고야까지 갔을 수도 있고, 통상의 경로처럼 부산에서 시모노세키까지는 배로 이동한 후 시모노세키부터 나고야까지는 기차로 움직였을 가능성도 배제할 수 없다. 아버지의 이동을 재현할 수 있는 방법은 두 가지이다. 부산에서 관부 연락선을 타고 시모노세키까지 간 다음 기차를 타고 나고야까지 가거나, 아니면 비행기를 타고 나고야 주부국제공항으로 가서 시내로 들어가는 방법이 있다. 아들 사회학자는 비행기를 타고 가는 방법을 선택했다.

오사카를 배후에 두고 있는 간사이국제공항은 한국 관광객들로 북적이지만, 도요타시 부근의 나고야는 관광을 목적으로 찾는 곳이 아니라 주부국제공항에는 한국인이 그리 많지 않다. 나고야성이 구마모토성, 오사카성과 더불어 일본의 3대 성으로 손꼽힌다 해도 나고야만을 관광의 목적지로 삼는 경우는 드물다. 아마 아들 사회학자도 아버지가 아니었으면 나고야를 찾아갈 일은 없었을 것이다.

주부국제공항을 거쳐 나고야역에 내렸다. 예상대로 나고야역 부근에서는 옛 나고야의 흔적을 거의 느낄 수 없었다. 나고야역은 호텔과 백화점으로 연결되는 복합건물로 다시 지어졌다. 현대적이라 편리하기는 하지만 과거의 흔적을 찾아온 사람에게는 그저 차갑게만 느껴진다.

나고야라고 하면 일본인들은 데바사키手羽先라는 닭 날개 튀김과 카페에서 먹는 아침식사인 '나고야 모닝구モーニング'를 연상한다고 한다. '모닝구'의 도시답게 나고야엔 아침식사를 파는 카페가 많다. 아버지가 살아 계셨다면 아버지 또래일 수도 있는 노인들이 카페에 앉아 '모닝구'를 먹고 있다.

모닝빵, 버터, 야채샐러드와 계란프라이, 그리고 슬라이스된 햄과 커피를 곁들이는 모닝구를 나고야역 앞 카페에 앉아 먹는다. 그리고 아버지도 과거의 어느 날엔가 아들 사회학자가 '모닝구'를 먹고 있는 이 카페 부근을 지나갔었기를 기대한다. 모닝구를 입에 넣으며 아들은 자신의 입맛이 아버지를 많이 닮았음을 다시 한 번 깨닫는다.

현재의 주소로 나고야시 중구 니노마루가 아버지가 조토

징용병 아버지가 속했던 보병 제6연대는 현재의 나고야시 중구 니노마루 일대에 주둔했다.

헤이로 해방을 맞이했던 부대가 있던 곳이다. 본래 나고야성의 정원이 있던 자리다. 1872년 육군성은 나고야성을 관할하기 시작하면서 니노마루 어전과 동쪽 정원 자리에 병사를 짓고, 보병 제6연대를 주둔시켰다. 나고야성에 관광 온 사람들은 이 사실을 전혀 모르는 채 사진 찍기에 여념이 없다. 하지만 한때 정원이었다가 부대의 연병장으로 바뀌었다가 다시 정원으로 복원되고 있는 그곳에서 아들은 아버지의 스무 살을 생각한다.

본래 보병 제6연대가 있던 자리는 전후에 사라졌지만, 다행히 보병 제6연대의 흔적이 나고야 부근의 아이치현 이누야마시에 남아 있다. 이누야마에는 메이지 시대의 건축물을 모아둔 일종의 역사 테마파크인 '메이지무라明治村'가 있는데, 그곳에 당시 보병 제6연대의 막사가 그대로 재현되어 있다. 아들 사회학자는 청년 아버지의 흔적을 찾아 메이지무라로 향한다.

국가라는 거대한 가족

메이지무라에는 메이지 시대 보병 제6연대의 막사를 실물 그대로 옮겨놓았다고 한다. 아무리 실제의 막사를 옮겨놓았다고 해도, 징용된 병사가 없는 이곳은 뭔가 비어 있는 느낌이다. 막사 안으로 들어간다. 간부의 방을 지나 복도 끝에 있는 병사 내무반에 들어섰다. 유효기간은 남아 있지만 이미 그 소유자는 사망한 상태인 아버지의 여권을 들고서. 마룻바닥, 목재로 만든 침대, 침대 뒤의 관물대, 그리고 군용 소품들이 보인다. 꼭 저 모양 그대로는 아니었겠지만 청년의 문턱에 있던 아버지도 그와 유사한 침대에서 잠을 자고, 비슷한 모양의 배낭을 매고 훈련을 받았을 것이다.

이곳에는 메이지 시대 일본 군인에게 제공되었던 식사의 모형이 전시되어 있다. 전형적인 일본 요리가 아니다. 서양 제국을 따라잡고자 했던 메이지 시대의 유산이 음식에도 반영되어 있다. 서양 군인을 따라잡기 위해 서양식 식사를 제공했다는 설명이 보인다. 송곡리에서는 전혀 맛볼 수 없었던 낯선 음식, 봉천에서도 별로 먹어보지 못했을 서양 음식을 아버지 또한 일본 군인의 신분으로 드셨을 것이다. 나이에 걸맞지 않은 아버지의 서양식 입맛은 이때 형성된 것일까? 아버지는 보통 노인들이 잘 먹지 않는 햄버거도 잘 드셨고, 아이스크림이나 커피도 좋아하셨다.

〈병정님〉을 객관적 감상자의 입장에서 분석하는 것은 사실상 불가능에 가깝다. 다큐멘터리가 아닌 극영화이고, 극영화 중에서도 선전용으로 만들어진 것임에도 불구하고 아들의 입장에서는 영화 속 병사들의 표정 하나하나가, 또 그들이 걸치고 있는 옷이며 모자 하나하나가 허투루 보이지 않는다.

아버지는 나고야 내무반 생활을 잘 견뎌냈을까? 〈병정님〉의 한 장면처럼 송곡리에 있는 할머니에게 어쩌다 편지를 썼을까? 만약 그랬다면 그 편지를 받는 송곡리의 할머니는 어떤 심정이었을까? 아버지는 또 위문 공연을 온 리샹란李香蘭(만주에서 출생한 일본인 가수로 본명은 야마구치 요시코山口淑子이다. 2차 세계대전 이전에는 리샹란이란 예명으로 활동했다)이 부르는 〈베이징의 자장가〉를 들으며 고향에 대한 그리움을 잊었을까? 아니면 황군의 군대는 모두가 한 가족이라는 공식 이데올로기를 그대로 수용하여 고향에 대한 그리움보다는 국가에 의해 동원된 가족 안에서 편안함을 느꼈을까? 〈병정님〉에는 징병을 두려워하는 조선인들에게 일본식 이름을 지닌 조선인 야스모토 에이치가 이렇게 말하는 장면이 있다.

> 처음 입대했을 때 중대장님과 반장님께 병영은 군인의 가정이라고 들었는데 제 짧은 경험으로도 실제로 그렇습니다. 중대장님이 아버지, 준위님이 어머니, 소장님이 형, 반장님이 누나입니다. • 영화 〈병정님〉

아버지가 자신에게 친절했던 중대장을 기억해내는 것처럼, 〈병정님〉에서 군대는 확대된 가족으로 등장한다. 할아버지 세대는 식민화와 함께 힘을 잃었다. 식민화된 조선반도에 태어난 아버지 세대는 생물학적 부모가 있다 하더라도 역사적으로는 고아나 마찬가지였다. 〈병정님〉은 고아나 다름없는 처지인 식민지 백성이 황군이 되면 국가라는 거대한 가족의 구성원으로 들어간다는 것을 끊임없이 강조한다. 국가는 사실상 가족이라는 강력한 은유, 따라서 가족 구성원인 국민들은 각자의 자리에서 자신이 기여할 수 있는 방법으로 국가에 봉사해야 한다는 독특한 집합주의를 아버지는 스무 살 시절에 습득한 것이다.

아버지는 자신이 군인이 되어 국민임을 입증했듯이, 고향에 있는 어머니와 누이들은 '센닌바리千人針(참전한 군인의 행운을 비는 부적으로 1000명의 여자가 무명천에 붉은 실로 한 땀씩 떠서 만드는 1000개의 매듭이다. 청일전쟁 때부터 시작되었다고 한다)'를 통해 자신을 응원하고 있으리라 기대했을 것이다. 그 당시 아버지는 아직 누군가의 격려가 필요한, 이제 갓 소년티를 벗어던진 앳된 청년이었을 테니까.

고아들이 나오는 〈집 없는 천사〉(최인규 감독, 1941)라는 영화가 있다. 이 영화에는 생물학적 고아들이 등장한다. 아버지 세대의 식민지 백성은 이런 고아나 다름없었다. 〈집 없는 천사〉에 등장하는 고아원은 이런 고아들을 품어준다. 그곳의 아이들은 국민이 되는 것만이 자신의 처지를 극복하는 길이라 믿는다. 그래서 고아들은 힘차게 황국신민서사를 외친다.

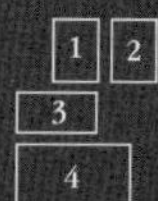

1·2·3·4
메이지무라에 재현되어 있는
보병 제6연대 막사의 내부와 저녁식사 모형.

私共ハ、大日本帝國ノ臣民デアリマス。

우리는 대일본제국의 신민입니다.

私共ハ、心ヲ合ワセテ天皇陛下ニ忠義ヲ盡シマス。

우리는 마음을 합하여 천황 폐하께 충의를 다합니다.

私共ハ、忍苦鍛錬テ立派ナ强イ國民トナリマス。

우리는 인고단련하여 훌륭하고 강한 국민이 되겠습니다.

국민이 되어 고아의 신세에서 벗어나라는 강력한 권유, 아니 사실상의 강요 앞에서 고아의 처지를 그대로 유지하겠다는 독립적인 사람이 얼마나 되겠는가. 아버지에게 그런 자의식이 있었다면, 아버지는 '붐을 타고 휩쓸리듯'이 아니라 독립운동을 하기 위해 만주로 갔을 것이고, 제국의 군인이 되지도 않았을 것이다.

함께 군 생활을 하는 전우들이 모두 가족이고, 후방에 있는 국민들도 한 가족이라는 이데올로기를 아버지 혼자 거부하기는 힘에 부쳤을 것이다. 나고야의 조토헤이에 불과했던 아버지가 자기 힘으로 돌파하기에 제국의 이데올로기는 나고야성만큼이나 견고하고 튼튼했다. 그곳에서 아버지에게 주입된 현실을 해석하고 수용하는 틀은 아마 평생 교정될 기회를 얻지 못했을 것이다. 그래서 아버지는 노인이 되어서도 과거를 회상할 때마다 아들이 받아들이기 어려운 주장을 고수했다. 스무 살 남짓에 홀로 이런 보병 막사에 내던져졌다면,

1 2
3

1 2
영화〈병정님〉속 리샹란의
위문 공연 장면.
영상 23

3
영화〈지원병〉에 나오는
'센닌바리' 장면.

하나, 우리들은 대일본제국의
신민이다

영상 24

영화〈집 없는 천사〉에서 아이들이 황국신민서사를 제창하는 장면.

그리고 주변의 모두가 그런 해석에 동의하고 있었다면 누구라도 혼자 다른 생각을 하긴 어려웠을 것이다.

"어째 오늘 밤 꼭 무슨 일이 터질 것만 같애요"

아버지는 나고야 체험에서 어떤 반일이나 항일의 감정도 회고해내지 못했다. 이는 아버지가 뼛속까지 친일파였다는 의미라기보다는 제국의 세계에 완전히 포섭되었다는 뜻에 가까울 것이다. 사람은 자신의 의지만으로 세계를 파악하지 못한다. 세계에 대한 해석은 주변이라는 망을 통해 걸러지기 마련이다. 나고야는 제국의 세계가 끝내 포섭하지 못한 송곡리의 생활 세계가 조금도 남아 있지 않은 공간이다. 그곳에서 아버지는 제국이라는 껍데기 속에 갇혀 있었다. 이것은 순응이라 할 수도 없다. 순응은 결심이라는 과정을 거쳐야 한다. 순응보다는 적응에 가까운 처세술이었을 것이다. 순응한 자는 양심의 가책을 느낄 수밖에 없지만, 적응한 사람은 양심을 배반한 기억이 없기에 가책을 느낄 필요가 없다.

적응만이 유일한 처세술인 줄 알았던 제국의 세계, 그 단단한 껍데기가 어느 날 갑자기 깨졌다. 제국의 세계에 적응해서 살고 있던 사람들은 그 제국이 또 다른 제국과의 전쟁에서 패할 것이라고는 아무도 예상하지 못했다. 거짓말처럼 어느 날 돌연 일본은 항복을 선언했고 패전국이 되었다. 조선은 더 이상 식민지가 아니었다. "어째 오늘 밤 꼭 무슨 일이 터질 것만 같애요"(영화 〈독립전야〉)와 같은 영화적 상상은 현실 속에서는 일어나지 않았다. 아버지에게 일본의 패전은 역사적 사건이 아니었다. 그저 다시 송곡리의 생활 세계 언저리로 돌아갈 수 있다는 뜻이었다.

영웅들에게 일어난 거대한 사건을 기록하는 대문자 히스토리와 보통 사람들의 인생 이야기인 소문자 히스토리 사이에는 큰 간극이 있다. 적극적으로 시대를 호령하려는 자의 인생 이야기는 대문자 히스토리와 공명하지만, '그저 그런' 사람들의 인생 궤적은 꼭 그렇지만은 않다. 아버지에게 패전은 집으로 돌아가도 된다는 뜻이었다. 물론 그 역시 결코 사소한 변화는 아니었지만, 제국의 주체로 변신했던 박정희가 맞은 해방과는 차원이 달랐다. 박정희에게 해방이란 또 다른 변신을 요구하는 전환점이자 자신의 삶을 완전히 재구축해야 하는 일종의 위기였다. 기존의 껍데기에 강력한 반작용을 했거나 껍데기를 아예 새로이 구축하려 했던 사람에게 껍데기의 변화는 자연히 삶을 통째로 뒤흔드는 사건이었다.

1941년 다카키 마사오로 1차 개명을 했다가, 이름에 남아 있는 조선인의 흔적을 지울 양으로 '오카모토 미노루'라고 다시 이름을 고친 박정희는 차츰차츰 껍데기의 상층부로 진입했다. 만주국 신경군관학교에서 뛰어난 성적을 올려 일본육군사관학교로 '편입'하는 특전을 부여받았고, 육군사관학교 졸업 후에는 러허성에 주둔하는 만주국군 보병 제8단에 배속되었다. 이때가 1944년 7월이다. 그해 12월에 소위로 임관했고, 1945년 7월 중위로 진급했다. 하지만 바로 한 달 뒤 일본은 패전을 맞았다. 박정희를 입신양명의 길로 인도한 껍데기가 해방과 함께 사라졌다. 껍데기의 중심부에 진입한 사람에게 암중모색의 시간이 도래한 것이다.

설익은 암중모색은 좌충우돌을 낳는다. 위풍당당한 독립군도 아니고 처벌되어야 할 제국의 군인도 아닌 어정쩡한 신분으로 귀국한 박정희는 돌연 남로당에 가입했다. 여순반란 사건 연루 혐의로 1948년 11월 11일 체포된 것도 껍데기가 사라진 박정희의 아등바등이 아니고 무엇이겠는가. 1948년 국방경비법 제18조를 위반한 혐의로 사형을 구형받고, 무기징역이 언도되었다가 재심에서 10년으로 감형되고, 최종적으로 집행이 면제된 롤러코스터와 같은 급변은 모든 사람의 인생에 나타나지 않는다.

주어진 껍데기 속에서 '그저 그런' 삶을 살았던 사람에게 껍데기의 변화란 삶을 뒤바꿀 정도의 중대한 사건이 아니다.

적극적인 제국의 협력자에게는 식민지로부터의 해방이 암중모색의 시간이었으나 동원된 신민, 만들어진 국민, 징병당한 조토헤이에 불과했던 아버지에게는 해방 역시 그저 그렇게 다가왔다. 주변에 있던 사람이 해방이 되었다고 해서 갑자기 껍데기의 중심으로 진입할 리 없다.

급변의 시기로 기록되어 있는 1945~50년의 시간은 당대를 살지 못했던 사람들이 책으로 역사를 배울 때나 '거대한 사건'으로 보일 뿐이다. 아버지에게 '거대한 사건'은 역사책에 기록될 리 없는 김완숙이라는 여인과의 만남이었다.

2부

탈출의 순간

전쟁과 어머니의 레인보우 클럽

모든 어머니가 처음부터 어머니로 태어난 건 아니다.
어머니도 어머니가 아니었던 때가 당연히 있었다.
자식들이 상상하지 못할 뿐이다.

꿈

내 꿈은 가수
두 번째는 미용사
하나도 안 댓다
기양 엄마가 댓다
지금도 노래소리 더르면
가섬이 벌릉거린다

• 김정자(78세, 부산시), 『보고 시픈 당신에게』

마치 착륙한 우주선 같은 기묘한 외관을 지닌 동대문디자인플라자DDP 앞이다. 미래를 지시하는 듯한 DDP 앞에서 과거의 흔적을 찾기 위해 한양의 경계였던 흥인지문을 지나 서울 성곽길을 따라 걷는다. 가파른 길을 따라 한참 오른 끝에 낙산 꼭대기에 도달한다. 저 아래 한때 부자 동네로 소문났던 혜화동이나 동숭동과 달리 낙산 일대엔 '그저 그런' 사람들이 모여 삶의 터전을 이루고 있다.

이곳은 조선의 한양 시절엔 인창방仁昌坊과 숭신방崇信坊이라는 이름을 지녔고, 복숭아나무와 앵두나무가 많아 '붉은 꽃이 피는 나무가 많은 동네'라는 뜻으로 홍수紅樹골이라 하기도 했다. 흥인지문 안으로 진입하지 못한 중인들이 주로 살던 곳이었으나 성 안과 성 밖을 연결하는 육로 교통이 발달해 점차 가난한 사람들이 모여들기 시작했다. 식민지 시대 경성부 창신정昌信町으로 이름이 바뀐 이곳에는 이농민과 경성 시내에서 밀려난 빈민들이 터를 일구었다. 가난이 홍수골을 습격하면서 복숭아나무와 앵두나무는 사라지고 도시 빈민과 토막민들의 거주지가 되었다.

경성부 창신정은 산동네이지만, 다행스럽게도 우물이 다섯 개나 모여 있었다. 사람들은 그곳을 오형제 우물터라 불렀다. 가난이 깊어질수록 창신정에 모여드는 사람들은 더 높은 산에 주거지를 마련했고 돌을 캐는 곳, 이른바 채석장 위에도 주거지가 들어섰다. 1910년 낙산에서 화강암을 캐기 시작했는데, 여기서 나온 화강암으로 조선은행(1912), 경성역(1925), 조선총독부(1926)와 경성부청(1926)이 지어졌다. 창신동 아랫동네에는 한국 최초의 재벌이라 불리는 백남준의 아버지 백낙승의 집도 있었지만, 채석장 윗마을은 달랐다. 다이너마이트 발파가 수시로 이뤄지고, 돌덩이를 가르는 소리가 끊이지 않는 절개지에 터를 일구고 살게 된 사연이야 굳이 묻지 않아도 충분히 짐작할 수 있다.

세월이 흘렀다. 채석장은 거대한 인공 절벽을 남기고 기능을 멈췄다. 낙산 꼭대기까지 들어섰던 주택 터엔 제법 반듯한 공원도 만들어졌다. 낙산공원은 서울의 멋진 야경을 볼 수 있는 장소로 손꼽힌다. 인스타그램에 올릴 만한 사진을 건지기에 적당한 곳이다. 대학로에서 낙산공원으로 올라가는 좁고 가파른 길은 벽화를 구경하며 사진 찍는 사람들로 북적인다. 그들은 공원이 된 그곳이 예전에 사람이 살던 터였음을 알지 못한다.

1934년 경성제대부속의원(현 서울대학교병원)에서 마흔한 살의 산모가 노산으로 인한 난산 끝에 여자아이를 낳았다. 이 아이는 빈민들의 거주지였던 청계천 3가에서 창신동 산동네의 절개지 윗마을로 이사를 왔다. 구루마에 짐을 싣고 청계천 3

VIEW OF THE FAMOS PLACE, KEIJO.
(京城) 京城府廳

1·2·3·4
창신동 절개지 화강암으로 만들어진 식민지 건축물.
왼쪽 위부터 시계 방향으로 경성부청, 경성역,
조선은행, 조선총독부.

HEAD OFFICE OF CHOSEN BANK, KEIJO.
(京城) 朝鮮銀行の偉觀

가에서 창신동으로 향하던 도중에 꼬마는 혼자 길을 잃었다. 울면서 엄마를 찾으려 길을 헤매다 어느새 신설동까지 걸어갔는데, 다행스럽게도 한 술집 여자가 꼬마를 거두어 며칠간 그 집에서 지냈다고 한다. 가족들은 수소문 끝에 신설동에 있는 꼬마를 찾아냈다. 그렇게 우여곡절 끝에 꼬마는 창신동에 정착했다. 그 꼬마가 소녀가 되는 동안, 가족은 절개지 윗마을에서 오형제 우물터 근처로 이사를 하긴 했지만 창신동 산동네를 벗어나지는 못했다.

인창방과 숭신방이 경성부 창신정이 되고, 다시 종로구 창신동으로 명칭이 바뀌는 동안 수많은 사람들이 이곳과 인연을 맺었다. 지봉 이수광이 『지봉유설芝峰類說』을 썼던 비우당庇雨堂도 여기 있고, 단종의 비인 송씨가 궁궐에서 쫓겨나 청룡사에 유배되어 시녀들과 함께 살았다는 암자인 '정업원구기淨業院舊基'도 이 지역에 있다. 순조 19년(1819년)에 왕세자빈으로 간택된 조만영의 딸 '조대비'의 친정 별장, 박영효와 손병희의 별장, 이태준이 1926년에 준공한 안양암도 여기 있었고, 심지어 가수 김광석도 이곳에 살았다고 공식 역사는 기록하고 있다. 하지만 나의 어머니 같은 기록되지 않은 사람들의 흔적은 찾을 수 없다. 그런 사람들의 인생극장을 서술하기 위해서는 자료 발굴과 상상력이 요구된다.

낙산공원에 올라 어린 나이에 이곳으로 이사와 예민하고 영민한 소녀로 자라서, 훗날 나의 어머니라는 옷을 입게 된 자연인 김완숙을 생각한다. 편의상 어머니라는 단어를 사용하긴 하지만, 아들 사회학자가 기록해야 하는 인생극장의 주인

절벽 뒤까지
빼곡하게 집이 들어선
창신동 절개지 마을
(1969년).
ⓒ홍순태(홍성희 제공)

공은 어머니-김완숙이 아니라 자연인-김완숙이어야 한다. 어머니라는 단어를 사용하는 순간, 자연인 김완숙이 꼭꼭 숨기고 살았던 심정이 가족 호칭의 무게에 눌려 밖으로 드러나지 않을 것이기 때문이다. 그래서 아들 사회학자는 낙산공원에서 나의 어머니가 아니라, 어머니이기도 했던 김완숙 세실리아를 생각한다.

1장 창신동 산동네, 그들만의 세상

요즘 우리가 갓 태어난 아이에게 보이는 호기심과 관심, 심지어 호들갑을 머리에서 싹 지워야 한다. 그래야만 한 집에서 예닐곱 명쯤은 보통으로 낳던 시절 한 아기가 태어났을 때의 과장되지 않은 분위기에 근접할 수 있다. 또 그 아이가 어느 동네에서 태어났는지도 고려해야 그날 집 안에 감돌던 실제 분위기를 상상할 수 있다.

어머니의 유년 시절을 추측할 수 있는 자료는 거의 남아 있지 않다. 사진이 귀하던 시절이니 유년의 날들을 기록하기 위해 사진을 찍는 호사 취미가 1930년대 창신동 산동네에 있었을 리 없다. 영아 사망률이 제법 높았던 시대다. 가난한 집안에서 태어났기에 영양 상태가 썩 좋지 않았을 테고 좋은 음식을 먹으며 자라지도 못했겠으나, 그 여자아이는 별 탈 없이 성장하여 소녀가 되었다. 눈이 아주 커서 '왕눈이'라는 별명이 붙었다고 한다.

하지만 '왕눈이' 소녀를 품고 있던 가족의 분위기는 소녀의 큰 눈과 그다지 어울리지 않았다. 홀짝홀짝 술잔만 비울 줄 알고 일에는 도통 관심이 없어서 '홀짝 샌님'이라는 별명을 얻었던 아버지는 부지런함과는 거리가 멀었고, 대물림되는 가난에서 가족들을 탈출시킬 의지도 능력도 없는 사람이었다. 게다가 그 아버지는 왕눈이 소녀가 겨우 열한 살이었을 때 돌아가셨다. 큰오빠가 아버지의 일을 물려받아 소목小木으로 일을 했으나 다소 극성맞은 올케를 둔 탓에 막내딸은 집 안에서 편안할 수 없었다. 사실상 가장이었던 큰오빠는 막내 동생에게 각별한 관심을 보일 만큼 살가운 사람이 아니었고, 남편을 잃은 어머니는 경제력이 없어 며느리의 눈치를 봐야 하는 형편이었으니 꼬맹이 막내야 오죽했을까? 어머니가 마지막 순간까지 보여준 가만가만한 성격에는 그럴 수밖에 없었던 조금은 쓰라린 어린 시절이 새겨져 있는지도 모른다. 왕눈이 소녀는 키보다 올케의 눈치를 살피는 능력이 더 빨리 자랐다. 막내임에도 떼를 쓰고 응석부리는 시간보다 하고 싶은 말을 가슴속에 꾹꾹 담아두어야 하는 시간이 더 길었을 것이다. 사랑받고 자란 막내딸은 촐랑대고 재잘거리지만, 눈칫밥을 먹고 자란 꼬맹이는 가만가만해질 수밖에 없지 않겠는가.

일본어가 필요 없는 창신동 산동네

1936년에 태어난 어머니는 유년 시절을 식민지 치하에서 보낸 셈이지만, 아버지와 달리 일본어를 전혀 할 줄 몰랐다. 아버지와 어머니의 12년이라는 나이 차이 때문이기도 하지만, 그보다는 학교에 보낼 정도의 재력이 있던 집안에서 남자로 태어난 아버지와 산동네 출신에 여자였던 어머니의 차이가 반영된 것이라 볼 수 있다. 1935년 말 통계에 따르면 일본어를 이해할 수 있는 조선인은 당시 인구의 7.7퍼센트에 불과했다. 학교 교육을 받은 조선인들만이 일본어를 구사할 수 있었으니 일본어 구사 능력은 조선인의 계층성을 드러내는 하나의 표식이었다. 그리고 근대식 학교에 진학한 것은 주로 남성이었기 때문에 일본어를 구사하는 조선인도 대부분 남성이었다.

영화 〈반도의 봄〉(이병일 감독, 1941)에는 남자의 언어인 일본어와 여자의 언어인 조선어의 어색한 동거를 보여주는 흥미로운 장면이 있다. 여자 주인공 정희는 여배우가 되겠다는 꿈을 품고 평양에서 경성으로 왔다. 친구의 동생인 정희를 역으로 마중 나온 남자 주인공 영일은 정희를 만나자마자 다짜고짜 "疲れたでしょう(피곤하시지요)?"라고 말을 건넨다. 영일은 일본어로 말을 건넸지만, 정희는 조선어로 대답한다. 서로 다른 두 언어로 대화하는데도 둘 사이의 의사소통에는 지장이 없다. 영일이 레코드 회사 사무실에서 정희를 한 부장에게 소개하는 장면에서도 남자는 일본어로 말을 하고, 여자는 조선어로 대답한다.

영일 저, 어저께 말씀드린 김정희 씨입니다.
うちの部長さんです(우리 부장님입니다).

한 부장 어제 이군을 통해서 말씀은 잘 들었습니다.
학교는 서울이시라지요.

정희 네.

영상 25

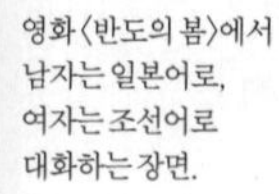
영화 〈반도의 봄〉에서 남자는 일본어로, 여자는 조선어로 대화하는 장면.

한 부장　失礼ですが、お年は(실례입니다만, 나이는)?

정희　열아홉이에요.

한 부장　趣味は(취미는)?

정희　음악과 영화를 퍽 좋아해요.

한 부장　おお、なかなか先端的ですね(오, 아주 첨단적이군요).

• 영화 〈반도의 봄〉

산 아랫동네인 경성제국대학에서는 일본어가 아주 자연스럽게 통용되었다. 그러나 창신동의 생활 세계에 살고 있는 사람 중에 일본어를 요구하는 식민 질서의 상층부에 접근할 수 있는 사람은 없었다. 창신동은 식민 세계에 건축 재료만을 제공했을 뿐 그와는 무관한 삶을 사는 사람들의 동네였다. 창신동 산동네에서 일본어는 그저 낯선 외국어에 불과했다.

♪ 희망초 핀다

♪ 오월달 수평선에

1·2
영화〈반도의 봄〉의 극장 장면. 무대 위에서 노래하는 여주인공 정희와 공연을 관람하는 남녀의 모습.
영상 26

3
1936년에 개관한 극장 명치좌. 일본인들을 위한 문화시설로 주로 일본 영화를 상영했다. 현재의 명동예술극장이다.

4
1907년에 개관한 국내 최초의 극장 단성사. 초기에는 판소리, 창극 등 주로 전통 연희를 공연하다가 1910년대 후반부터는 상설 영화관이자 연극, 음악, 무용 등 다양한 무대 공연도 펼치는 극장으로 운영되었다.

2

4

바로 산 아래에 경성제국대학이 있었으니 부모들은 은근히 자녀가 그 대학에 들어가 출세하기를 기대했을지 모르나, 그 막연한 바람을 실행으로 옮길 만한 배짱 있는 사람이 이 산동네에 있었을 리 없다. 경성제국대학 근처의 흥인지문에서 종로 쪽으로 조금만 더 걸어 내려가면 버라이어티쇼라는 구경거리가 공연되기도 하던 단성사와 명치좌가 있고, 모던한 남녀가 교제하던 다방도 있고, 아코디언 생음악을 들으며 폼나게 칵테일을 마시는 바도 있었지만, 그건 어디까지나 모던을 누릴 팔자를 타고난 경성 사람들의 몫일 뿐이었다. 창신동 산동네엔 일본어도, 모던의 바람도 별다른 영향을 끼치지 못했다.

1936년 여자들의 소학교 진학률은 고작 10퍼센트에 불과했다. 어머니가 일곱 살이 되던 1942년에는 진학률이 조금 올라가긴 했지만 그래 봐야 29.1퍼센트였다. 그래도 경성 아닌가. 경성의 심상소학교/국민학교 진학률은 전국 평균보다 응당 높았다. 1931년에 이미 50.3퍼센트를 기록했고, 1941년에는 59.6퍼센트에 달했다. 언제나처럼 통계는 착시를 부른다. 통계로만 보자면 1941년 무렵에는 최소한 경성에서만큼은 아이를 학교에 보내는 게 일반화된 듯하다. 그러나 산 아래 부자 동네에는 여자아이라도 소학교에 보내고, 중학교에도 보내는 신식 부모가 있었겠지만, 창신동 산동네에서는 그런 부모를 찾아볼 수 없었다. 설사 부모에게 그런 생각이 있었다 하더라도 소학교 수업료를 감당하기에 산동네 사람들은 너무나 가난했다. 그나마 다행인 건 이런 사람들을 위한 교육

시설이 없지는 않았다는 것이다. 정식 인가를 받은 학교는 아니지만 월사금이 싼 비인가 교육 시설들이 있었다. 종로 이화장에서 멀지 않은 충신동에는 충신학원*이 있었는데, 무엇보다 학비가 쌌고 조선어로 수업을 했다. 왕눈이 소녀는 이곳 충신학원에는 다닐 수 있었다. 식민지 시대를 살았음에도 일본어를 전혀 구사하지 못하는 어머니에게는 창신동 산동네에 살던 보통 사람의 흔적이 짙게 배어 있는 셈이다.

이화장, 경성제국대학 그리고 효제국민학교

1945년 8월 15일 나라는 해방을 맞았지만, 산동네 사람들의 삶은 극적으로 바뀌지 않았다. 어머니는 1945년의 8월에 대해 특별한 기억이 없다. 당시 열 살이었으니 해방이라는 정치 변동을 기억하기에 충분한 나이였다. 그럼에도 어머니는 해방을 맞던 그 순간을 전혀 기억하지 못한다. 일본

* 식민지 시기의 각종 비인가 교육 시설에 대한 다음의 진술을 통해 어머니가 다녔던 충신학원의 분위기를 짐작해볼 수 있다. "일제 시기 부친이 소작을 하러 아미리로 입향했다는 손씨는 1936년생으로 아미리에서 가난한 계층에 속한다. 그는 보통학교에는 들어가지 못하고 신작로에 있는 강습소만 다녔다. 강습소에는 아침반 오전반이 있었으며 교사는 가자리 신씨 딸이었다고 한다. 그는 강습소에서 일본 노래를 배운 것을 기억했다. 일본은 보통학교의 증설이 힘들었던 상황에서 조선인들의 교육열을 흡수하고 일본어를 가르치려는 목적하에 강습소를 지원하거나 전통 서당을 개량하고자 했다. 아미리 강습소는 그러한 일제의 지원을 받아 운영되었던 것으로 추측된다." • 김영미, 2009, 『그들의 새마을운동』, 푸른역사, 168쪽.

의 항복을 알리는 히로히토 천황의 방송을 들을 라디오가 산동네에는 아예 없었을지도 모른다. 설사 라디오가 있었더라도 일본어로 된 항복 선언을 이해할 수 있는 사람도 별로 없었을 것이다.

어머니가 기억하는 해방 이후의 첫 번째 변화는 '리승만 박사'와 '김구 선생'의 요란했던 신탁통치 찬성/반대 집회가 아니라, 당신의 삶의 중요한 분기점이었던 국민학교 입학이었다. 월사금이 비싸서 가지 못했던 국민학교에 입학할 수 있는 기회가 해방 이후 열렸다. 조선교육심의회가 1946년 9월 국민학교 의무 교육을 제안했다. 당장 의무 교육이 시행되지는 않았지만 기초 교육 확대라는 미 군정청의 정책에 따라 1947년에는 국민학교 입학생 수가 228만 명까지 늘어났다. 어머니도 이 변화에 힘입어 뒤늦게나마 효제국민학교(현 효제초등학교)에 입학하게 되었다. 늦깎이 학생이었지만, 비인가 학교에 다니며 정식 국민학교에 다니는 또래가 한없이 부러웠던 어머니에게는 해방의 기쁨과는 비교할 수 없는 경사였다.

어머니는 취학 연령에 맞춰 입학한 아이들보다 나이가 많았다. 하지만 타고난 총명함으로 월반을 통해 상급반으로 쉽사리 올라갔고 반장까지 지냈다. 어머니는 효제국민학교까지의 통학로를 정확하게 기억하셨다. 창신동 오형제 우물터 근처의 집을 나와, 이승만이 귀국 후에 기거했고 1948년 7월 20일 초대 대통령으로 당선된 후 초대 내각을 구성했던 장소인 이화장을 거쳐 지금의 종로5가역 부근에 이르는 길이었다. 그 길을 매일 오가며 어쩌면 어머니는 자신도 공부만 잘하면 마을 아래에 있는 경성제국대학교, 아니 그때는 이미 서울대학교로 이름이 바뀐 그 학교에서 공부하는 꿈을 꾸었을지도 모른다. 조금 더 욕심을 부리자면 성실히 공부를 하면 언젠가 이화장 같은 집에서 살 수 있으리라 기대했을지도 모른다. 체구는 작아도 눈치가 빠르고 유난히 총명했던 소녀가 당연히 마음에 품을 수 있는 미래 아니겠는가.

어머니의 통학로를 따라 걸으며 한때 이 길을 매일 걸었던 소녀 어머니를 생각한다. 낙산공원에 올랐다가 소위 벽화마을이라고 알려진 이화동의 좁고 가파른 언덕길을 내려온다. 이화장을 끼고 종로 광장시장 방면으로 평지를 걸어가면 효제초등학교에 도착한다. 작은 소녀가 매일 오가기에는 쉽지 않은 길이다. 하지만 어머니에게는 등하굣길의 아픈 다리보다는 남들처럼 학교에 다닐 수 있다는 사실이 더 중요했을 것이다. 소녀 어머니는 그 길을 오가며 자기도 모르게 콧노래를 흥얼거렸을 것 같다. 마음이 맞는 동무들과 함께 걸으며 미래의 꿈을 도란도란 이야기하곤 했을 것이다. 내가 아는 어머니라면 충분히 그랬을 것이다.

개인의 잠재 능력은 그것을 발휘할 수 있는 환경과 만날 때에만 현실이 될 수 있다. 어머니를 둘러싼 가족이라는 껍데기는 소녀의 가능성을 현실로 바꿀 만한 촉진 환경이 아니었다. 능력과 관계없이 어머니는 가족이라는 껍데기 때문에 중학교 진학은 꿈도 꿀 수 없었다. 공부라도 못했으면 아예 생각도 하지 않았겠지만, 자신보다 공부를 못하는 아이도 '이화여중'에 진학한다고 나서는 모습을 보며 절망할 수밖에 없었다. 이는 어린 소녀가 감당하기에는 너무나 큰 좌절이었다. 희망의 등굣길은 어느새 절망의 등굣길이 되었지만, 어머니는 그런 상실감을 안고도 국민학교는 끝까지 마치겠다는 의지를 굽히지 않았다. 당시 담임 선생님은 그런 소녀의 열정을 이해하지 못했다고 한다.

담임 선생님은 6학년 2학기에 접어들자 중학교에 진학할 예정인 아이들과 그렇지 않은 아이들을 구분해서 따로 자리를 배정했다. 반장이었음에도 불구하고 진학 예정 학생들의 자리에 앉지 못한 어머니의 좌절감은 상상 이상이었을 것이다. 담임 선생님의 처사가 부당하다고 느꼈지만, 자식을 중학교에도 보내지 못하는 집안의 아이가 그에 맞설 수 있는 뾰족한 방법은 없었다. 어머니를 졸라도, 시어머니를 구박하고 때릴 정도로 성격이 강했던 올케에게 사정을 해도 소용이 없을 것 같았다. 그렇다고 무기력한 큰오빠에게 이야기를 해봐야 별 소득이 없을 거란 판단에 어머니는 스스로 학교에 가지 않는 방법을 택했다.

반장까지 지냈던 '왕눈이'가 중학교에 진학하려면 최소한 산 아랫동네에서 태어났거나 그것도 아니라면 사내아이로 태어났어야 했다. 산동네에서 여자아이로 태어난 어머니가 자신의 재능을 펼칠 수 있는 인생극장의 무대는 효제국민학교로 끝이 났다. 효제국민학교는 어머니에게 한때는 희망의 무대였지만, 차별을 일삼던 담임 선생님의 이름을 오랜 시간이 흐른 뒤에도 정확하게 기억하고 있을 만큼 아쉬움을 남긴 무대이기도 했다. 왕눈이 소녀는 서러움과 억울함이 뒤범벅

영상 27

영화〈조선해협〉에서 데파트에 쇼핑하러 간 부잣집 여인들.

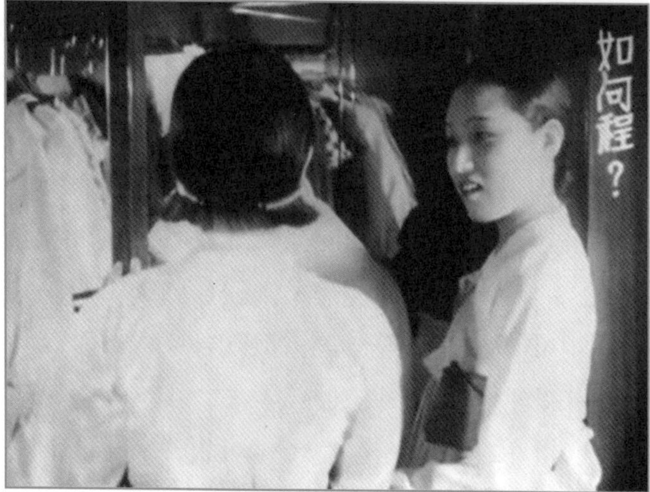

영상 28

영화〈미몽〉(양주남 감독, 1936)의 주인공 애순은 옷이 없다고 남편에게 투덜거리다 데파트에 쇼핑을 하러 간다.

인 채로 효제국민학교의 운동장을 걸어 나왔을 것이다. 그 길에서 무언가를 다짐하지 않았을까. 그 운동장에 선 아들 사회학자는 이제 어머니의 심정을 알 것 같다. 어머니가 왜 자식의 공부에 들어가는 비용을 조금도 아까워하지 않았는지.

학교를 다니지 않기로 결심한 소녀 어머니는 이제 산 아랫동네로 내려갈 일이 없었다. 집안일을 도와야 눈칫밥을 먹지 않을 수 있는 상황이었다. 창신동은 예나 지금이나 재복은 없어도 일복은 넘치는 '그저 그런' 사람들이 모여 사는 곳이다. 서울에서 태어나 서울에서 자랐지만 어머니는 북촌 양반집의 규수도 아니었고, 여학교를 거쳐 모던걸이 되어 경성 거리를 산보하는 혼부라(카페 긴자가 있던 곳, 즉 지금의 충무로 일대를 혼마치本町라고 불렀는데, 동경의 긴자 거리를 헤매는 이들을 '긴부라'라고 칭한 것처럼 당시 혼마치의 유흥공간을 헤매는 이들을 이렇게 불렀다)가 될 수도 없었다. 1943년의 영화 〈조선해협〉에 등장하는 부잣집 여인네들처럼 '데파트(백화점)'에 가서 쇼핑을 하며, "좀 비싼 거 없어?"라고 허풍을 떨 수도 없었다. 자신을 둘러싼 껍데기의 힘을 먼저 생각하고, 거기서 벗어날 수 없는 처지에서 최선의 선택을 해야 했다. '김완숙'으로서의 삶은 꿈도 꿀 수 없었다. 가난한 집의 '딸'로 태어났으니 어머니에게 남은 인생극장의 배역은 누군가의 '아내', 또 누군가의 '엄마'뿐이었다. 아마 소녀티를 막 벗던 무렵의 어머니도 자신에게 '그저 그런 여자의 일생'이 저벅저벅 다가오고 있음을 감지했을 것이다.

2장 전쟁과 운명, 증발된 사춘기

모든 어머니가 처음부터 어머니로 태어난 건 아니다. 어머니도 어머니가 아니었던 때가 당연히 있었다. 자식들이 상상하지 못할 뿐이다. 소녀였던 김완숙, 아직 나의 어머니가 아니었던 소녀 김완숙에게도 당연히 사춘기가 있었을 것이다. 사춘기에는 감성이 더욱 예민해진다. 막 형성되기 시작한 자의식은 눈앞의 현실을 못마땅하게 느낀다. 사춘기에 접어든 소년 소녀는 누구나 탈출을 꿈꾼다.

그러나 더 이상 산 아래로 등교할 수 없게 된 소녀 김완숙에게는 탈출의 꿈이 점점 더 멀어져만 갔다. 식구들로 북적이는 집, 다닥다닥 붙어 있는 동네, 구불구불 이어지는 골목……. 산이라고는 해도 소녀를 품어줄 든든한 나무 한 그루 없는 곳이었다. 탈출의 꿈을 가슴 깊이 묻은 채 소녀 김완숙은 애써 기억하려 해도 특별히 언급할 만한 일 없는 '그저 그런' 날들을 창신동 산동네에서 보냈다. 어느덧 소녀는 열다섯에 접어들었다. 어쩌면 가장 꿈 많고 아름다웠을 그해 1950년 초여름의 6월 25일을 어머니는 '해방의 날'과는 달리 또렷하게 기억하셨다.

"6·25 때는 말이지……."

여성의 목소리로 회고하는 전쟁은 국가에서 기록한 공식 역사 속 한국전쟁과는 거리가 멀다. 대개의 전쟁에서 여성과 남성의 기억은 서로 엇갈린다. 아버지는 한국전쟁에 대해 특별한 언급이 없었다. 혹 아버지는 징용을 피해 도망 다녔을지도 모른다. 아버지가 한국전쟁에 대해 도통 말씀이 없었던 이유는 직접 전쟁에 참가하지 않았기 때문이기도 하겠으나, 전쟁 영웅이 아니었다는 점도 크게 작용했을 것이다.

남자들의 전쟁 이야기는 영웅담에 가까우면 시끄러운 웅변조가 되지만, 이러저러한 이유로 전쟁에 참가하지 않았거나 그리 내세울 만한 이야기가 없다면 마치 전쟁을 겪지 않은 사람처럼 침묵이 되기 쉽다. 아버지는 태평양전쟁에 대해서도, 한국전쟁에 대해서도 전혀 언급하지 않았다. 하지만 어머니는 달랐다. "6·25 때는 말이지……"라고 시작되는 어머니의 전쟁 이야기를 자주 듣던 기억이 난다. 어머니에게 전쟁 이야기는 소녀 시절의 탈출기이기도 하기 때문일까? 전쟁은 소녀를 철들게 한다. 어머니는 전쟁을 겪은 여느 여성들처럼 여성만의 방식으로 전쟁을 생생하게 기억한다.

> 나는 전쟁의 소리를 기억해. 사방에서 으르렁, 쾅쾅, 쨍쨍 불을 뿜어대던 그 소리들……. 전쟁터에서는 사람의 영혼마저 늙어버리지. 전쟁이 끝나고 나는 다시는 젊음으로 돌아갈 수 없었어……. 그게 제일 중요한 점이지. 내 생각엔 그래.
>
> • 스베틀라나 알렉시예비치, 『전쟁은 여자의 얼굴을 하지 않았다』

여성의 전쟁 기억

어머니는 줄곧 묻지 않아도 자신의 전쟁에 대해 이야기했다. 6월 25일 그날, 전쟁이 났다는 소문은 들었지만 처음엔 그리 긴 전쟁이 될 줄 몰랐다. 신성모 국방부 장관과 채병덕 참모총장은 남쪽이 이기고 있다고 주장했고, 신문도 그렇게 보도했다. 사람들은 그 말을 믿었다. 창신동에서 그리 멀지 않은 종로3가에 살았던 어머니 또래의 이병익 씨도 6월 25일 무렵의 분위기를 이렇게 기억한다.

> 그러니까. 자고 일어나니까 바깥에서 뭔 난리가 났다고 그러고 그러니까. 그 전날 물론 의정부 저쪽에서 피난 짐을 싸고 막들 피난 내려와서 이게 뭐냐고 그러니까. 인제 그때만 해도 우리가 그런 전쟁이란 것이 머릿속에서 전혀 상상을 못 할 정도니까. "전쟁이 일어났다" 그러고 전부들. 뭐 리아카(리어카) 무슨 뭐 또 이렇게 저 그 뭐야 리아카 뭐 지게 또는 구루마(차의 일본어)에다가 전부 해서 마차 같은 거 그런 거에다 전부 짐들을 싣고, 싣고, 벌써 26일날 그러니까 막들 밀려 내려와요. 그러니까 아 이게 뭐가 난리가 나긴 났구나. 그러나 그때 정부에서는 아무 걱정하지 마라. 다들 그래서 움직이지들을 안 했어요.
>
> • 한국구술사학회, 『구술사로 읽는 한국전쟁』

멀리 미아리 방향에서 들리던 쿵쿵대는 포격 소리가 점점 커지자 창신동 사람들도 피난을 가야 한다고 술렁거리기 시작했다. 전쟁을 처음 겪는 사람들이다. 게다가 전쟁에 대한 제대로 된 정보를 알려줄 힘깨나 쓰는 고위직을 친척으로 두었을 리 없는 사람들이다. 어머니의 가족은 본능처럼 그저 대포 소리가 들리는 미아리와는 반대 방향으로 가야 한다고만 생각했다. 미아리와 반대 방향인 만리동에 친척이 살고 있었다. 급한 대로 짐을 꾸려 온 가족이 만리동으로 걸어가던 날, 어머니는 겨우 열다섯 살 먹은 작은 소녀에 불과했다. 현재의 낙산공원에서 만리동 고개까지는 약 6.5킬로미터, 걸어가도 채 반나절이 걸리지 않을 거리이다. 현재의 기준에서는 피난 같지도 않은 피난이지만, 당시의 서울 크기를 감안해야 한다. 흥인지문 밖 서울의 동쪽 끝에서 그 반대 방향인 숭례문 너머 만리동까지 이동했으니, 나름 서울 끝에서 또 다른 끝까지 이동한 셈이다. 처음 가는 피난치고는 나름대로 최선을 다해 최대한 멀리 도망쳤다고 해야 할 것이다.

처음 싸는 피난짐이라 뭘 챙겨야 할지에 대한 감각도 전혀 없었다. 그저 값나갈 듯한 물건들을 바리바리 싸서 길을 떠났다고 한다. 만리동 친척 집에 도착해 더 남쪽으로 내려갈 준비를 하던 차에 한강을 넘어갈 수 없다는 걸 소문으로 전해 들었다. 이미 이승만 대통령은 6월 27일 새벽 기차를 타고 남쪽으로 피신했고, 6월 28일 새벽 2시 30분에 한강 다리가 폭파되었다. 나라의 아버지, 즉 국부라 자칭했던 이승만은 국민에게 알리지도 않은 채 슬쩍 한강을 건넜고, 곧이어 서울에서 남쪽으로 피난갈 수 있는 유일한 통로인 한강 다리를 끊어버렸다. 국가는 국민을 버렸다. '그저 그런' 사람들은 국가의 보호가 무

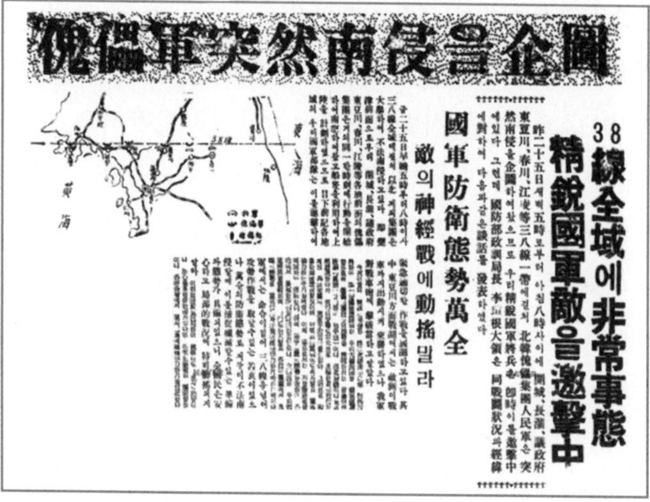

傀儡軍突然南侵을企圖

38線全域에非常事態
精銳國軍敵을邀擊中

昨二十五日새벽五時로부터 아침八時사이에 開城, 長湍, 議政府 東豆川, 春川, 江陵等三八線一帶에걸쳐 北韓傀儡集團人民軍은 突然南侵을企圖하여왔으므로 우리精銳國軍將兵은 卽時이를邀擊中에있다 그런데 國防部政訓局長 李瑄根大領은 同戰鬪狀況과經緯에對하여 다음과같은談話를 發表하였다

國軍防衛態勢萬全
敵의神經戰에動搖말라

"괴뢰군 돌연 남침을 기도". 전쟁이 일어났음을 알리는 1950년 6월 26일자 『동아일보』 기사.

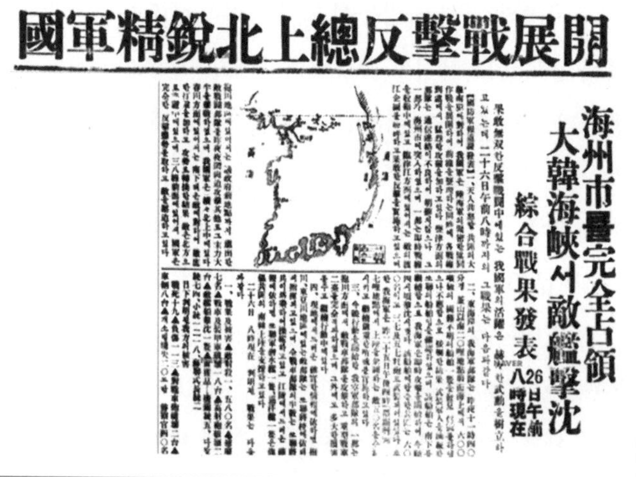

國軍精銳北上總反擊戰展開

海州市를完全占領
大韓海峽서敵艦擊沈

綜合戰果發表 26日午前八時現在

果敢無双한反擊戰開中에있는 我國軍의活躍은 赫赫한武勳을樹立하고있는데 二十六日午前八時까지의 그戰果는 다음과같다

"국군 정예 북상 총반격전 전개-해주시를 완전 점령". 1950년 6월 27일자 『동아일보』 기사. 이 오보가 나오던 날 새벽 이승만은 기차를 타고 피난을 떠났고, 다음 날 한강 다리를 폭파시켰다.

엇인지 알지 못한다. 식민지 시대부터 국가는 동원 명령을 내리는 주체였지 보호의 주체가 아니었다. 국가에게 자신을 보호하라고 요구할 권리가 있다는 걸 알지 못하는 사람들은 국가가 국민을 버린 행위를 그저 전쟁의 비극이라고 받아들였다. 그리고 별다른 불평 없이 순응했다. 피난 갈 수 없는 사람들, 국가가 보호하지 않는 사람들은 결국 다시 각자 살던 집으로 되돌아갔다. 어머니의 가족들 역시 창신동으로 돌아갔다.

전투에 참가했던 군인의 입장에서 재현하는 전쟁과 후방에 남아 하루하루 가슴 졸이며 살았던 여성들이 느낀 전쟁은 판이하다. 전쟁 영화는 전투에 참가한 남성들의 시선을 충실히 반영해 '어떻게 승리했는가'를 설명한다. 승리한 사람의 시선으로 재현되는 전쟁에서는 용감한 병사만이 보일 뿐 고통받는 사람은 보이지 않는다. 하지만 나라를 지켜야 하는 사람들, 국민을 보호해야 할 사람들이 모두 남쪽으로 도망가버린 도시에서 맨몸으로 전쟁과 맞부딪쳐야 했던 여성들은 전쟁이 영웅이나 승리 같은 단어와는 어울리지 않는다는 것을 본능적으로 안다.

피난 가지 않은 사람들, 이른바 '잔류파'가 서울에서 맞이한 1950년의 굶주린 가을과 겨울을 어머니 역시 겪어야 했다. 먹을 게 없었다. 농산물 자급자족 능력이 없는 도시가 전쟁의 한복판으로 휩쓸려 들어갔으니 먹을 것이 있을 턱이 없었다. 굶주린 사람들이 먹을 것을 찾아 온 도시를 헤매고 다녔다. 먹을 것이 있는 곳이라면 사람들은 체면불구하고 죽기 살기로 달려들었다. 그 시절 진짜 전쟁은 먹을 것을 둘러싸고 벌어졌다. 굶주림이라는 적과 싸우는 전쟁이었다. 당시 스무 살이었던 소설가 박완서는 이 도시 내 게릴라전을 다음과 같이 기억했다.

당시 우리가 살던 돈암동 일대는 그만그만한 한옥이 밀집한 조용한 주택가여서 전쟁 중에도 큰 피해를 입지 않고 고스란히 남아 있었다. 그러나 사람이 살지 않는 빈 동네에서 홀로 산다는 것도 못할 노릇이었다. …… 우리 식구 중의 유일한 노동력이었던 나는 생계를 위해 온종일 헤매었지만 대책은 서지 않았다. 가장 확실한 방법은 빈집에 남아 있는 식량을 터는 일이었는데, 1·4 후퇴 후 한바탕의 노략질을 거친 후라 그것조차 쉬운 일은 아니었다. 나는 들쥐처럼 황량한 서울 바닥을 헤매고 또 헤맸다. 밤에 집으로 찾아들 때면 깜깜한 어둠 속에 등대처럼 불을 밝히고 있는 내 집 창이 반갑지가 않고 싫었다. 내 식구들의 모진 목숨이 오늘도 죽지 않고 살아 있다는 게 싫었고, 등불 밑에 괴어 있는 눅눅한 육친의 절망이 싫었다. 그때 우리 식구는 전쟁 중에 외아들을 잃고 반쯤 얼이 빠져 허깨비같이 된 어머니와 연년생의 어린 조카와 청상과부 올케, 나까지 다섯 식구였다. 두 살 세 살의 조카들은 아귀처럼 먹여도 먹여도 보챘고, 어머니와 올케는 그 어린 것들을 굶겨 죽이면 어쩌나 하는 본능적인 공포감조차 마비된 숨 쉬는 목석이었다.

• 박완서, 『나는 왜 작은 일에만 분개하는가』

박완서의 돈암동이나 어머니의 창신동이나 다를 바가 없었다. 금방 끝날 것 같았던 전쟁이 길어지면서 겨울이 다가오고 있었다. 떠날 사람들은 다 떠나고, 떠나지 못한 사람들만 남은 서울에서 식량을 구하기는 쉽지 않았다. 어디엔가 먹을 것이 있다는 소문이 돌면 사람들은 파리 떼처럼 모였다. 체면

1·2
전쟁은 소녀의 삶에 그 무엇보다 강렬한 기억을 남겼다.
전쟁으로 파괴된 1950년 9월 서울의 거리.
ⓒm20wc51(플리커)

3
1951년 6월 9일 M-26 탱크 앞에서 남동생을 업고 있는 피난민 소녀.

4
한국전쟁 당시 피난을 가는 일가족의 모습.
ⓒm20wc51(플리커)

5
피난민을 태운 기차(1950년).
ⓒm20wc51(플리커)

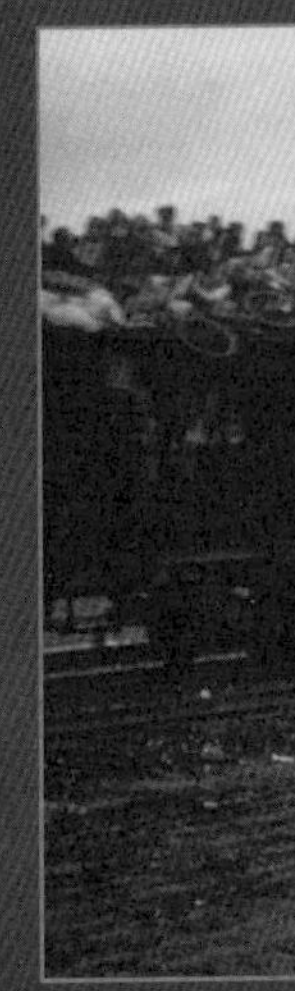

이고 인륜이고 다 내팽개친 채 먹을 것을 조금이라도 더 확보하겠다고 악다구니를 쓰는 일이 아무렇지 않게 벌어졌다. 전선에서 벌어진 일은 승리한다면 폼 나게 영웅담으로 포장되지만, 먹을 것을 둘러싼 후방의 전쟁은 설사 전방보다 더 치열했다 해도 영웅담으로 포장하기에는 부끄러운 노릇이었다.

창신동 어딘가의 창고에 배급용 쌀이 있다는 소문이 돌자, 이를 들은 사람들이 들쥐처럼 창고로 모여들었다. 실제로 그곳에는 쌀이 있었다. 쌀이 눈앞에 보이자 사람들은 거의 실성할 지경이 되어 퍼 담기 시작했다. 창고털이가 시작된 것이다. 본능에 가까운 악다구니 속에 인품이나 양보, 체면 따위가 들어설 여지는 전혀 없었다. 어머니도 외할머니와 함께 쌀을 둘러싼 이 도시 게릴라전에 휘말려들었다. 창고 주변에선 말 그대로 제로섬 게임이 벌어졌다. 쌀을 노리는 사람의 숫자가 줄어들수록 자신에게 돌아오는 쌀이 많아진다는 걸 본능적으로 알아챈 사람들은 서로에게 폭력을 휘둘렀고, 그 와중에 외할머니는 가해자가 누구인지도 모르는 채 머리에 상처를 입었다. 어머니는 피를 흘리던 외할머니의 모습을 분명하게 기억했다. 피가 쏟아지는 머리를 임시방편으로 구한 태극기로 감싼 채 집으로 돌아왔지만, 외할머니는 결국 며칠을 버티지 못하고 돌아가셨다. 전쟁 중이니 당연히 격식을 갖춘 장례식은 생략한 채 열다섯 살 어머니는 부모를 모두 여읜 고아가 되고 말았다.

신세를 한탄할 틈도, 고아가 된 절망감에 빠질 시간도 허락하지 않은 채 전쟁은 계속되었다. 인천에 미군이 상륙하면서

1950년 9월 29일 서울이 수복되고, 유엔군이 북진하면서 서울은 잠시 안정권에 접어드는가 싶었지만, 중공군이 전쟁에 개입하면서 상황이 달라졌다. 1951년 전세가 바뀌었다. 압록강까지 올라갔던 유엔군이 중공군에 밀려 남하할 때 원자탄이 떨어진다는 소문이 돌았다. 미군은 1951년 1월 4일 흥남부두에서 부산 영도다리까지 배를 동원한 대대적인 철수 작전을 펼쳤다. 그런 분위기는 서울로도 이어졌다.

이제 1950년과 같은 피난 흉내가 아니라 진짜 피난을 가야 하는 순간이 다가왔다. 1950년 6월의 1차 피난이 정치적, 계급적 성격을 띠었다면, 1951년 1월의 2차 피난은 생존을 위한 것이었다. 정치적으로 무채색이었던 어머니의 가족은 1차 피난은 굳이 할 필요가 없었으나 폭격으로부터의 탈출이었던 2차 피난은 피할 수 없는 선택이었다. '구루마'를 구해 실을 수 있는 물건은 모두 싣고 피난길에 올랐다. '아마추어'들이 싼 짐이라 허술하기 짝이 없었다. 남자들은 전쟁에 징발되어 다 사라졌고, 여자들과 아이들이 꾸린 피난짐 '구루마'는 반나절도 못 가서 망가졌다. 나눠서 이고 지고 가는 수밖에 없었다. 해가 바뀌면서 열여섯이 된 어머니는 머리에는 짐을 이고, 양손으로는 조카들의 손을 잡아야 했다. 그렇게 경기도 광주의 친척집을 향해 남으로 남으로 내려갔으나, 광주에 도착했을 때는 이미 중공군이 피난민보다 먼저 그곳에 와 있었다.

피난민들은 중공군과 국방군, 유엔군이 뒤섞인 곳에 내던져졌다. 게다가 어머니는 육욕에 눈이 먼 군인들의 희생자가 되기 쉬운 열여섯 살 처녀였다. 어머니는 겁탈을 일삼는 군인

1
영화 〈돌아오지 않는 해병〉(이만희 감독, 1963) 중에서 인천상륙작전 장면. 남성의 시선으로 재현되는 전쟁은 승리의 과정을 충실히 설명한다.
ⓒ원승숙

2
영화 〈이 생명 다하도록〉(신상옥 감독, 1960)에서 주인공 혜경이 전쟁에 나갔다가 하반신 불구가 되어 돌아온 남편과 아이를 태운 피난짐 '구루마'를 끌고 가는 장면.
영상 29

들을 피해 밤마다 안방 장롱과 벽 사이의 작은 공간에 숨어 있어야 했다. 아이 엄마든 노인이든 가리지 않고 육욕의 대상으로 삼던 군인들이 사방에 널려 있었다. 젊은 여성들에게는 자기가 있는 곳이 바로 전쟁터였다. 1934년생 이경분 씨도 당시 여성들이 처했던 전쟁의 위험을 이렇게 구술했다.

> 그때 내가 인제 열아홉 살이 된 기야. 그러니까는 인제 아직 인민군들도 다 안 나갔지. 거기도 군인들 있고 이러니까는, 처녀들을 그냥 놨둘 수가 있어야지. 인민군도 있고, 군인들도 있고, …… 인제 그 당시에 인제 처녀들이, 우리가 열아홉 살이었거든. 그러니까 우리 처녀들 열, 동네에 한 여덟 명인가, 요래 있었는데 밤에는 흑인들이 또 와서 찝쩍거리지 또 군인들도 그러지. …… 그랬는데, 그러니까 처녀들이 다 스무 살, 열아홉 뭐 열여덟, 스물하나, 요런 처녀들 우리 친구가 고렇게 있었는데 인제, 그 군인들, 막 흑인들, 미군들, 한국 군인들, 저녁에는 빨갱이들. 막 이러니까는 처녀들 다치믄은 시집 못 보낼까 봐서 그냥 막. 이 다리 아픈 사람도 주고, 이 사람도 주고 막 병신, 아픈 사람도 주고. 그냥 또 누가 동네 사람, 또 이래 알 만한 사람 있으만, 주고 주고 막. 그래가지고 결혼을 그렇게 했어.
>
> • 한국구술사학회, 『구술사로 읽는 한국전쟁』

당시 피난을 가 있던 가족 중에서 막내인 어머니와 바로 위의 언니는 미혼이었다. 어머니는 후방에서 자기 몸을 지키기 위한 전쟁 아닌 전쟁을 치러야 했다. 장롱과 벽 사이의 작은 공간은 어머니만의 벙커였다. 상상해본다. 당시 겨우 열여섯 살이었던 어머니를. 인민군과 유엔군, 국방군, 중공군이 각자의 언어를 사용하며 뒤엉켜 오가는 상황이다. 열여섯 살 소녀에게 밖은 언제든 강간을 당할 수 있는 위험한 공간이다. 요강에 대소변을 해결하며 숨어 있어야 했다. 장롱 너머로 친척이 넘겨주는 주먹밥을 받아 먹으며 감옥의 독방보다 더 작은 그곳에서 소녀 혼자 버텨야 했다. 가만가만한 성격이면서도 작은 체구에 누구도 흉내 낼 수 없는 대범함을 품고 있던 어머니였다. 어머니의 대범함은 전쟁이 소녀에게 남긴 또 다른 흔적이 아닐까. 전쟁을 겪는 동안 국가가 돌보지 않은 소녀는 살아남기 위해 일찍 철이 들 수밖에 없었다.

1951년 7월 유엔군과 북한 사이의 휴전 협정이 시작되면서 어머니의 가족은 다시 서울로 돌아왔다. 돌아오는 길은 광주로 피난 가던 길 이상으로 위험했다. 노숙이라도 하게 되면 노인들이 큰 원을 그려 잠자리를 마련하고 그 원의 가운데에 젊은 여자들을 재웠다. 후방에 그어진 여성들만의 전선이었다.

곳곳에 도사리고 있는 위험을 피해 서울 부근까지 왔으나 한강을 건너기 위해서는 '도강증'*이라는 신분증이 필요했다. 마침 어머니의 언니 중 한 명이 당시 헌병이었던 사람과 약혼한 사이였던 덕분에 어머니의 가족은 '도강증'을 손에 쥐었고, 폭파되어 임시 부교가 놓인 광나루 다리(현 광진교)를 건너 창신동으로 돌아왔다. 전쟁이 시작되었을 때 열다섯이었던 소녀는 휴전 협정이 맺어지고 전쟁이 끝날 무렵엔 열여덟 살이 되었다. 가장 예민한 시기인 사춘기를 전쟁과 함께 보낸 사람의 심정은 어떤 것일까? 전쟁이 시작되기 전의 소녀와 끝난 후의 소녀는 분명 다른 사람일 것이다. 또 전쟁을 겪은 스무 살은 학교만 다니다가 고등학교를 졸업하면서 맞는 스무 살과는 도저히 같을 수 없을 것이다. 소녀는 너무나 일찍 인생의 버거움을 배웠다. 전쟁은 소녀에게 사춘기를 허락하지 않았다. 사춘기를 생략한 채 어머니는 어느새 어른이 되었다. 교육받은 신여성도, 직업을 가진 모던걸도 아니었기에 너무도 당연하게 어머니가 되어야 하는, 그 당시 '여자의 일생'에 한 걸음 더 다가선 셈이다.

* 서울시민을 버리고 피난까지 가로막은 이승만 정권과 도강파는 서울 수복 이후 적반하장으로 나왔다. 잔류파는 부역자 혹은 기회주의자로 낙인찍혔다. 김일성 정권의 점령 아래에서 그들은 반동분자 심판과 전시 동원의 고초를 겪으며 방관과 중도가 불가능하다는 것을 뼈저리게 체험했다.…… 잔류가 반역이었다면 피난한 사람들은 국민의 자격을 인정받을 수 있었을까? 그렇지도 않았다. 정부는 자국 피난민을 보호 대상이 아닌 잠재적인 적으로 간주했다. …… 정부의 첫 피난민 조치였던 피난민 분산에 관한 통첩이 그러했다. 피난민 구호 대책이 아니라 피난민 내 사상 불온자의 잠입을 방지하기 위한 조치였다. 이를 위해 사회부가 국방부와 내무부의 협조를 얻어 피난민의 신분을 조사하고 사상 온건 여부 심사를 통해 피난민 증명서를 교부했다. 이 증명서는 군경이 통제하는 공간에서 절대적인 가치를 지녔다. 증명서가 없으면 이동이 제한되는 것은 물론 심지어 죽는 경우도 있었다.

• 김학재 외, 2016,『한국현대생활문화사-1950년대』, 창비, 90~91쪽.

3장 전쟁이 만들어낸 기적들

전쟁은 세상의 모든 가치 기준을 뒤흔든다. 전쟁 이전에는 상상도 못 했던 일이 전쟁을 통과한 뒤에는 아무렇지 않게 일어난다. 삶은 쉽게 뒤집히고, 각자의 인생 궤도가 예상치 못했던 방향으로 변경된다. 영문과를 나온 엘리트 여성이 '전쟁 과부'가 되어 먹고살기 위해 다방 마담이 되었고, 부모의 사랑을 받으며 자라던 아이는 '전쟁고아'가 되었다. 또 어떤 이는 가족을 북한에 두고 홀로 남하한 '삼팔따라지'가 되었다. 누구는 전쟁 기간에 전 재산을 잃었고, 그 와중에 누구는 은밀하게 한몫을 단단히 챙겼다.

전쟁은 거대한 상실이지만, 그 속에서도 사람들은 삶을 살아낸다. '삶을 산다'라는 표현 정도로는 부족하다. 전쟁은 사람들에게 '사는 삶'이 아니라 '살아내는 삶', 즉 악착같이 버텨야만 하는 삶이 무엇인지 가르쳐준다. 서울대학교에 입학하자마자 전쟁을 맞이했고, 피난살이를 하며 졸지에 가장으로 가족의 생계를 책임져야 했던 박완서는 어쩌다 보니 미군 PX의 점원이 되었다. 서울대학교에서 명예박사 학위를 받는 자리에서 박완서가 털어놓은 회고에 따르면, "혹시나 하고 일자리를 찾아 그래도 사람이 웅성대고, 시장이 형성된 도심의 남대문시장 근처를 배회"하던 중 "난데없이 행운"으로 미8군 PX에 취직했다고 한다.

식민지 시대 '혼부라'의 명소이자 시인 이상이 옥상정원에서 "날자 날자 한 번만 더 날자꾸나"라고 외쳤던, 모던걸과 모던보이의 선망의 대상이었던 미쓰코시백화점은 전쟁 이후 미군 PX로 옷을 바꿔 입었다. 불과 몇 년 전 조선 여자가 일본 여자와 나란히 일본어로 대화하며 쇼핑하던 그곳이다. 어느 날 갑자기 미군 PX로 변한 그곳에선 일본어가 통하지 않았다. 식민지에서 먹고살기 위해 일본어를 배웠던 사람들이 이제는 영어를 배워야 했다. 식민지 시절 호안덴에 최경례를 하던 박완서의 입에서도 짧은 영어가 튀어나왔다. 일본이라는 제국의 질서가 파괴된 이후, 사람들의 삶에는 미국에 의한 새로운 질서가 슬며시, 하지만 점점 강력한 힘으로 밀고 들어왔다. 서울대학교 국문과 새내기 박완서가 미군 PX에서 일하게 될 거라고 누가 상상이나 했겠는가. 전쟁이 없었다면, 그래서 박완서가 평범한 대학 생활을 했다면 전쟁 직후 미군 PX에서 한창 감수성이 예민할 나이에 상흔을 얻는 일은 없었을 것이다. 이 상흔이 없었다면 박완서는 『나목』을 쓰지 못했을 것이고, 『나목』을 쓰지 못했다면 우리가 아는 소설가 박완서도 없었을지 모른다.

'만약에 이랬더라면'과 같은 가정假定을 역사 앞에 허투루 들이댈 수는 없겠지만, 전쟁이 사람들의 삶을 롤러코스터 타듯 뒤흔들어놓은 것은 분명하다. 만주국 군인이었다가 기적

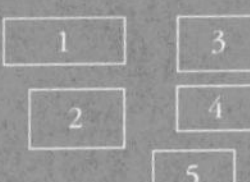

1
전쟁이 끝난 후 파괴된 명동성당의 모습.
수원화성박물관 소장

2
전쟁으로 파괴된 서울 거리는 조금씩 복구의 노력을 시작했다(1953년 5월 19일 촬영).
수원화성박물관 소장

3·4
전쟁은 부모의 사랑을 받으며 자라던 아이를 전쟁고아로 만들었다.
©m20wc51

5
영화 〈표류도〉(권영순 감독, 1960)의 주인공 현희는 대학에서 영문학을 전공한 인텔리이지만 전쟁으로 남편을 잃은 뒤 혼자 다방을 운영하며 가족을 부양한다.
영상 30

적으로 남한의 군인이 된 박정희는 좌익 연루 혐의로 강제 예편되었지만, 전쟁을 통해 다시 기적처럼 군인으로 복귀했다. 전쟁은 박정희도 살려낸 것이다.

어머니는 박완서와는 달랐다. 박완서도 인정하듯 서울대학교에 입학한 '여자'라는 배경이 없었다면 미군 PX에 기적처럼 취직하는 일은 불가능했을 것이다. 박완서와 나의 어머니 사이에는 뛰어넘을 수 없는 커다란 차이가 있다. 국민학교도 마치지 못한 어머니에게서 박완서한테 일어났던 기적을 기대할 수는 없다. 어머니와 박완서는 동시대인이지만, 그들이 전쟁 이후의 삶을 살아내는 방식은 '어떤' 여자인가에 따라 달라질 수밖에 없었다. '배운' 여자 박완서에게 일어난 기적을 바랄 수 없는 '배우지 못한' 여자 나의 어머니는 창신동으로 돌아와 오빠 일이나 거들며 찬밥 신세를 벗어나지 못했다. 외할머니가 살아 계셨을 때도 시어머니를 밀치고 때리던 거친 올케였다. 전쟁 기간 동안 시어머니도 세상을 떠났겠다, 올케의 눈에 어머니는 눈엣가시일 뿐이었다. 창신동을 탈출하고 싶은 마음이야 굴뚝같았지만, 어머니 혼자 힘으로 그곳을 벗어날 수 있는 방법은 없었다. 창신동에는 '영준이 엄마'가 살고 있었다. 그 무렵 '영준이 엄마'는 어머니에게 한 남자를 소개했다.

아버지는 만주에서 익힌 사진 기술로 송곡리에서 가까운 조치원에 사진관을 차렸으나, 전쟁이 끝날 무렵에는 타고난 방랑 기질을 어쩌지 못해 서울에 홀로 올라와 있었다. '영준이 엄마'는 어머니에게 인물이 훤하고 돈도 꽤 잘 버는 총각이 있

전후 미군PX가 된 미쓰코시백화점과 PX에서 나와 길을 건너가는 미군들.
수원화성박물관 소장

으니 만나보라 했다. 그렇게 어머니 앞에 나타난 그 남자는 말 그대로 인물이 빠지지 않았다. 비록 송곡리 농사꾼의 아들로 태어났지만, 농촌의 질서와 일찍부터 거리를 두고 살아온 탓에 그 남자에게는 농사꾼의 흔적이 전혀 남아 있지 않았다. 충청도 억양을 거의 알아챌 수 없을 만큼 능숙한 서울말을 사용했고, 옷차림에서는 모던보이의 느낌도 났다.

두 가지 생명선 - 아버지와 유엔군

어머니는 아버지의 첫인상이 그리 나쁘지 않았다고 했다. 많은 세월이 흘렀다고는 해도 처녀 시절의 심정을 아들에게 털어놓기는 쑥스러웠을 터이니, 나쁘지 않았다는 이 덤덤한 진술을 그대로 믿어서는 안 된다. 아버지의 키가 175센티미터였으니 150센티미터가 채 안 되는 어머니에게는 분명 훤칠하다는 느낌을 주었을 것이다. 살짝 설레기도 했을 것이다. 전쟁 동안 여러 차례 생사의 고비를 넘겼지만, 어머니는 누군가에게 연모의 감정을 품기에 딱 좋은 열여덟의 나이였지 않은가. 아버지 역시 '왕눈이'라는 별명을 가지고 있던 어머니에게 호감을 느꼈을 것이다. 당시 아버지는 어머니에게 꽃다발을 가져다줄 정도로 로맨틱했다. 집안에서 구박덩어리 처지였던 어머니에게 그 꽃다발은 자존감을 회복할 수 있는 수단이자, 올케의 그늘 밖으로 안내하는 생명선이기도 했을 것이다.

아버지에게는 만주와 나고야, 그리고 전쟁 이후 캐나다 부대에서 익힌 '모던'의 분위기가 스며들어 있었다. 올케의 작은 제국에서 벗어나고 싶었던 어머니는 이 남자를 마다할 이유가 없었다. 애가 딸린 재취 자리라도 올케의 그늘 밖으로 탈출할 수만 있다면 선뜻 받아들였을 어머니의 처지에서 인물이 훤한 도시 남자의 출현은 기적이나 마찬가지였을 것이다.

1960년대
카메라를 든 아버지.

어머니 앞에 돌연 구원자처럼 등장한 아버지는 나고야에서 돌아온 후 어디에 있었을까? 전쟁이 끝난 뒤 이 땅에는 유엔군이 남았다. 그들을 통해 사람들은 이전까지 한 번도 상상하지 못했던 새로운 가능성의 세계를 맞이했다. 온갖 종류의 사람들이 저마다 사연을 품은 채 서울로 올라왔다. 아버지 역시 서울에 올라와 정착한 사람 중 하나였다. 전쟁이 아니었다면 아버지는 젊은 날의 방황을 청산하고, 결국 할아버지의 세계인 송곡리에서 농사꾼이 되었을지도 모른다. 그러나 전쟁은 아버지에게 자신의 방랑벽을 최대치까지 끌어올릴 수 있는 환경을 제공해주었다. 송곡리에서 만주로, 만주에서 나고야로, 나고야에서 송곡리로, 다시 송곡리에서 유성과 조치원으로 떠돌던 나의 아버지는 30대가 시작될 무렵, 주한 캐나다 부대 앞의 사진사로 변신해 있었다.

농민의 절반 정도가 하루 세끼 밥 먹는 게 어려울 정도로 절대 빈곤에 시달렸던 1950년대의 한국 농촌은 엄청난 인구를 도시로 내몰았다. 절대 가난을 피해 서울로 올라왔어도 할 수 있는 일이라고는 어린아이라면 신문팔이나 구두닦이, 좀 장성했다면 날품팔이 지게꾼, 여자라면 행상을 하거나 좀 사는 집의 찬모가 되거나 매춘을 하는 길밖에 없었다.* 그런 시절에 캐나다 부대 앞의 사진사는 나름대로 돈을 만질 수 있는 직업이었다. 당시는 돈이 벌리는 일이라면 대개 달러나 미군, 유엔군과 관련 있는 달러 원조경제의 시대였다. '영준이 엄마'가 아버지를 소개할 때 아버지가 달러 소유자라는 점을 무엇보다 강조했던 것은 너무나 당연한 일이었다.

1866년 조선에 통상을 요구하다가 대동강에서 불에 타 침몰한 제너럴셔먼호와 이 사건을 빌미로 1871년 강화도를 침략한 미 함대로 인해 조선인들은 미국에 대해 '침략자'라는 첫인상을 갖게 되었다. 하지만 한국전쟁 이후 미국은 침략자가 아니라 구세주가 되었고, 모든 것이 미국의 영향하에서 움직이기 시작했다. 폭파되었던 한강 인도교가 미8군의 원조로 임시 복구되었다. 한강을 건너기 위해서는 미군 헌병이 지키고 있는 체크 포인트를 지나야만 했다. 미국은 차츰차츰 일본

* 1957년 서울 거주자 조사에 따르면 남편이 있는 가정부인 중 경제 활동자는 9.6퍼센트였는데, 미망인 중 경제 활동자는 88.8퍼센트나 되었다. …… 여성들이 몇 푼이라도 벌 수 있는 가장 손쉬운 방법은 행상이었다. 상설 시장에도 여성 상인들이 아주 많았다. 동대문시장 등 서울의 주요 시장에서는 콩나물이나 미역 장사에서부터 양담배, 양과자, 달러, 양말, 양단 장사에 이르기까지 대부분의 장사는 묘령의 여성이나 허우대 좋은 중년 부인이 차지했다.

• 서중석, 2013, 『사진과 그림으로 보는 한국 현대사』, 웅진지식하우스, 198~199쪽.

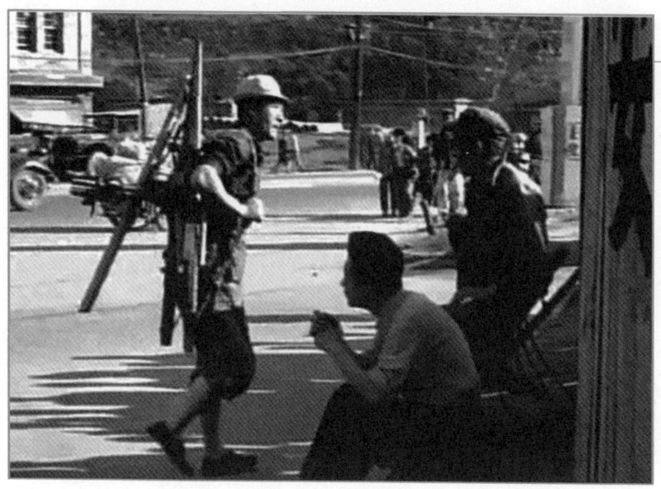

영상 31

영화〈지옥화〉(신상옥 감독, 1958)에서 주인공 동식이 서울역 앞 지게꾼들과 대화를 나누는 장면. 트럭과 지게꾼이 공존하는 1950년대 서울의 거리 풍경을 볼 수 있다.

의 적국에서 우방의 이미지를 획득하기 시작했고, 미국 달러의 위력은 삶 속으로 파고들었다.

박완서는 미군 PX로 변신한 미쓰코시백화점에서 일했고, 미쓰코시백화점 근처의 남대문시장에는 구호물자 도떼기시장이 들어섰다. 지방 상인들은 이 도떼기시장에서 물건을 떼어다가 구제품 장사를 했다. 서울역 옆 염천교에는 미군 부대에서 방출된 군화를 뜯어 민간인 구두로 고쳐 파는 구둣방들이 들어섰다. 슈샤인 보이가 넘쳐났고, 곳곳에 거지들이 돌아다녔다. 심지어 담배꽁초를 주워 필터를 재생하는 행상*까지

* 사제연초를 만들어 남대문시장에 파는 것은 서울 해방촌 피난민들에게 특화된 생계수단이었다. 해방촌 피난민 대부분이 사제연초를 만들어 팔았는데, 이 때문에 해방촌이 제2전매청이라고 일컬어질 정도였다고 한다.

• 김학재 외, 앞의 책, 103~104쪽.

등장했다. 먹을 것이 없다고 딸에게 민요를 가르쳐 술집 작부로 만들려던 시대가 1950년대였다. 미군이 있는 곳에 달러가 있었고, 달러가 있어야 가난에서 벗어날 수 있었다. 미제 물건, 즉 양품洋品은 전후의 가난에서 벗어날 수 있는 구원의 동아줄이나 마찬가지였다. 누구나 이 동아줄을 손에 넣기 위해 혈안이 되었다.

"사실 내 친구가 좋은 루트를 하나 잡아놨는데."
"물건은 뭔데요?"
"양품이죠. 곱쟁이는 내다볼 수 있을 겁니다."

• 영화 <자유부인>(한형모 감독, 1956)

달러 있는 곳에 먹을 것이 있고, 일자리가 있던 시대에 아버지는 운 좋게도 바로 그 달러가 있는 곳에 자리를 잡았다. 경기도 양주군 갓바위 신산리에 주둔하던 캐나다 부대에서 군무원, 즉 KSC(Korean Service Corps)로 일하던 한국인들의 영내 출입증 증명사진을 찍어주는 사진사가 된 것이다. 만주에서 익힌 사진 기술이 이렇게 쓰일 줄은 아버지도 예상치 못했을 것이다. 어느 누가 한 치 앞을 내다볼 수 있었겠는가. 전쟁이라는 어마어마한 사건이 벌어졌으니.

벌이는 적지 않았으나 서른이 다 되도록 가정을 꾸리지 못하고 객지 생활을 하던 아버지는 안정감이 필요했을 것이고, 어머니는 올케의 그늘에서 벗어날 방법을 찾고 있었을 것이다. 송곡리와 사실상 인연이 끊긴 아버지는 할아버지의 승낙

이 필요 없었고, 어머니는 결혼을 허락할 아버지, 어머니가 이미 돌아가신 후였다. 올케의 입장에서도 어머니의 결혼을 반대할 이유가 없었다. 군식구가 하나 줄어든다고 생각했을 것이다. 결혼을 서둘러야 할 이유는 많았지만 신중해야 할 이유는 전혀 없었던 아버지와 어머니는 연애 같지 않은 짧은 연애를 마치고 변변찮은 결혼식도 올리지 못한 채 부부가 되었다. 결혼식도, 결혼사진도 없이 시작한 결혼 생활. 전쟁통에 사춘기도 생략했는데, 그깟 결혼식이 대수였을까. 그깟 결혼식 따위 없어도 올케의 그늘에서 벗어날 수만 있다면 그걸로 충분했던 어머니였다.

박완서가 입학만 하고 제대로 다니지 못했던 서울대학교가 동숭동에 있던 시절, 아버지와 어머니는 그 동네에서 흔히 찾아볼 수 있던 일본 적산가옥에서 신혼살림을 시작했다. 신혼이긴 했지만, 아버지는 낭만적 구원자가 되기에는 딱 그 시대 수준만큼만 가정적이었고, 어머니 또한 그런 걸 요구할 만큼의 신여성은 아니었다. 전쟁 통에 과부가 된 여성을 사랑으로 감싸며 아내로 맞이하는 낭만적 구원자로서의 남성, 시대의 한계를 뛰어넘어 전쟁미망인과 결혼하는 영화 속 주인공은 1950년대의 현실에는 존재하지 않았다.

"저는 보잘것없는 전쟁미망인이에요. 세상 사람들은 저를 동정하는 척하면서 유별나게 저를 감시하고 손짓하고 비웃었어요. 지난 8년 동안 저는 남의 눈치만 보며 살아왔어요."

"이 여사 우리 결혼합시다. 하루를 살다 죽는 한이 있더라도 후

1

영화 〈돈〉(김소동 감독, 1958)에서 주인공 봉수는 노름으로 날린 돈을 만회하기 위해 남대문 도떼기시장에서 물건을 떼어다 파는 구제품 장사를 해보려 한다.

영상 32

2

영화 〈혈맥〉(김수용 감독, 1963)에서 어머니는 딸 복순에게 억지로 신고산타령을 가르쳐 기생을 만들려고 한다. ©한양학원

3

영화 〈동심초〉에서 전쟁미망인 이 여사는 출판사 전무 김상규와 사랑에 빠지지만, 사회적 편견을 넘어서지 못하고 이별을 택한다.

영상 33

회는 하지 않겠소."

• 영화 〈동심초〉(신상옥 감독, 1959)

어머니는 유능하면서도 따뜻하고 매너 있는, 영화 〈동심초〉의 김상규와 같은 남자를 아버지에게서 기대할 수 없었다. 누구에게도 '요구'라는 것을 해보지 못한 채 스무 살이 된 어머니에게는 여자로서 느끼는 사소한 불만은 사치일 뿐이었다.

캐나다 부대의 철수와 파주행

한국전쟁에 참전했던 캐나다 부대가 철수를 시작했다(주한 캐나다 부대는 1955년 9월 해군 철수를 시작으로 점진적 철수를 진행했다. 지상군은 1957년 6월 철수했다). 캐나다 부대의 철수는 아버지와 어머니를 또 다른 선택 상황으로 몰고 갔다. 송곡리와 일찌감치 인연을 끊은 아버지, 친정이라고 해봐야 사나운 올케가 버티고 있을 뿐인 어머니의 처지에서 누군가의 경제적 도움을 기대하는 건 언감생심이었다. 아버지와 어머니는 사실상 고아나 마찬가지였다. 조선이 식민지가 되면서 아버지와 어머니의 부모 세대가 자식 세대에게 미치는 영향력은 급속도로 약화되었다. 아버지, 어머니 또래의 사람들은 대개 사회경제적으로는 고아나 마찬가지였다.

어머니는 결혼을 통해 올케의 그늘에서 벗어났지만, 배우지 못한 여성이었기 때문에 '가정'이라는 울타리에서는 벗어나지 못했다. 세상 돌아가는 소식은 아버지를 통해서야 들을 수 있었다. 따라서 모든 판단은 전적으로 아버지의 몫이었다. 여기에는 아버지와 어머니의 적지 않은 나이 차이도 한 몫을 했다. 캐나다 부대의 철수라는 상황을 맞아, 아버지는 먹고사는 문제를 해결하기 위해 특단의 조치를 내려야 했다. 농업은 어떠한 경우에도 아버지의 선택이 될 수 없었다.

유엔 참전국들이 하나둘씩 철수를 시작했지만, 미군은 계속 주둔할 예정이었다. 아버지는 파주에 미군 부대가 들어선다는 정보를 캐나다 부대 주변에서 주워들었다. 곧바로 아버지는 아무런 연고도 없는 낯선 땅으로 이주하기로 결정했고, 어머니에게 통보했다. 부부 사이에 상의보다는 통보가 일반적이었던 시절이다. 남자가 내린 결정을 여자는 그저 따라야 한다고 믿었던 그때, 어머니는 아버지 혼자 내린 결정을 영문도 모른 채 따라야 했다.

아버지는 파주에 미리 다녀왔지만, 파주가 어떤 곳인지를 어머니에게 소상히 설명하지 않았다. 동대문 근처의 시외버스 터미널에서 탄 버스를 몇 번이나 갈아타고 파주로 향하는 길에서조차 자초지종을 말하지 않았다. 그래도 어머니는 크게 불안해하지 않았다. 아직 신혼이었으니까. 창신동 산동네로 돌아가는 길은 아니었으니까.

4장 레인보우 클럽의 세상물정

한 치 앞을 예측할 수 없는 게 인생이라 했던가. 창신동을 탈출하겠다는 꿈을 잠시도 포기한 적 없는 어머니였지만 파주는 상상도 못한 곳이었다. 이제 갓 스물의 새댁이었던 어머니는 그렇게 파주라는 낯선 땅에 발을 들여놓았다. 많은 사람들이 다닥다닥 붙어사는 산동네 풍경에 익숙한 어머니는 미군 부대를 제외하고는 논과 밭뿐인 시골 풍경이 낯설기만 했다.

행정구역상의 주소로 경기도 파주군 광탄면 신산2리에는 '양수원'이라는 자연 부락이 있었다. 서로 교차하는 제법 큰 개천을 끼고 있었기에 그런 명칭이 붙었을 것으로 추정된다. 양수원은 물이 풍부하여 논농사를 짓는 데 어려움은 없었지만, 산과 산 사이에 끼인 지형이라 대규모 농사는 불가능했다. 지리적 조건이 그렇다 보니 그곳은 전쟁 이전까지만 해도 농가 몇 채 되지 않는 아주 작은 농촌 부락에 불과했다.

전쟁과 함께 양수원은 급격한 변화를 겪었다. 양수원의 서북쪽 새술막(신산3리)에 캠프 스탠턴Camp Stanton(2사단 항공여단 예하. 기갑부대 8만 1283평)이라는 미군 부대가 들어섰다. 양수원의

1·2·3
1950년대 파주 용주골의 풍경.
©burnsfamily photographs(플리커)

남쪽에는 속칭 '세븐세븐 부대'라 불린 미군 제7보병 사단(현재 한국군 1사단 본부)이 자리 잡았다. 졸지에 양수원은 두 개의 미군 부대 사이에 놓인 처지가 되었다. 캠프 스탠턴과 세븐세븐 부대 사이에는 징검다리로 건널 수 있는 개천이 있었다. 미군들은 이 개천에 다리를 놓았고, 두 부대를 연결하는 신작로를 건설했다. 이 신작로가 양수원 동쪽의 동거리(신산1리)라는 자연부락으로 이어지는 도로와 교차하게 되면서 삼거리가 만들어졌다. 1957년 송병수가 발표한 단편소설 「쑈리 킴」에서 묘사한 기지촌* 풍경과 삼거리 풍경은 크게 다르지 않았을 것이다.

> 언덕 아래 넓은 골짝에 양키 부대 캠프들이 드문드문 늘어서 있다. 저 맞은편 한길 가에 외따로 있는 캠프는 엠피MP(미국 육군의 헌병)가 있는 곳이고, 그 옆으로 몇 있는 조그만 캠프는 중대장이나 루테나lieutenant(중위)랑 싸징sergeant(하사관)이랑 높은 사람들이 있는 곳이다. 캡틴 하우스보이인 딱부리 놈이 바로 게 있다. 이쪽 바로 언덕 아래에 여러 개 늘어선 캠프엔 맨 졸때기 양키들뿐이다. 쑈리가 늘 찾아가는 곳은 이 졸때기 양키들이 있는 곳이다. • 송병수, 「쑈리 킴」

* 1961년 경기도의 '유엔군 간이특수음식점 영업허가 사무취급 세부기준'에 따르면 파주군 내에만 8개의 기지촌이 있었다(임진면, 조리면, 광탄면, 주내면, 천현면, 파평면, 적성면). 광탄면은 그중 하나의 기지촌이었는데, 기록에 따르면 파주 기지촌으로 외출하는 미군이 하루 평균 1만 1500명에 달했다고 한다.
• 김정자, 2013, 『미군 위안부 기지촌의 숨겨진 진실』, 한울, 84쪽.

서울 동대문을 출발한 신혼부부 아버지와 어머니는 캠프 스탠턴과 세븐세븐 부대를 잇는 삼거리에 도착했다. 어수룩한 면이 많았지만, 아니 오히려 어수룩했기에 특별히 남들에게 원한을 사지 않았던 아버지, 별다른 설명도 없이 이주를 통보한 아버지를 무작정 따라야 했던 어머니. 두 분은 양수원 삼거리에 허름한 농가를 '연세'로 얻어 사진관을 열었다. 그리고 '등대'라는 간판을 달았다.

등대 사진관은 미군들로 문전성시를 이루었다. 고향으로 보내는 편지에 사진을 찍어 동봉하려는 이들이 많았는데, 삼거리에는 아버지의 사진관 단 하나뿐이었으니 아버지는 자연스레 수요를 독점하게 되었다. 독점만큼 돈을 쉽게 벌 수 있는 방법도 없다. 이역만리 한국에 파견된 미군들에게도 안녕하다는 소식을 전해야 할 고향이 있었을 테고, 그들은 글로 쓰인 편지만으로는 뭔가 부족하다고 느꼈을 것이다. '안녕'을 증명할 시각적 증거물을 제공해준 곳이 바로 등대 사진관이었다. 박완서가 『나목』에서 상세하게 묘사했듯이 미군의 초상화 그려주기는 돈이 되는 전후 사업이었다. 1953년에 발표된 손창섭의 「비 오는 날」에도 초상화 그려주기가 꽤 괜찮은 호구지책이었음을 보여주는 대목이 나온다.

> 그동안 무얼 하며 지냈느냐는 완구의 물음에 동욱은 끼고 온 보자기를 끄르고 스크랩북을 펴 보이는 것이었다. 몇 장 벌컥벌컥 뒤지는데 보니, 서양 여자랑 아이들의 초상화가 드문드문 붙어 있었다. 그 견본을 가지고 미군 부대를 찾아다니며, 초

상화의 주문을 맡는다는 것이었다. 대학에서 영문과를 전공한 것이 아주 헛일은 아니었다고 하며 동욱은 닝글닝글 웃었다.

• 손창섭, 「비 오는 날」

「비 오는 날」의 주인공과 달리 아버지는 미군 손님을 찾아 나설 필요가 없었다. 『나목』의 박완서처럼 미군과 가격 흥정을 할 이유도 없었다. 서울엔 미군도 많았고 미군을 상대로 하는 경쟁자도 그 이상으로 많았다. 반면에 삼거리 주변엔 신산리 원주민보다 열 곱쟁이는 되는 미군이 있었지만, 그들의 필요에 부응하는 서비스를 제공하는 이들은 턱없이 부족했다. 아버지는 달러를 '쓸어 담는다'는 표현이 적절할 정도로 많은 돈을 벌었다. 아무 연고도 없는 삼거리에 남의 집을 얻어 사진관을 연 지 불과 2년 만에 아버지와 어머니는 삼거리에서 가장 크고 화려한 이층 양옥 건물을 지었다. 그야말로 달러의 위력이 시각적으로 재현된 것이다.

삼거리의 이층 양옥 건물

1957년 미군의 외출, 외박이 허용되었다. 이는 삼거리의 성격을 크게 바꿔놓았다. 내가 아는 아버지는 그다지 이재에 밝은 분이 아니었는데, 신기하게도 당시 사진관 운영에 그치지 않고 거기서 벌어들인 달러를 재원으로 좀 더 큰 규모의 일을 벌였다. 바로 위스키 시음장이었다. 캠프 스탠턴 주변의 새술막에는 이미 '스토어'가 줄 지어 있었지만, 그것에 만족하지 못하는 미군들을 위한 여가 위락 공간이었다. '위스키'라는 낯선 술과 '미군'이라는 낯선 존재가 공존하는 공간인 위스키 시음장이 삼거리에 들어섰고, 아버지는 그곳에 '레인보우 클럽Rainbow Club'*이라는 간판을 달았다.

아버지가 남긴 낡은 앨범 속에는 레인보우 클럽을 찍은 두 장의 사진이 있다. 그중 하나는 서툰 솜씨를 숨길 수 없는 간판이 눈에 띈다. 심지어 이름을 Rainbow 'Clob'으로 잘못 적어놓았다. 아마도 주한 미군만 출입 가능하다는 내용이 쓰여 있었을 'Notice!'가 벽에 큼직하게 걸려 있다. 역설적이게도 이 표지판을 읽고 이해할 수 있는 사람들, 즉 미군은 클럽에 들어갈 수 있었고, 읽을 수 없는 한국 사람들은 안으로 들어갈 수 없었다.

간판의 상태나 외벽의 마감 등으로 미루어볼 때 실내 인테리어도 조잡했을 것이다. 하지만 시설의 조잡함은 문제가 되지 않았다. 저녁 5시만 넘으면 외출한 미군들로 문전성시를 이뤘다고 한다. 주문과 동시에 지불하는 시스템으로 운영되었기 때문에, 미군 한 명이 클럽 안으로 들어오면 곧바로 달러가 들어오는 셈이었다. 미군들은 마치 학교 끝나고 몰려나오는 학생들처럼 저녁마다 술과 음악이 있는 레인보우 클럽으로 모여들었다.

* 파주에는 1970년대 초까지 클럽이 40여 개소에 달할 정도였고, 특별한 산업이 없었던 파주군에서 클럽 종사자들과 이들로 인해 파생되는 간접적인 경제 활동 효과를 감안했을 때 파주군의 경제 활동에 꽤나 중추적인 역할을 수행했다.

• 파주군, 1995, 『파주군지 하 – 현대사회』, 파주군, 770쪽.

1
2

1
등대 사진관 자리에 신축한 첫 번째 레인보우 클럽.

2
달러의 위력을 보여주는 두 번째 레인보우 클럽.

그렇게 벌어들인 달러가 얼마나 많았던지 몇 해 지나지 않아 아버지는 레인보우 클럽을 신축했다. 신축 레인보우 클럽의 전면을 촬영한 두 번째 사진은 건물 준공을 기념해서 찍은 것으로 보인다. 마치 사람이 살지 않는 세트장의 가건물 같은, 기이한 느낌마저 주는 사진이다. 신축 레인보우 클럽은 아버지가 그 사이에 벌어들인 달러의 위력을 유감없이 보여준다.

서투르기 짝이 없던 첫 번째 간판과 달리, 신축 레인보우 클럽의 간판은 예술적 감수성마저 엿보인다. 제법 멋들어진 폰트 디자인의 알파벳으로 큼직하게 'Rainbow Club'이라고 쓰여 있다. 간판의 왼쪽에는 토끼가, 오른쪽에는 음표가 그려져 있다. 꽤나 함축적이다. 토끼를 바니 걸스Barney Girls를 염두에 두고 그렸다면, 아주 노골적이지 않으면서도 레인보우 클럽에서 벌어질 수 있는 일에 대한 미군의 상상력을 자극하기에 충분했을 것 같다. 오른쪽에 그려져 있는 음표는 아무리 상상력이 부족한 사람이라도 그곳에 들어가면 무엇이 있을지를 짐작하게 한다. 비틀즈의 여덟 번째 음반 〈Sgt. Pepper's Lonely Hearts Club Band〉는 1967년에 발매되었으니 레인보우 클럽이 지어진 1956년보다 훨씬 뒤이지만, 아마도 레인보우 클럽은 'lonely hearts'를 지닌 미군들로 가득 찼을 것이다. 신축 레인보우 클럽의 파사드(정면)는 아주 독특하다. 조개껍데기로 비정형의 무늬를 그려 한껏 멋을 낸 외벽의 이층 건물은 웅장한 분위기를 연출했다. 레인보우 클럽의 자랑은 최신 공법으로 마무리한 홀의 바닥이었다. 인조석을 물로 갈고 닦아 광택을 내는 이른바 '도기다시とぎだし'로 마감했는

데, 홀의 중앙부에는 멋진 별모양 무늬도 있었다. 게다가 레인보우 클럽은 시멘트로 마감한 옥상까지 갖춘 이층 양옥 건물이었으니 당연히 삼거리의 랜드마크였다.

체면이 필요 없는 생활력의 시대

아버지와 어머니가 그랬듯이 삼거리 사람들 중에 양수원 토박이는 없었다. 신산1리의 동거리와 신산3리의 화산이라는 자연 부락에는 농사를 짓는 토박이들이 주로 살았지만 신산2리의 양수원, 그중에서도 레인보우 클럽이 있는 삼거리는 온통 전쟁 이후 달러 냄새를 맡고 미군 부대 주변으로 모여든 외지 사람들뿐이었다.

해방 이후 전쟁을 거치면서 돈을 벌 수 있는 방법은 몇 가지로 좁혀졌다. 수완 좋고 힘 있는 이들은 적산, 즉 일본인이 남겨놓고 간 동산이나 부동산을 불하받았다. 그 정도 힘이 없는 사람들에게는 미군이 유일하게 돈을 벌 수 있는 원천이었다. 아주 작은 자연 부락에 불과했던 양수원에도 미군 부대가 주둔하면서 달러 냄새를 맡은 사람들이 몰려들었다. 그나마 밑천이 있어 미군을 상대로 직접 장사를 할 수 있는 사람들은 삼거리 주변에 터를 잡았고, 그조차도 없어 미군 부대에서 일용직 노동자로 일하는 사람들은 미군 부대가 있던 산기슭에 둥지를 틀었다.

양놈들은 낯설었다. 체취도 달랐고 피부색도 달랐다. 체구도 컸다. 생선 눈알처럼 눈 속의 구조가 훤히 들여다보이는 푸른 눈을 가진 양놈이 있는가 하면, 웃기라도 하면 유난히 하얀 치아가 돋보이는 양놈도 있었다. 낯설고 익숙하지 않았지만 기지촌 사람들에게 양놈은 언제 어떻게 될지 모를 한국 돈보다 훨씬 더 큰 위력을 발휘하는 '축장화폐蓄藏貨幣(시장에서 쓰이지 않고 획득한 사람의 수중에 머물러 있는 화폐로, 금이나 은처럼 소유한 것 그 자체가 실제적 가치를 지닌 화폐)' 달러와 같은 뜻이었다.

전쟁 이후 한국 영화에는 뉴스영화가 심심치 않게 등장한다. 극영화가 진행되는 도중에 불쑥 끼어든 뉴스영화 덕분에 기지촌의 분위기를 엿볼 수 있는 걸 다행이라고 해야 할까. 휴전 협정이 체결된 지 1년 후에 제작된 영화 〈운명의 손〉(한형모 감독, 1954)의 여자 주인공은 간첩이다. 카바레 마담 정애는 간첩일 때는 '마가렛'이라는 이름을 쓴다. '마가렛'은 고학생으로 위장한 방첩장교 영철과 사랑에 빠지면서 간첩이 되기 이전의 여자 '정애'로 돌아가고 싶어 한다. 여자 '정애'와 간첩 '마가렛' 사이의 돌이킬 수 없는 변화가 일상적으로 일어나는 곳이 삼거리였다.

〈운명의 손〉에서 '마가렛'이 부두 노동자로 일하고 있는 영철을 찾아가는 장면에 미군의 입항 장면이 불쑥 끼어든다. 군용 샌드백을 어깨에 메고 한국에 상륙하는 미군의 행렬. 그 샌드백에 묻어 들어온 변화의 바람은 여자 '정애'를 간첩 '마가렛'으로 만들기도 하고, 농촌의 자연 부락을 기지촌 삼거리로 바꾸기도 하는 마법의 상자였다.

달러 냄새를 풍기는 미군의 샌드백이 열리면 그 속에선 새로운 언어가 튀어 나왔다. '고쿠고'를 대신한 새로운 언어 '잉

영상 34

영화 〈운명의 손〉에서 미군이 입항하는 장면. 부두로 미군의 세계가 밀려온다.

글리시'였다. '잉글리시'는 마법처럼 사람들의 가치관을 바꿔 놓았다. 여자 '정애'가 간첩 '마가렛'이 된 것처럼, 삼거리 사람들은 삼거리로 이주하기 전과 후의 삶이 극명하게 달라졌다. 아버지의 첫 번째 레인보우 클럽엔 그래도 알파벳 이름 아래 작은 글씨로 '무지개 크럽'이라는 한글 이름이 적혀 있었지만, 신축 레인보우 클럽의 간판에서는 한글이 아예 사라졌다. 신상옥 감독의 영화 〈지옥화〉에 느닷없이 등장하는 기지촌 기록영화 장면은 아버지가 달러를 쓸어 담던 1950년대 후반의 삼거리 분위기를 상상하게 한다.

거리로 나온 미군들이 보인다. 그들이 지나가는 거리는 분명 한국이지만, 필름에 담긴 풍경에서는 한글 간판을 찾기 어렵다. 'store'가 보이고 'shop'이 보이지만 '가게'라는 표시는 찾을 수 없다. 아주 짧은 장면이지만, 그 속에 달러 냄새를 맡은 사람들이 미군을 상대로 할 수 있는 모든 일이 다 들어가 있다. 미군에게 껌을 파는 여자 행상이 보이고, 구두닦이 소년은 제법 일이 익숙한 듯 웃음기를 머금은 채 미군과 손짓을 해가며 대화하고 있다. 한 할머니는 부끄러움도 없이 노골적으로 미군에게 구걸을 하고, 양장을 걸친 파마머리의 여자는 미군에게 호객 행위를 하고 있다.

충청도 양반 집안이라는 아버지의 주장을 그대로 받아들인다면, 사실 미군을 상대로 술을 파는 클럽은 양반이 할 짓은 못 된다. 가능성은 두 가지이다. 양반 집안이었다는 아버지의 말이 과장이었거나, 양반 집안이긴 했지만 전후의 질서가 신분 타령을 할 만큼 한가하지 않았거나. 신분상 양반이었다 하더라도 직업상 농사꾼으로 분류될 수밖에 없는 처지였는지라, 먹고사는 문제 앞에서는 체면을 따질 형편이 아니었을 것이다.

아마 다들 그렇게 살았을 터이다. 전쟁 이후의 질서는 "양심이고, 윤리고, 관습이고 법률이고" 다 벗어던질 수밖에 없게 하는 껍데기였다. 다들 목구멍이 포도청이었으니, 생존 자체를 겁박당하고 있는 위기 앞에서 '체면'으로 수렴되는 봉건적 가치는 너무나도 쉽게 쓰레기통에 버려졌다. 모두가 오발탄이라는 느낌으로 살던 그 시절 '체통'을 먹고살 수는 없지 않았겠는가.

> "…… 그저 우리들도 남처럼 다 벗어던지고 홀가분한 몸차림으로 달려보자는 것이죠, 뭐."

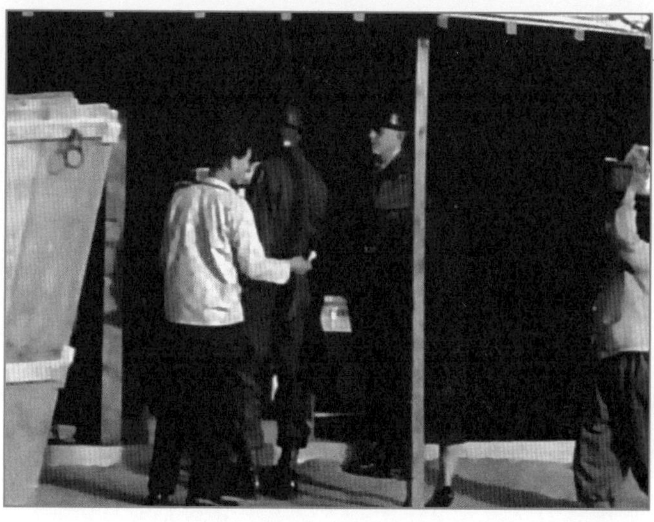

영상 35

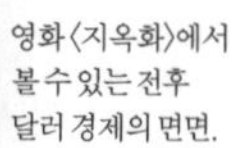

영화〈지옥화〉에서 볼 수 있는 전후 달러 경제의 면면.

"벗어던지고?"

"네, 벗어던지고. 양심이고, 윤리고, 관습이고 법률이고 다 벗어던지고 말입니다."

(중략)

"양심이란 가시?"

"네, 가시지요. 양심이란 손끝의 가십니다. 빼어버리면 아무렇지도 않은데 공연히 그냥 두고 건드릴 때마다 깜짝깜짝 놀라는 거야요. 윤리요? 윤리, 그건 나이롱 빤쯔 같은 것이죠. 입으나마나 불알이 덜렁 비쳐 보이기는 매한가지요. 관습이요? 그건 소녀의 머리 위에 달린 리봉이라고나 할까요? 있으면 예쁠 수도 있어요. 그러나 없대서 뭐 별일도 없어요. 법률? 그건 마치 허수아비 같은 것입니다. 허수아비, 덜 굳은 바가지에다 되는 대로 눈과 코를 그리고 수염만 크게 그린 허수아비. 누더기를 걸치고 팔을 쩍 벌리고 서 있는 허수아비. 참새들을 향해서는 그것이 제법 공갈이 되지요. 그러나 까마귀쯤만 돼도 벌써 무서워하지 않아요. 아니, 무서워하기는커녕 그놈의 상투 끝에 턱 올라앉아서 썩은 흙을 쑤시던 더러운 주둥이를 쓱쓱 문질러도 별일 없거든요, 흥." • 이범선, 『오발탄』

'다 먹고살자고 하는 짓'이라는 무시무시한 표현이 '체면'이나 '체통' 같은 봉건적 질서를 무지막지하게 집어삼키던 1950년대였다. 손창섭의 단편소설 「생활적」에 등장하는 북한 피난민 봉수의 생활철학은 그 시대의 통념이었다. 식민화되면서 알게 모르게 사라져버린 신분제도, 신분제 사회에서 위력을 발휘했던 유교 국가의 공식 덕목들은 전쟁 이후 시궁창에 처박히는 신세가 되었다. 체통이나 체면이 도사리고 있던 자리에 먹고사는 문제를 위해서라면 무엇이든 할 수 있다는 통념이 자리 잡았다.

'인仁'과 '예禮'를 강조했던 자리를 '눈치'와 '돈'이 대신 차지했다. 옳고 그름을 판단하는 사람보다는 시대의 흐름을 먼저 읽어내고, 그 흐름을 자신에게 유리한 방향으로 활용할 수 있는 사람이 살아남았다. '돈'은 '눈치' 빠른 사람의 전리품이었다. 옳고 그름에 대한 판단보다는 시대의 움직임에 대한 판단이 그 시대가 요구하는 처세술이었다.

체통이란 동물적인 자기 욕구를 억제할 수 있는 힘이다. 체통을 지키기 위해서는 때론 자기 이익도 포기할 줄 알아야 하고, 이기적 욕심의 명령에 귀를 막을 수도 있어야 한다. 1954

넌 손창섭이 창조해낸 봉수라는 인물은 유교적인 '억제의 힘'을 압도하는 '생활의 힘'을 신봉한다. 그가 믿는 생활의 힘, 즉 생활력은 전후 재편된 가치 질서의 핵심으로 부상한다. 돈은 생활력의 원료이다. 생활력을 신봉하는 봉수는 주저함도, 거리낌도 없이 생활력의 철학을 장황하게 떠든다.

> 인간이란 시대의 추세에 민감하지 않아서는 안 된다는 것이다. 시대가 어떻게 움직이는가를 잘 보아가지고, 언제나 그 시대에 맞게 행동해야 된다는 것이다. 시대에 뒤떨어져서 허덕이거나, 시대의 중압에 눌려 버둥거리지만 말고, 시대와 병행하며, 그 시대를 최대한으로 이용해야만 된다고 했다. 결국 인간이란 수하를 막론하고, 종국적인 목적은 돈 모으는 데 있다는 것이다. 여하한 권세나 지위도, 여하한 명성이나 인기도, 따지고 보면 결국은 돈 모으기 위하는 데 있고, 또한 돈 앞에 굴하지 않는 것이란 없다고 했다. 그리고 돈만 있을 말이면 양귀비나, 삼천 궁녀라도 거느릴 수 있다는 것이다. 그러니 자기는 어떠한 시대에나 돈 모으는 데는 자신이 있다는 것이었다. 왜정시대에는 만주에서 북지로 넘나들며, 엄금되어 있는 아편 장사를 대대적으로 하였고, 이북에 있을 때에는 그렇게 악착같이 들볶는 공산주의자들 틈에서 그래도 고래 등 같은 기와집이 일 년에 한두 채씩은 꼭꼭 늘어갔노라고 했다. 이제 앞으로 일이 년이면 자기는 또 여기서도 판을 치고 돌아갈 터이니 두고 보라는 것이다. 그렇기 때문에 자기는 지금 영어 공부를 하고 있노라고 했다. 봉수는 호주머니에서 표지가 떨어져나간

영어 회화 책까지 꺼내 보이며 현대는 영어 만능 시대이니만큼, 영어를 몰라가지고는 우쭐거릴 수 없다는 것이다.

• 손창섭, 「생활적」

봉수의 신념처럼 윤리적 억제의 시대는 지나가고 생활력의 시대가 도래했다면, 그 시대의 중핵에는 원화가 아니라 달러가 있었다. 전후라는 '시대'에 가장 적절한 처세술은 미군의 시대, 달러의 시대가 요구하는 호구지책을 찾는 것이었다. 그런 호구지책을 찾는 사람들이 삼거리로 모여들었다.

삼거리는 전쟁 이후의 이런 '통념'에 딱 부합하는 공간이었다. 아주 작은 자연 부락인 데다가 평야지대도 아니라 농사지을 땅이 넓지 않았던 양수원에 대지주가 있을 리 만무했다. 따라서 양반 타령을 하는 사람도, 제국주의에 들러붙은 악질 친일파도 없는 곳이었다. 그야말로 '그저 그런' 농사꾼들뿐이었던 양수원 삼거리에 저마다 다른 사연을 지닌 온갖 종류의 사람들이 모여들었다. 그들은 그곳에서 전후의 통념에 완벽하게 부합하는 삼거리의 상식을 만들어냈다. 삼거리로 이주한 아버지, 어머니 역시 그러한 '생활력의 세계'로 휩쓸려 들어갔다.

"외로움 이전에 나는 살아야 한다"

먹고살 만한 사람이 삼거리에 왔을 리 없다. 삼거리 사람들의 머릿속엔 오직 살아남아야 한다는 각오만이 단단히 뿌리를 내리고 있었을 것이다. 영문과를 나온 엘리트 여성도 먹고살기 위해서 다방 마담이 될 수 있는 시대이지 않은가.* 〈표류도〉의 다방 마담 현희의 다짐은 소리 없는 아우성으로 삼거리를 가득 채우고 있었는지도 모른다.

> "외로움 이전에 나는 살아야 한다. 전기요금, 수도요금, 종업원 급료, 재료 구입, 각종 세금, 이잣돈……. 그리고 불쌍한 내 식구들." • 영화 〈표류도〉

삼거리에 모인 사람 모두에게 삼거리는 낯선 땅이었으니, 아버지와 어머니만 고향으로부터 뿌리 뽑힌 신세는 아니었다. 본래 농사를 짓고 살던 광탄의 토착민들이 주로 신산1리에 살았다면, 신산2리 삼거리엔 온갖 종류의 뿌리 뽑힌 사람들이 모여들었고 삶을 살아냈다. 1950년대 파주 곳곳에 형성된 여느 기지촌처럼 외지에서 이주해 오는 사람들은 이미 다른 곳에서 미군 부대 주변에 살다가 미군 부대가 이곳으로 이동해 오자 뒤따라 왔거나, 미군을 상대로 돈을 벌 수 있다는 소문에 옮겨온 경우였다.

보 건너편이라는 뜻의 '보건너'에 살았던 어떤 이는 홀아

* 한국전쟁은 여성들의 직업, 경제 활동 증대에 영향을 미쳤다. 통계에 따르면 한국전쟁 이전 8만 명에 불과했던 상업 종사 여성들이 전쟁 기간인 1951~52년 동안 무려 58~59만 명으로 늘어났고, 전쟁 이후에도 1950년대에는 20만 명 정도의 여성이 장사에 종사했다고 한다.
• 이임하, 2006, 「전쟁미망인의 전쟁 경험과 생계 활동」, 『경제와 사회』 71, 29~30쪽.

비였다. 전쟁이 아니었다면 경상도에 살던 그가 파주 삼거리에 와서 살 일은 별로 없었을 것이다. 미군 부대에서 KSC*로 일하던, 내가 '권씨 아저씨'라 부르던 남자도 경상도 출신이었다. 내가 '제이미 아저씨'라는 이름으로 기억하고 있는 남자는 전쟁고아였다. 그는 총명한 머리로 기지촌에서 생존하는 법을 터득해냈다. '제이미 아저씨'는 삼거리 사람 누구보다도 전후 시대의 생존법을 제대로 익힌 사람이었다. 1950년대 삼거리는 언어의 바벨탑이었다. '고쿠고'의 흔적이 남아 있었고, 아직 시민권을 얻지 못한 한국어가 있었고, 미군들이 구사하는 '양말', 즉 영어가 있었다. '고쿠고'가 점차 힘을 잃어가는 가운데 한국어는 경제력이 없었고, 돈은 영어를 구사하는 미군이 쥐고 있었다. 1953년의 1인당 GDP가 57달러, 1960년에는 79달러에 불과했는데 미군 사병의 월급이 120달러였으니 영어의 경제적 위력은 상상을 초월할 정도였다.

달러에 접근하려면 영어라는 도구가 필요했다. 경제적 필요라는 생존욕은 기지촌 영어를 만들어냈다. 삼거리엔 백인 악센트부터 흑인 악센트까지 다양한 종류의 미군 영어가 있었고, 그 미군 영어를 생존의 틀에서 재해석해낸 양색시들의 색시-영어가 있었다. 또한 미군 영어와 색시-영어가 의사소

* KSC라 불리던 미군 부대 내의 한국인 고용인은 1950년대부터 1970년대에 이르기까지 파주에만 약 2천 명에 달할 정도였다. 이들 고용인들은 미군 건물의 관리 및 보수를 비롯하여 클럽, PX, 오락실, 공작실, 체육관, 식당, 판문점 등에서 사무직 및 기능직으로 일했다. • 파주군, 앞의 책, 768쪽.

통 불능에 빠질 때 이를 통역해주는 '제이미 아저씨'의 중간 영어가 있었다. 어머니와 비슷한 또래였던 '제이미 아저씨'는 삼거리에서 제일 먼저 영어를 깨우쳤고, 이를 바탕으로 '하우스 보이'*가 되었다. 미군의 시대에는 영어가 생명줄임을 너무나 잘 알았던 것이다. 삼거리 전체가 미군의 달러에 의해 움직였지만 미군과 그들을 상대로 하는 한국인 사이의 언어 장벽은 꽤나 높았다.

식민지 시대에는 '고쿠고'를 익히고, 만주에서는 몇 마디 중국어도 익힌 아버지였지만 정작 영어는 생존 영어의 수준을 벗어나지 못했다. 어머니는 한국어 이외의 어떤 언어도 이해할 수 없었다. 사진관이 첫 번째 레인보우 클럽이 되고, 두 번째 레인보우 클럽이 신축되면서 아버지의 영어도 좀 늘었지만, 체계적으로 배우지 않은 탓에 '하우 머치', '땡큐', '갓뎀'과 '마더 퍽 유' 같은 인사나 욕설의 범위를 벗어나지 못했다.

거의 모든 사람이 영어는 젬병이었던 삼거리 초창기에 홀연 나타난 '제이미 아저씨'는 미군과 의사소통 문제가 발생할 때마다 해결사로 등장하는 삼거리의 비공식 통역사였다. 아

* 하우스 보이는 미군 부대에서 잔심부름을 하던 개인 비서와 같은 직업이다. 전후 경제에서 꽤나 안정적인 수입을 올릴 수 있는 직업이라 전쟁고아들에게 선망의 대상이었다. 송병수의 단편 「쑈리 킴」에는 하우스 보이에 관해 이런 대사가 나온다. "그러고 보니 사람 사는 집이라곤 통 없는 일선지구 산골이지만, 진작 서울서 이곳에 오길 참 잘한 것이다. 예서 양키들에게 양갈보나 붙여주고 그럭저럭 얼려 지내다가 딱부리처럼 하우스 보이라도 되기만 하면 그땐 팔자 고치는 거다."

버지의 레인보우 클럽이라는 하드웨어는 '제이미 아저씨'의 영어라는 소프트웨어를 원했다. 레인보우 클럽은 복잡한 의사소통이 필요한 상황이 생기면 '제이미 아저씨'를 불렀다. 삼거리 사람들은 그렇게 '제이미 아저씨'에게 의존하고, '제이미 아저씨'는 그런 필요에 부응하면서 공존의 길을 찾아갔다.

레인보우 클럽이라는 신세계

근무를 마친 미군들은 기지촌 이외에는 갈 곳이 없었다. 삼거리는 캠프 스탠턴에서 천천히 걸어 나와도 5분이면 충분히 올 수 있는 곳이었으니 미군 입장에서는 부대 앞마당이나 다름없었다. 어머니의 표현을 그대로 사용하자면, 일과를 마친 미군들이 "구름처럼 몰려왔다". 레인보우 클럽엔 음악이 있었다. 〈수업료〉의 영달이가 불렀던 〈애마진군가〉에 익숙해 있던 아버지는 패티 페이지Patti Page의 〈체인징 파트너스Changing Partners〉나 폴 앵카Paul Anka의 〈다이애나Diana〉 같은 노래에 익숙해져야 했다. 시설도 미군들이 요구하는 수준에 맞춰야 했기 때문에, 삼거리에는 전후 한국의 표준 이상의 집기들이 들어오기 시작했다. 제이브이시JVC 스피커가 있었고, 웨스팅하우스Westinghouse 대형 냉장고가 있었다.

영외로 나오는 미군들의 '브라운 백'은 요지경이었다. 그 안에서는 선진국 아메리카의 향기가 풀풀 나는 물건들이 튀어나왔다. 브라운 백은 초콜릿도, 추잉검과 담배도 뱉어내는 마법의 상자였다. 승리도 패배도 아닌, 그렇다고 휴전 협정의 당사자도 아닌 애매모호함이 극에 달했던 전후 시대에 레인보우 클럽은 미군이라는 남성과 양공주라는 여성의 공간이었다.

한반도에 승전국으로 상륙한 미국의 힘은 막강했다. 음악이 흐르는 클럽에서 여자와 남자가 함께 춤을 추지만, 그들은 결코 수평적인 관계가 아니다. 1958년의 영화 〈지옥화〉에는 연출되지 않은, 미군 클럽의 실제 모습을 고스란히 담고 있는 시퀀스가 있다. 남자들은 군복을 입은 미군이다. 그들의 품에 안겨 있는 여자들은 전쟁 이전까지만 하더라도 극소수의 모던걸이나 시도했음직한 헤어스타일에 양장을 하고 있다. 남자와 여자가 짝을 지어 춤을 추는 모습에서는 로맨스의 감정이 느껴져야 하는 법인데, 이 시퀀스를 보면 가슴이 아려온다. 1945년 8월 15일 이전까지는 어느 누가 이런 장면을 상상이나 했겠는가. 미군과 함께 춤을 추는 여자들 중에서 자신이 그런 모습으로 그 자리에 있을 거라고 예감한 사람이 있었을까?

〈지옥화〉에는 맘보 음악에 맞추어 한 무리의 여자들이 춤을 추는 시퀀스도 있다. 가까운 과거에는 생각도 할 수 없었던 춤이다. 깍지 낀 손을 길게 뻗고, 엉덩이를 뒤로 슬쩍 뺀 채 유혹적인 눈빛으로 춤을 추는 여자들을 미군들이 구경하고 있다. 그런 미군들 옆에는 또 다른 여자들이 앉아 있다. 바로 『동아일보』가 1955년 8월 18일자 기사에서 "해방 10년의 특산물"이라 불렀던 양공주이다.

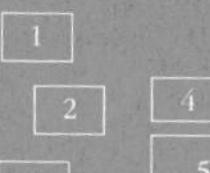

1·2·3
영화 〈지옥화〉에 등장하는 미군 클럽 장면.
영상 36, 37

4
영화 〈혈맥〉에서 옥희는 미군에게 초콜릿, 시가 따위를 선물로 받으며 몸을 파는 양공주로 살아간다. ©한양학원

5
1960년 크리스마스에 미8군 무대에서 공연하는 한국 여가수의 모습.
©m20wc51(플리커)

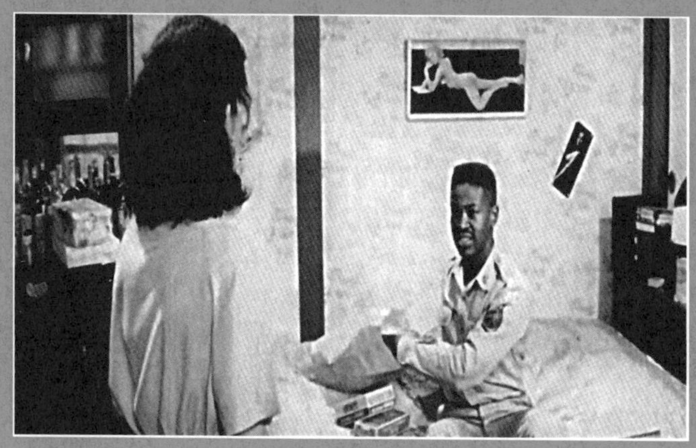

환영받지 못한 삼거리의 아프레걸* 양공주

삼거리로 미군들을 불러 모으고, 그들에게서 달러를 받아내 먹고살 수 있게 해준 것은 삼거리의 하드웨어가 아니었다. 그 주인공은 삼거리의 '양색시'들이었다. 만약 양색시가 없었다면 삼거리는 유지되지 못했을 것이다. 그들을 부르는 이름은 많았다. 양색시는 그나마 점잖은 표현이었고, '양부인', '유엔마담', 심지어 '양갈보'라는 노골적인 적대적 표현도 있었다. 부르는 이름이 무엇이든 그들 모두는 〈운명의 손〉의 '정애'를 '마가렛'으로, '순희'를 '에레나'**로 만든 전후의 세태에 휘말려 들어갔다는 공통의 운명을 지녔다.

이들이 이런 운명에 처한 이유는 단순하다. 바로 빈곤이다. 1956년 당시 가장 영향력 있던 여성 잡지 『여원』에는 「딸라의 매력인가. 양공주들의 실태」(황일호 글)라는 제목으로, 양공주가 만들어진 경로를 여러 유형으로 구분하는 기사가 실렸다.

> 그는 반장에 뽑힐 만큼 유식했고 또 얼굴이 훤하게 생겨 부잣집 맏며느리 같다고 했다. 그가 이런 길에 들어선 것은 순전히

* 전후를 뜻하는 프랑스어 '아프레 게르après guerre'에 영어 단어 '걸girl'을 합성한 조어.

** 1954년에 발표된 대중가요 〈에레나가 된 순희〉(손로원 작사, 한복남 작곡)는 "석유 불 등잔 밑에 밤을 새면서 / 실패 감던 순희가 다홍치마 순희가 / 이름조차 에레나로 달라진 순희 순희 / 오늘 밤도 파티에서 춤을 추더라"라는 가사처럼 당시의 사회상을 사실적으로 반영해 큰 호응을 얻었다.

洋公主

「해방 10년의 특산물-양공주」라는 제목의 1955년 8월 18일자 『동아일보』 기사. "사회에서 버림받는 타락한 비극의 여성군이지만 허영과 금욕에 눈이 어두워 뛰어든 극소수의 일부 탈선 여자 이외의 대부분은 불가피한 생활 사정으로 몸을 팔게 된 기막힌 '요구호대상자'들이다. (중략) 허나 이들도 일단 '양공주' 생활에 발이 젖으면 좀처럼 그 윤락의 구렁텅이에서 헤어나지 못하고 끝내 몸을 파멸시키고야 마는 것은 다른 사창굴의 윤락 여성군과 다를 것이 없다"라는 내용에서 양공주에 대한 이중적인 시선을 엿볼 수 있다.

생활고에서부터였다. 물론 첫술부터 뜬 것이 아니고 언니와 둘이서 고기를 굽고 술을 팔다 구루맛집이 실패를 봄에 따라 제2단계로 취했던 매음 행위가 예기치 않은 양공주에까지 떨어지게 됐던 것이다. 그는 순진하게까지 보이는 말투와 행동으로 곧 제정신을 채려서 불과 한 달 미만에 미리부터 생각했던 곳과 약혼이 성립되어 결혼했고 그 후 금반지를 끼고 사과를 사 들고 와서 남편이 극진히 사랑해준다고 했다. 이런 형은 분명히 빈곤이 가져온 일시적인 실수이다. 제이 제삼의 경우로 이 빈곤이 병이라면 분명히 첫째 원인은 이 나라의 가난이 이런 짓을 한다고 생각된다. • 『여원』 1956년 1월호 전후의 상황에서 배운 것도, 가진 것도, 스스로를 방어할 능력도 없는 여성이 가족의 도움도 기대할 수 없는 처지가 되었을 때 '순희'는 '에레나'가 되기도 했다.

이 처녀는 분명히 악한 계모의 제물이 된 것임에 틀림없다. 열다섯 살이란 40인 중의 가장 어린 나이에 글자는 알지도 못하면서, 경우로 살고 눈치로 자란 듯싶다. 빈민의 소굴인 X동에서 어머니까지 계시다고 하기에 하루 한시 놀아난 바람제빈 줄만 알았는데 그 조숙해 보이는 뒷모양의 너무나 순진함과 장난꾸러기 같은 눈동자의 호소를 더듬어 내용을 알고 보니 네 오빠니라, 친구니라 해서 군인들을 붙여주다가는 심지어 유엔군까지 붙여준 악한 마귀할멈의 희생의 제물이 되었던 것을 알게 되었을 때 가난하다는 핑계로 비쳐지는 무지한 행동이 오늘도 얼마나 많을 것인가. •『여원』 1956년 1월호

식민 질서의 길고 긴 그림자가 드리운 양공주도 있다.

이 여성은 나이 벌써 삼십이 훨씬 넘었는데 거기다가 한국말보다 일본말을 더 잘하는 일본 태생의 귀환민이다. 40인 중에 일본서 돌아온 여성이 넷 이상 있는 것으로 미루어 외지에서 고향이라 찾아왔으나 정 붙일 곳 없어 자포자기한 여성이 일할은 된다고 하니 이런 유를 집시형이라고나 불렀으면 어떨까 생각된다. 그는 모든 생활을 청산하고 오로지 신앙의 길을 가겠다고 맹서한다. 그래서 모든 일에 앞장서서 해보려고 한다.

영화 〈돌아오지 않는 해병〉에서 인천상륙작전을 감행한 해병대 부대원들이 북진을 하기에 앞서 단체로 기지촌을 찾는다. ⓒ원승숙

그러나 동료들의 우슴꺼리가 될 때마다 자기의 처지를 슬퍼하고 두 번이나 탈출했다가 돌아왔다. •『여원』 1956년 1월호

전쟁으로 가족을 잃고 홀로 된 여자가 전후에 살아남을 수 있는 방법은 별로 없었다. 윤리의 시대가 지나가고 찾아온 생활력의 시대에 여성이 적응할 수 있는 방식 중의 하나가 양색시였다. 문산읍 선유리에서 양색시로 살았던 P씨는 당시를 이렇게 증언한다.

내가 이렇게 된 건 전쟁 때문입니다. 전쟁이 나서 부모님이 돌아가시고 나는 먹기 위해 고아원을 뛰쳐나왔죠. 부평의 미군부대에서 세탁 일을 하다가 이곳 파주까지 왔어요. 나한테 밥을 준 건 이 나라가 아니고 미군이에요. 사람들이 뭐라 해도 나는 부끄럽지 않아요. 이 나라와 이 나라 사람들이 내게 해준 게 뭡니까? …… 우리가 달러를 번 최초의 사람들이에요. 그 당시 우리 아니면 어디서 달러를 벌 수 있었겠어요?

• 파주군, 『파주군지 하 – 현대사회』

전후 생활력의 시대를 나타내는 표징인 양색시는 1950년대를 무대로 하는 영화에서 빠지지 않고 등장한다. 당대의 유명 여성 스타는 모두가 한 번은 양색시 역을 맡았다. 〈지옥화〉에서 배우 최은희는 소냐라는 이름의 양공주로 등장한다. 김지미 역시 〈혈맥〉에서 양공주 역할을 맡았다.

먹고살기 위해서는 어떤 일이든 해야 한다는 전후의 통념이 양색시를 만들었고, 그들을 중심으로 돌아가는 경제 구조가 삼거리에 정착했지만 이 '양색시 경제'는 삼거리의 치부였다. 그 부끄러움을 정당화하기 위해 삼거리에서는 양색시를 양갈보라 불렀다. 레인보우 클럽에는 매일같이 양색시들이 들락거렸지만, 그들이 클럽의 고용인이었던 것은 아니다. 레인보우 클럽은 양색시들에게 월급을 주지 않았다. 단지 클럽에 출입할 수 있는 권리, 머무를 수 있는 권리만을 주었다. 그들은 클럽 안에서 재주껏 미군들을 구워삶아 '딸라'를 얻어내야 했다. '딸라'는 미군들의 말동무나 춤 상대가 되어준 대가로 받는 팁일 수도 있었고, 하룻밤 섹스 상대가 되어주고 받는 화대일 수도 있었다. 전남 장성에서 태어났으나 한국전쟁을 거치며 부모를 잃고 1950년대 말에 파주로 팔려 온 오경례 씨(1939년생)는 미군 클럽에서 댄서로 살았던 날들을 이렇게 기억하고 있다.

그다음에는 연풍리로 왔어요. 열아홉 살에 갔다가, 스물한 살에 빚을 다 갚았어요. 없어요, 빚이. 아리랑 클럽에 춤을 쪼금 배워가지고 땐-사로 다녔어. 땐-사로 나가가지고 동생들을 다 찾았어, 돈을 벌어가지고. 찾아다 방을 얻어서 따로 두고 같이 살았어요, 한 3년, 대추벌에서……. 미군 홀이야. 미군들만 다니는 홀이야. 클럽이에요, 일종의. 술 먹고, 악사들 12인조 놓고, 장교실 따로, 사병실 따로 있어가지고, 가운데는 춤추는 데. 미군 퇴근할 시간부터, 여섯 시부터. 거기서 술 먹고, 춤추고, 놀고. 여자들 땐-사들이 한 30~40명 됐었어. 춤은 다 췄어요. 지루박, 부르스, 탱고, 왈스, 차차차, 맘보, 다 췄어요. (난) 33번이었어. 들어오는 대로 적어가지고 번호를 매기더라고. 자기가 원하면 그 여자 데려다 술 사주고 춤추고 노는 거야, 그날 하루 종일. 거기서 100원씩 나오는 거지. 술 한 잔 얻어먹고, 술 한 잔에는 500원. 술 한 잔 얻어먹고 테켓이 나오는데 100원씩 얻는 거야. 나는 아리랑 클럽에서 제2의 마를린 몬로라고 했고, 아리랑 클럽은 한국의 나이아가라, 나이아가라라고 불러. • 파주시, 『파주시지 3 - 파주 생활』

삼거리의 양색시들은 사단 본부 근처 산기슭에 주로 살았다. 양색시들을 고용하고 매매춘을 전문으로 하는 포주도 있었지만, 대부분 자유로운 몸이었던 양색시들은 월세방을 얻어 재주껏 '딸라'를 모았다. 1958년 파주군 법원리 기지촌의 양색시를 취재한 신문기자의 르포 기사는 '2딸라'를 얻기 위한 양색시들의 치열한 경쟁을 이렇게 묘사하고 있다.

…… 법원리 배내 임진 등 도로변의 부대 앞 길목마다 벌써 모여든 양색시들은 들어가고 나오는 병사들을 붙잡고 야단들이다. '야호' 병사들은 소매를 잡히고 허리를 감기고 하면 환성 아닌 기성을 지르며 과장된 수선을 떤다. 2딸라를 잡기 위한 교태의 치열한 경쟁엔 보이지 않는 불똥마저 튀긴다. 월급날과 일요일이 겹친 이 황금 같은 하루를 단 일 분이라도 낭비할 소냐고 시새워 서로 끌고 당기고 가운데에 잡힌 병사는 보통 노획권 분쟁의 결말 나기를 기다려 얼마 동안 멍하니 서 있어야만 되는 판국이다. …… 그리고 올데이(일요일의 경우)나 올나이트는 4딸라 내지 7딸라 정도로 일정치 않으며(물건으로 대응하는 경우도 많다) 온리의 경우는 월급으로 70딸라 내지 100딸라 이상(물품 포함)의 경우도 적지 않으니 물론 이 세계도 모든 것이 사람 나름. •『동아일보』 1958년 12월 2일자

삼거리에서는 악착같이 미군들에 들러붙어 '딸라'를 벌어대는 양색시를 고객으로 하는 장사가 번성했다. 이를 눈치 챈 아버지는 레인보우 클럽 바로 옆에 미장원을 열었다. 딸라를 벌기 위해 치열하게 경쟁하는 양색시들에게 외모에 대한 투자는 필수였다. 레인보우 클럽 옆의 레인보우 미장원에서 '고데머리'를 하면 '순희'는 '에레나'가, '정애'는 '마가렛'이 되었다.

미장원 운영은 어머니의 몫이었다. 모든 것이 '야매'로 이뤄지던 시절 어머니는 '야매'로 미용사 자격증을 만들었다. 미용학원에서 제대로 기술을 배운 것도 아니니 어머니가 양색시들의 머리를 잘 만졌을 리 만무하다. 하지만 삼거리에서

1960년대 파주 용주골 미장원.

는 일종의 독점 체제였고, 또한 미장원이 레인보우 클럽과 내적으로 연결되어 있었기 때문에 클럽에서 '딸라 전투'에 나서는 양색시들 입장에서는 어머니의 서툰 솜씨를 나무랄 수 없었다.

미장원은 여자들의 공간이었다. 아마 삼거리에서 여자들만의 공간으로는 거의 유일한 곳이었을 것이다. 어린 나이에 결혼해 삼거리로 이주한 어머니는 미장원에서 만나는 양색시들과 특별한 관계를 맺었다. 아버지에게 양색시는 레인보우 클럽에 달러를 가져다줄 수 있는 '수단'이었겠으나, 어머니는 양색시들과 교감을 나누었다. 소냐나 마가렛이 아니라, 어머니가 오랜 시간이 흐른 뒤에도 본래의 이름을 기억하고 있던 선애, 본명은 모르지만 어머니에게 많이 의지했고 친구 같은 사이였던 베기, 어쩌면 영어 단어 'October'의 기지촌 발음이었을지 모를 악토벌, 후에 한국 남자와 결혼하여 삼거리에 정착했던 ○○ 엄마, △△ 엄마*가 레인보우 미장원의 손님들이었다.

양색시들은 뿌리 뽑힌 존재다. 스무 살을 갓 넘긴 나이에 아버지와 결혼하고, 아무런 연고도 없는 삼거리까지 흘러와 가짜 자격증을 내걸고 양색시들의 고데머리를 말아야 했던 어머니는 그런 뿌리 뽑힌 존재들과 교감할 부분이 적지 않았던 모양이다. 고데머리가 완성되는 동안은 자연스레 삼거리까지 흘러 들어오게 된 '숨겨진 사연'이 펼쳐지는 시간이었다. 레인보우 미장원은 레인보우 클럽에 달러를 벌러 가는 여자들의 고해소나 마찬가지였다.

삼거리가 사실상 '양색시 경제'였음에도 경멸의 시선을 받던 양색시들에게 레인보우 미장원은 일종의 피난처와도 같았다. 남자들은 진취적인 여자들에 기생하여 살아가면서도 삼거리의 주역인 양색시들을 경멸의 대상으로 만들어 알량한 자존심을 지키려 했다. 양색시들은 전후 달러 경제의 최전선에 서 있었음에도 불구하고 양놈들과 놀아난다는 한국 남성의 시선을 통해 유사 이래 가장 희한한 표현인 '화냥년'이자 '비치bitch'로 취급받았다.

* 어머니는 이들의 이름을 누구누구의 엄마로 기억하고 있었다. 양색시였다가 나중에 한국 남자와 결혼하면서 동네에 정착했는지, 아니면 양색시일 당시에 이미 아이를 낳았는지는 어머니도 정확하게 기억하지 못했다. 그러나 아이 이름만큼은 정확하게 기억했다. 하지만 여기서는 익명으로 처리한다.

"그런 썩어빠진 변명은 하지두 말어"

한국전쟁은 남쪽의 승리일까? 아니면 패배일까? 전쟁이 끝나면 당연히 승자와 패자로 나뉘어 승자는 전리품을 챙기고, 패자는 굴욕을 경험해야 한다. 하지만 한국전쟁은 특이했다. 승리자는 명확하지 않았고, 그것이 남긴 상흔만이 깊고도 뚜렷했다. 상이군인이 이렇게 말한다.

"난 이렇게 병신이야. 폐물이야. 전쟁 때 쓰고 난 탄피야."

식민체제하에서 한국 남자는 있으면서도 없는 존재였다. 공식 질서에서 지배자의 역할을 수행하지 못하는 남자는 가정의 영역에서 목소리가 커진다. 전후의 질서 역시 마찬가지다. 승자인지 패자인지 알 수 없는 전후 남성은 점령군인지 해방군인지 판단할 수 없는 미군 앞에서 한없이 위축되었다. 적어도 미군과 자신이 동등한 위치가 아님을 본능적으로 알았기에 자신들이 큰소리를 칠 수 있는 영역이 축소될 수밖에 없다는 것도 잘 알고 있었다.

밖에서 큰소리를 칠 수 없는 남자는 스스로를 낙오자라 여긴다. 삼거리의 '그저 그런' 남자들은 1950년대 한국 영화에 흔히 등장하는 남자 주인공의 모습을 쏙 빼닮았다. 전후의 멜로드라마에서 남자들은 시대의 희생자이자 불행한 과거를 지닌 비극적인 인물로 등장한다. 1950년대의 어떤 영화에서도 영웅적인 남자는 등장하지 않는다. 모든 남자가 방향을 잃었고, 힘이 없으며, 결정 장애에 빠져 있다.

전쟁으로 사망한 사람, 피난길에 올랐다가 가족을 잃고 혈

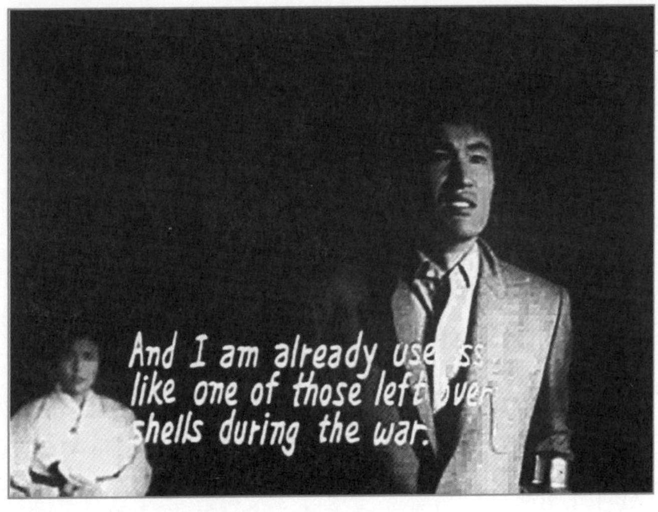

영상 38

영화〈오발탄〉(유현목 감독, 1961)에서 명숙과 경식은 서로 사랑하는 사이지만, 상이군인인 처지를 비관한 경식은 명숙을 멀리 한다. 결국 명숙은 양공주로 밤거리에 나서게 된다.

혈단신이 된 사람, 불구가 된 사람……. 이들에게 전쟁은 지옥 체험이나 다를 바 없었을 것이다. 박완서는 한국전쟁 이후의 시절을 회고한 소설『그 많던 싱아는 누가 다 먹었을까』에서 이 지옥을 '벌레의 시간'이라 명명했다. 이 '벌레의 시간'은 전쟁이 끝났다고 해서 바로 끝나지 않았다.

연장된 '벌레의 시간'에서 '벌레'가 된 느낌을 떨쳐낼 수 있는 유일한 방법은 나보다 못한 벌레를 찾아내는 것이다. 삼거리 사람들은 미군의 달러에 의존해 밥벌이를 하면서도 미군은 양놈이라는 벌레, 그중에서도 흑인 병사인 '깜댕이'는 더 하찮은 벌레로 취급했다. 갈보짓으로도 모자라 양놈과 놀아난 '양갈보'는 벌레 중의 벌레였다. 나보다 더 흉측한 벌레, 더 더러운 벌레 찾기에 혈안이던 삼거리에서 레인보우 클럽이라고 예외일 수는 없었다.

먹고살기 위해 '양색시 경제'를 만들어냈지만 부끄러움의 정서를 떨쳐버릴 수 없었던 사람들의 보상 심리와 보호 심리의 이중주가 펼쳐졌다. 부끄러움을 감추는 가장 손쉬운 방법으로 양색시에 대한 도덕적 판단이 동원되었다. 1960년에 개봉한 영화 〈이 생명 다하도록〉에는 양공주 영선이 등장한다. 영선의 가족은 피난길에 뿔뿔이 흩어졌다. 생사여부를 알 수 없었던 여동생을 우연히 만난 오빠는 양공주가 되어 있는 영선에게 도덕적 잣대를 들이댄다.

병선 넌 아버지, 어머니 생각은 해봤니? 너를 이렇게 되라고 고이 길러서 대학까지 보내셨구나. 네 자신을 똑똑히 봐. 네 지금의 모습을 거울에 비춰보란 말이야.

영선 허지만 내 죄가 아니에요. 내가 뭘 잘못했단 말예요? 난, 난 다만 살고 싶었던 그것뿐이야. 오빠가 내 입장이 됐드래두 헐 수 없었을 거야.

병선 그런 썩어빠진 변명은 하지두 말어.

영선 변명이 아니에요. 사실이에요.

병선 듣기 싫어.

(중략)

영선 난 뭐가 뭔지 모르겠어. 누가 가장 옳고 누가 더 인간적이고, 그 누가 인간의 가치를 판단하는 건지 나는 모르겠어. 그리고 내가 왜 눈물을 흘리며 가슴 아파하는가도 모르겠어요.

• 영화 〈이 생명 다하도록〉

영상 39

영화〈이 생명 다하도록〉에서 양공주가 된 여동생 영선을 받아들일 수 없는 오빠 병선.

오빠 병선에게 전쟁 통에 양색시가 된 동생의 사연은 '썩어빠진 변명'에 불과하다. 여기서 오빠의 시선은 양가적이다. 관념상으로는 여전히 '대장부'여야 했던 전후 한국 남성은 미군 앞에서는 '가부장' 역할을 할 수 없었다. 그들은 자신이 보호하지 못한 여성들 앞에서만 가부장의 지위를 흉내 냈다. 다른 한편으로 여동생을 빼앗아간 미군에 대한 적개심에 휩싸여 있지만, 전쟁 이후 초라하게 쪼그라든 처지에서 그런 마음을 직접적으로 표현할 수 없었다. 의분義憤의 정서와 비분강개悲憤慷慨의 윤리를 상실한 전후 한국 남성은 그저 무기력할 뿐이다.

『오발탄』의 오빠 철호는 여동생을 품고 있는 미군을 목격하고도 반감과 분노를 표출하지 못한다.

철호는 언젠가 퇴근하던 길에 전차 창문 밖으로 본 명숙의 꼴을 생각하고 있는 것이었다. …… 핸들을 쥔 미군 바로 옆자리에 색안경을 쓴 한국 여자가 앉아 있었다. 그것이 바로 명숙이었던 것이다. 바로 철호의 턱밑에서였다. 역시 신호를 기다리는 그 지프차 속에서 미군이 한 손은 핸들에 걸치고 또 한 팔로는 명숙의 허리를 넌지시 끌어안는 것이었다. 미군이 명숙의 얼굴을 들여다보며 뭐라고 수작을 걸었다. 명숙은 다리를 겹치고 앉은 채 앞을 바라보는 자세 그대로 고개를 까딱거렸다.

• 이범선, 『오발탄』

바로 코 앞에서 이 광경을 목격하고도 오빠는 미군의 멱살을 잡지 못한다. 여동생의 선택이라고 순순히 받아들이기엔 가족주의적 관념이 너무 강하고, 그런 관념에 기대어 여동생을 타락의 길로 빠뜨린 미군의 멱살을 잡기에는 힘이 부족하다. 감정과 힘의 부조화 속에서 〈오발탄〉의 오빠 철호는 전후 남성의 표본답게 눈을 질끈 감는다.

철호는 손잡이를 놓았다. 그리고 반대편 가운데 문께로 가서 돌아서고 말았다. 그것은 분명히 슬픈 감정만은 아니었다. 뭐라고 말할 수조차 없는 숯덩어리 같은 것이 꽉 목구멍을 치밀었다. 정신이 아뜩해지는 것 같았다. 하품을 하고 난 뒤처럼 콧속이 싸하니 쓰리면서 눈물이 징 솟아올랐다. 철호는 앞에 있는 커다란 유리를 콱 머리로 받아 부수고 싶은 충동을 느끼며, 어금니를 꽉 맞씹었다. 찌르르 벨이 울렸다. 덜커덩 전차가 움직였다. 철호는 문짝에 어깨를 가져다 기대고 눈을 감아버렸다. • 이범선, 『오발탄』

오빠들은 결코 미군을 나무라지 못한다. 오빠들이 나무랄 수 있는 대상은 자신의 통제 범위 안에 있는 여동생뿐이다. 〈이 생명 다하도록〉의 오빠 병선은 양공주가 된 영선에 대해 도덕적 판단을 내리고, 그에 영선은 자살로 응답한다.

삼거리 사람들도 대부분 영선의 오빠와 다르지 않았다. 미군을 향한 남성들의 적개심은 언제나 '양키'를 직접 향하지 못하고 양공주들에 대한 멸시와 혐오를 통해 간접적으로 대체 해소되었다. 한국 여성에 대한 미군의 성적 지배는 캐서린 H. S. 문이 『동맹 속의 섹스』에서 말한 것처럼 "사회적으로는 불명예이지만 국가 안보라는 목적 아래 미군을 한국에 계속 주둔시키기 위해서 참아야만 한다고 믿는 필요악"이었다. 이런 사유 체계를 유지하는 한 '아우'인 한국은 '형'인 미군의 일탈을 문제 삼을 수 없었다. '여동생'을 '형'의 품에 안기는 한이 있더라도 '아우'는 형의 힘이 절대적으로 필요했기 때문이다. '아우'는 '형'에게는 아무 말도 하지 못하고, 그저 '형'에게 품을 허락한 '여동생'의 도덕적 결함만을 물고 늘어질 뿐이었다. '벌레의 시간' 속의 벌레들은 거미줄을 탓하지 못한다. 벌레는 그저 벌레끼리 싸우기에 '벌레의 시간'은 지속될 수 있다.

'레인보우'라는 단어가 무색할 정도로 레인보우 클럽에선 벌레들끼리의 시샘과 경쟁이 매일같이 벌어졌다. 아마 그곳엔 폭력과 욕설이 난무했을 것이다. 양갈보들끼리도 나보다

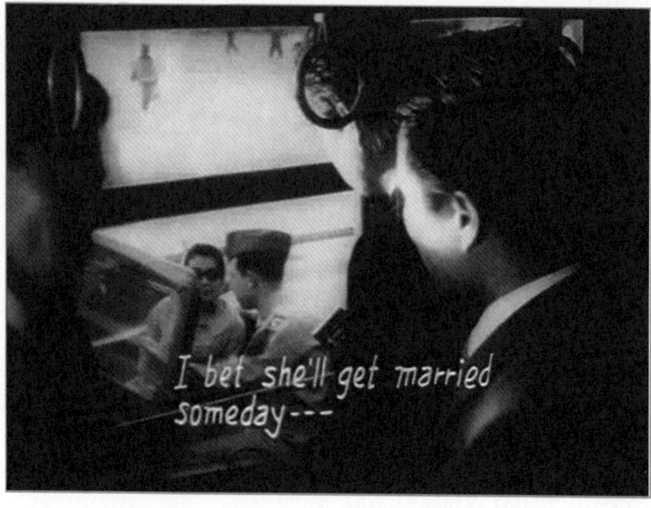

영상 40

"장사치고는 고급이야. 밑천 안 들고. 저러고도 또 시집 가겠지?" 영화〈오발탄〉에서 철호는 미군과 함께 있는 양색시를 두고 버스 안의 남자들이 나누는 대화가 불편해 자리를 옮긴다.

더 못한 벌레를 찾아내기 위해 백인을 상대하는 양갈보와 '깜댕이'를 상대하는 양갈보를 구별하던 시절이었으니 오죽했으랴. 벌레들의 아귀다툼 속에서 돈을 벌었던 아버지는 매우 희한한 방식으로 그 시절을 기억해냈다. 뭔가 언짢은 감정이 치매 노인을 습격하면, 아버지의 입에서는 '갓뎀'과 '마더 퍽유'라는 미제 욕이 자동적으로 발사되었다.

삼거리로 이주한 사람들은 제각기 전쟁으로 인한 상처를 안고 모여들었다. 전쟁에서 팔다리를 잃은 상이군인이 술주정으로 자신의 상처를 떠벌인다면, 삼거리 여자들은 작고 낮은 목소리로 넋두리를 늘어놓을 뿐이다. 자신들이 유일한 전쟁 피해자인 듯 난동을 피우는 상이군인들에게 술집 여자가 건네는 말은 삼거리 여자들이 하고 싶었던 말이기도 하다. 영화 〈쌀〉(신상옥 감독, 1963)에서 술집 여자는 상이군인에게 이렇게 말한다.

"전쟁으로 상처를 입은 것이 비단 당신네들뿐인가요? 우리 여자들도 상처를 입고 이렇게 거리로 나서지 않았어요? 어떻게 생각하면 우리 여자들이 입은 상처가 더 쓰리고 아플는지 몰라요."

'벌레의 시간'을 보내고 있는 '남자 벌레'는 자신이 찾아낸 벌레에게 동강 난 팔을 휘두르며 윽박지를 수 있지만, 남자에게 발견된 '여자 벌레'는 소리를 지를 수조차 없었다.

"요즘 어디 믿음직한 놈팽이가 있는 줄 아니?"
"그래도 언제까지나 코 큰 사람만 상대하고 살겠수? 동족끼리 살아야지."
"정신들 차려서 지금 돈이나 벌 생각들 해라. 미국 놈이나 한국 놈이나 사내는 다 같애. 그저 돈이 제일이다, 얘. 돈이 제일이야."
"그럼 돈 벌어서 뭘 해요. 미국 사람하고도 살 수 없고 우리 동족끼리도 살 수 없으니 우리는 무슨 족속이우?"
"무슨 족속? 양부인이란 족속이지, 뭐야."

• 영화 〈지옥화〉

'양공주'가 달러벌이의 최전선에 있고 남자들은 후방에서 그 달러에 의존하는 기생 경제를 이루고 있던 시대, 그럼에도 불구하고 미군과 한국 남자에게 동시에 벌레 취급을 받았던 양색시들에게 남은 건 위악뿐이었다.

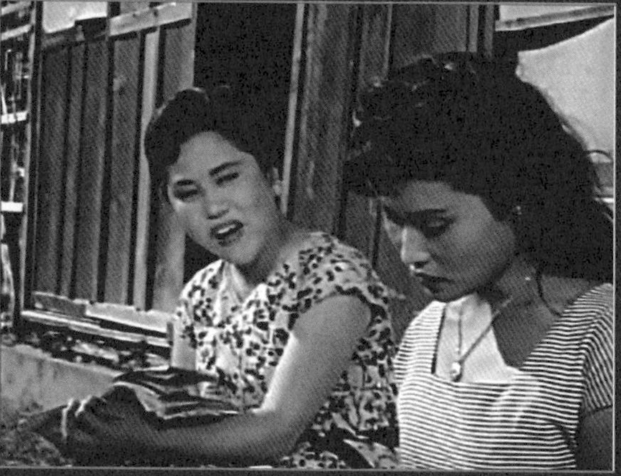

1
영화 〈쌀〉에서 술집에 들어와 난동을 부리는 상이군인에게 술집 여자가 일침을 놓는 장면.
(사)신상옥감독기념사업회 제공

2
영화 〈지옥화〉에서 양공주들이 자신들의 처지에 대해 대화를 나누는 장면.
영상 41

3
영화 〈지옥화〉에서 양공주 소냐가 미군 부대 옆을 지나가는 장면.
영상 42

달러市場의 生態

洋公主가버는 外貨만年間2百40萬弗

양공주가 벌어들이는 외화가 연간 240만 달러에 이른다는 내용의 1966년 7월 23일자 『매일경제』 기사.

1958년의 영화 〈지옥화〉에 등장하는 양공주 소냐의 움직임을 보라. 하이힐을 신고 양장을 걸친 채 한 손을 허리에 올리고 마치 무대 위에 선 모델처럼 캣워크를 하고 있지만, 소냐가 걷는 길은 비포장도로이고 그 뒤로는 화려한 무대가 아니라 미군 부대의 철조망과 군용 트럭이 보인다. 씰룩대는 엉덩이와 짝짝 씹어대는 껌, 어깨를 으쓱 하는 미국식의 제스처……. 위악이라는 옷을 걸쳐야만 '벌레의 시간'을 살아낼 수 있었던 양색시의 씰룩거리는 엉덩이는 선정성이 아니라 비애를 느끼게 한다.

어머니의 길

전후 무기력이라는 집단 질병을 앓고 있던 한국 남자 곁의 '그저 그런' 여자들은 그런 모습을 답습할 수 없었다. 한국 남자의 품을 떠난다는 것은 곧 벌레 취급을 받는 양색시가 된다는 의미였던 시절, '그저 그런' 여자들에게 남겨진 유일한 선택은 남자들의 무기력함을 보완하는 존재로 자신을 재규정하는 것뿐이었다.

전후 한국 사회는 '그저 그런' 사람을 돌보지 않았다. 전쟁을 거치며 엄청난 수의 과부와 고아가 출현했지만, 국가 역시 전후 남성을 빼다 박은 듯 무기력한 모습이었다. 1950년대의 성인 여성은 식민지 시절 교육받을 기회가 전혀 없었던 사람들이다. 그들 대다수가 소학교도 졸업하지 못했다는 현실을 감안하면 이들이 전후에 양색시가 될 가능성은 결코 적지 않았다. 누구의 보호도 받지 못하는 과부에 대한 사회의 시선은 단 한 가지, 그들이 타락하여 양색시가 되지 않을까 하는 두려움이었다. 전쟁 과부는 보호가 아니라 우려와 감시의 대상일 뿐이었다. 그들은 성적 타락의 가능성을 지닌 터지지 않은 폭탄 취급을 받았다.

전후 남성의 감시망 속에서 전쟁 과부는 바람직한 어머니상을 정립하기 위한 담론의 소재가 되기도 했다. 전쟁 과부는 갈림길에 있었다. 타락한 여성이 될 것인가? 아니면 어머니가 될 것인가? 1956년 『여원』에 실린 「미망인은 고뇌한다」라는 글에는 미망인에게 강요된 고뇌, 강요된 선택이 무엇이

영상 43

영화 〈동심초〉에서 전쟁미망인 이 여사는 세상 사람들의 감시의 시선 때문에 괴로워한다. "사회에서 주목을 받는 전쟁미망인, 어디를 가나 무엇을 하나 호기심을 가지고 내 행동을 감시하는 것 같구나."

었는지가 잘 드러나 있다.

> 여인으로서 인간으로서 모성이라는 것이 진실로 존귀한 것이며 따라서 모성을 보호해야 하는 것은 개인뿐만 아니라 인간 사회의 가장 중요한 의무일 것은 누구나 다 알고 있는 것입니다. …… 모성애는 갑자기 생겨난 본능이 아니라 수천 년 수만 년의 긴 시대에 걸쳐 여성이 생산을 하고 이를 길러온 결과 생겨난 것으로 이것을 깊게 높게 발달시켜 나가야 할 의미가 있기 때문입니다. …… 자녀를 가진 미망인들의 연애를 멀리하는 희생적인 정신도 삼종 도덕의 산물이 결코 아니요, 역사와 함께 내려온 우리 민족성의 표현입니다. • 『여원』 1956년 3월호

'어머니'가 되지 못한 혹은 '어머니'가 되기를 거부하는 여

자는 위험하다. '어머니의 길'은 이미 정해져 있다. 가능한 선택은 그 길을 걸을 것인가, 아니면 벗어날 것인가 둘 중 하나뿐이다. 사랑방에 손님이 와도 결국 정해진 '어머니의 길'에서 벗어날 수 없는, 영화 〈사랑방 손님과 어머니〉(신상옥 감독, 1961) 속의 어머니. 나의 어머니 또한 그 시절의 다른 여자들처럼 '어머니의 길'을 내면화했다.

어머니는 아프레걸과 달리 위험하지 않은 전후 여성이었다. 전후 여성들은 아프레걸 취급을 받지 않으려면 어머니임을 증명해야 했다. 1956년에 어머니날이 만들어졌다. 어머니날을 만든 이유를 설명하는 『동아일보』 기사를 보자.

> 아버지들이 정신을 못 차리더라도 우리 어머니들은 헐벗고 굶주림에서, 학대와 곤궁에서라도 정신을 차려 내가 가진 숭고한 본분을 깨달아 자녀를 지도할 때 비로소 우리 자녀들이 훌륭한 사람이 되고 우리 사회는 명랑해질 날이 오리라 믿는다.
>
> • 『동아일보』 1956년 5월 8일자

'어머니'라는 존재는 전후 남성의 무기력함, 무능력함을 보완하는 최후의 보루였다. 권장되는 어머니상은 전후 남성이 경제 능력을 상실했더라도 그것을 탓하기보다는 자신이 대신해서 그 일을 해내는 사람이었다.

영화 〈이 생명 다하도록〉에서도 결국 문제의 최종 해결은 여성이 한다. 주인공 혜경은 전쟁에서 허리를 다친 남편을 대신해 가정을 책임진다. 바느질로 모은 돈을 남편의 사업 자금으로 내놓는 등 내조에 충실한 모습을 보여준다. 바로 전후 남성이 기대하는 '어머니의 길'을 모범적으로 걷고 있는 여인이다. 이런 여성들은 곳곳에 있었다. 영화 〈또순이〉(박상호 감독, 1963)의 주인공 또순이는 돈 되는 일이라면 무엇이든 하기 위해 시장으로 나섰다. 억척스럽고 독립적인 또순이의 모습은 당시 관객들에게 큰 호응을 얻었다. 1959년 『여원』에서는 전후 생활 전선에 뛰어든 여성을 이렇게 묘사했다.

> 콩나물장사, 미역장사, 더덕장사부터 시작해서 양담배장사, 양주장사, 양과자장사, 딸라장사, 양말장사, 샤쓰장사, 양단장사, 나이론장사, 좌우 옆 포목전의 주인이 모두 다 묘령의 처녀가 아니면 허우대 좋은 점잖은 중년부인들이다. 사내들은 꼬리를 감추고 완전히 여자들의 판국이 되었다.

• 『여원』 1959년 8월호

아버지와 어머니의 삼거리에는 달러가 있었다. 하지만 달러의 매혹만큼이나 위험이 도사리고 있었다. 위악이라는 옷을 입어야 했던 양색시들의 거리에서 어머니는 간난아이를 포대기에 두른 채 그 위악적 외면을 고데머리로 완성해야 했다. 어머니의 레인보우 미장원에서는 서로 다른 곳으로 인도하는 두 갈래 길이 교차했다. 하나는 양색시들이 걷는 위악의 길, 다른 하나는 양색시가 아님을 증명하는 어머니의 길. 어머니는 위악의 길을 걷는 양색시들의 머리를 만지면서 어머니의 길을 걸어야 했다.

1
영화 〈어머니의 길〉 포스터.
한국영상자료원 제공

2
〈사랑방 손님과 어머니〉 포스터.
ⓒ양해남 컬렉션

3
영화 〈이 생명 다하도록〉에서 혜경은 남편에게 그동안 모아놓았던 돈이 든 통장을 내주며 자유롭게 사업을 추진하라고 말한다.
영상 44

5장 레인보우 클럽 저 멀리 아메리카

어머니가 레인보우 클럽의 삼거리를 기억하는 방식은 아버지와 퍽 달랐다. 치매가 깊어질수록 아버지는 알 수 없는 대상을 향해 '갓뎀'과 '마더 퍽 유'를 날리는 방식으로 레인보우 클럽을 회상했다면, 어머니는 가만가만 조곤조곤 마치 구전동화를 들려주듯 회고를 이어갔다.

아버지는 레인보우 클럽 안에서는 미군의 비위를 맞춰야 했지만, 어머니의 비위를 맞춰야겠다는 생각은 전혀 하지 못했다. 어머니는 그런 아버지를 견뎌야만 했다. 두 분은 삼거리에서 함께 '벌레의 시간'을 보낸 부부지만, 아버지와 어머니의 시간은 한순간도 같을 수 없었다.

아버지는 어머니에게 구혼할 때만 해도 꽃다발을 가져다줄 정도로 로맨틱한 면이 있었다. 그러나 결혼 이후 꽃다발을 든 그 남자는 어디론가 사라져버렸다. 아버지는 '벌레의 시간'에서 느끼는 불만을 타인에 대한 공격으로 표출했다. 그 공격의 대상은 물론 어머니였다. 꽃을 들었던 남자는 윽박지르는 남자로 바뀌었다. 그 앞에서 어머니는 '묵묵무언默默無言' 외에는 선택의 여지가 없었다. 어머니는 아버지의 '윽박지르기'가 무서웠다고 했다. 그렇게 큰소리를 친다고 해서 아버지가 레인보우 클럽의 운영을 전적으로 도맡았던 것도 아니다. 밖으로 요란한 사람 특유의 무지막지한 빈틈을 메꾸는 일은 어머니의 책임이었다. 큰소리가 남긴 빈 공간을 어머니는 무엇으로든 어떤 방식으로든 채워야 했다. 아버지는 큰소리를 치면서도 모든 것을 책임지지 못하는 전후 남성의 표본을 그대로 따랐다. 마찬가지로 어머니는 그런 전후 남성의 뒤치다꺼리를 도맡아 했던 전후 여성의 운명을 공유했다. 작고 연약해 보이는 외모와 어울리지 않는 억척스러움, 대범하면서도 침착한 심성, 큰소리치지 않으면서도 은근하게 상대방을 설득하는 능력 등 어머니는 삶의 모든 기법을 삼거리에서 깨우쳤다.

아메리카라는 이상향

어머니에겐 두 가지 꿈이 있었다. 두 가지 모두 과거 자신이 이루지 못했기에 갖게 된 소망이다. 스무 살도 채 안 된 나이에 부모와 이별한 어머니는 인생에서 부모의 부재를 가장 큰 결핍으로 여겼다. 그 결핍은 꿈이 되었다. 어머니는 자상한 '젊은 엄마'가 되고 싶다는 꿈을 꾸었다. 부모의 관심과 배려를 받지 못하고 성장한 인생, 친정어머니도 없이 치른 결혼과 출산. 늘 그리움을 안고 살았던 어머니는 자식들에게 모든 것을 다 해주는 '젊은 엄마'가 되고 싶었다.

어머니의 또 다른 꿈은 자식들이 미국 유학을 가는 것이었다. 어머니는 공부도 잘했고 반장을 할 정도로 총명함을 인정 받는 아이였지만, 가족과 시대라는 껍데기는 어머니에게 그런 잠재 능력을 발휘할 기회를 주지 않았다. 차라리 배움에 대한 갈망 자체가 없었다면, 그렇게 한恨과 뒤범벅인 상태의 꿈이 되진 않았을 것이다. 그 꿈을 위해 어머니는 양색시의 고데머리를 말고 또 말았다. 언젠가 '젊은 엄마'의 헌신적인 지원을 받으며 자식들이 미국으로 유학 가는 것을 꿈꾸며.

삼거리 사람들의 모든 꿈은 미국으로 향했다. 양색시들에게도 마지막 비상구는 미국이었다. 물론 그들이 꿈꾸는 미국은 미군이 없는 곳이었다. 여기 있는 한 자신은 양색시이지만, 미국으로 건너가는 순간 완벽히 다른 사람이 되는 마법. 그 마법을 가능하게 하는 태평양 저 건너 미국이라는 나라는 말만 들어도 황홀했다. 문산읍 선유리에 살았던 P씨는 이렇게 말했다.

> 가장 큰 목적은 미군과 결혼하는 거예요. 미군은 한국 사람에 비해 과거를 중시하지 않죠. 그래서 현재 자기가 좋아한다면 과거를 가지고 여자를 괴롭히지는 않아요. 그리고 미국에 가서 살 수 있으니까 자신을 모르는 곳에서 새출발할 수 있다고 여기죠. • 파주군, 『파주군지 하 – 현대사회』

미국은 '벌레'가 된 느낌을 떨칠 수 없는 사람들에게 탈출구를 제공했다. 삼거리 사람 중에서 실제로 미국에 가본 사람은 아무도 없었지만, 삼거리에서 미국은 '벌레의 시간'이

종식되는 공간으로 통했다. '군인이 아닌' 미국인이 사는 아메리카는 말만 들어도 삼거리 사람들을 흥분시키는 일종의 이상향이었다. 당시 인기 있었고 어머니도 좋아했던 유행가 〈샌프란시스코〉의 가사는 이러했다.

> 비너스 동상을 얼싸 안고 소곤대는 별 그림자 영상 45
> 금문교 푸른 물에 찰랑대며 춤춘다
> 불러라 샌프란시스코야 태평양 로맨스야
> 나는야 꿈을 꾸는 나는야 꿈을 꾸는 아메리칸 아가씨
>
> • 손로원 작사, 박시춘 작곡, 장세정 노래(1952년, 오리엔트레코드)

영화 〈비오는 날의 오후 3시〉(박종호 감독, 1959)의 여주인공 안수미는 고아였고 전쟁으로 약혼자마저 잃었다. 그런 그녀에게 미국 교포 헨리 장은 구세주나 다름없다. 헨리 장에게 털어놓은 안수미의 고백은 '벌레의 시간'을 보내고 있던 사람들 모두의 심정이기도 했다.

> 선생님은 저에게 구세주나 다름이 없었어요. 더구나 의지할 사람 없는 외로운 저는 선생님의 동정에 기대이는 수밖에 별 도리가 없었어요. 두 번 세 번 만나는 동안 전 선생님을 사랑하고 있는 자신을 발견했어요. 자신을 억제해보려고 애썼으나 저의 마음은 선생님을 대할 때마다 힘없이 무너져갔어요! 선생님이 결혼하자고 말씀해주었을 때 저는 새로운 제 인생이 시작되는 줄 알았어요. 전 행복의 절정에서 선생님과 함께 미

국으로 갈 날만 손꼽아 기다리고 있었어요.

• 영화 〈비오는 날의 오후 3시〉

영화 〈비오는 날의 오후 3시〉 포스터.
영화 속에서 헨리 장은
미국 교포이자 유엔군 종군 기자였다.
ⓒ양해남 컬렉션

'미군'이라는 단어와 '미국'이라는 단어는 전혀 다른 느낌을 주었다. 미군은 지금 이 시간을 '벌레의 시간'으로 만들었으나 미군의 고향인 미국, 즉 아메리카라는 단어에서는 향기가 풍겨 나왔다. 미국엔 "광야를 달려가는 아리조나 카우보이"(김부해 작사, 전오승 작곡, 명국환 노래 〈아리조나 카우보이〉, 1959)가 있고, 아메리카의 차이나타운은 "태평양 바라보며 꽃구름도 깜빡깜빡"(손로원 작사, 박시춘 작곡, 백설희 노래 〈아메리카 차이나타운〉, 1954) 하는 곳이다.

미국은 엘리트의 시간을 가져다주는 곳이었다. 미국 유학생 출신 '리승만 박사'가 통치하던 시절 아니었는가? 정치 깡패로 이름을 날리다 5·16 군사정변 이후 군부의 '연예계 정화 사업'으로 체포·사형당한 임화수가 제작한 〈독립협회와 청년 이승만〉(신상옥 감독, 1959)*의 마지막 장면처럼, 고종 황제 또한 "승만, 짐은 그대를 믿어. 짐이 특히 부탁하노니 경이 잘 알아서 처리하오"라며 이승만에게 마지막 희망을 걸었다지 않은가. 배재학당에서 영어를 배우던 학생 이승만은 고종 황제의 뜻을 받들어 미국으로 유학을 갔다가 돌아와 나라의 아버지 '리승만 박사'가 되었다. 국민들은 그런 그에게 〈우리 대통령〉이란 노래를 바쳤다.

우리나라 대한 나라 독립을 위해
여든 평생 한결같이 몸 바쳐오신
고마우신 리 대통령 우리 대통령
그 이름 기리기리 빛나오리라
오늘은 리 대통령 탄생하신 날
꽃피고 새 노래하는 좋은 시절
우리들의 리 대통령 만수무강을
온 겨레가 다 같이 비옵나이다

영상 46

* 〈독립협회와 청년 이승만〉의 시나리오는 기본적으로 이승만의 구술에 토대를 두고 있다. 미국으로 떠나는 이승만에게 고종이 밀서를 전달했다고 묘사된 내용은 사료로 입증되는 사실이라기보다 이승만의 주장에 근거를 두고 있다.
• 이순진, 2011, 「냉전의 논리와 식민지 기억의 재구성」, 『한국영화와 민주주의』, 한국현대매체연구회 편, 선인, 237쪽.

우리들은 리 대통령 뜻을 받들어
자유평화 올 때까지 멸공전선에
몸과 마음 다 바치어 용진할 것을
다시 한 번 굳세게 맹세합니다

• 이은상 작사, 윤용하 작곡, 방송어린이노래회 노래(1956년)

이승만은 대통령보다 박사라는 호칭을 더 좋아했다. 이승만의 생일이면 학생들은 매스게임에 동원되고, 그의 친필에 수예 작업을 했다. 또 만수무강을 비는 송수탑頌壽塔이 등장하고, 심지어 25미터에 달하는 동상이 만들어지기도 했다.

인터넷이 없던 시절엔 영화가 대중 미디어로서 막강한 영향력을 발휘했다. 영화를 보러 가면 반드시 봐야 하는 〈대한뉴스〉는 나라의 아버지 '리승만 박사'를 떠받드는 내용으로 채워졌다. 영화관에 앉은 아버지와 어머니는 그가 전쟁이 발발하자마자 미국 대사와 자신의 피난에 대해 논의했고, 국회와는 상의도 없이 6월 27일 새벽 은행권도 그대로 두고, 정부의 중요 문서도 치우지 않고, 수만 명의 군인을 한강 이북에 남겨둔 채 홀로 기차를 타고 피난을 떠났다는 사실을 알 턱이 없었다. 신문을 읽는 독서 공중이 아니었던 두 분은 국군 정예부대가 총반격을 개시해 해주시를 완전히 점령했다는 『동아일보』의 오보가 나온 바로 다음 날, 즉 6월 28일 새벽 2시 30분에 한강 다리를 폭파한 것은 인민군이 아니라 남측이었다는 사실도 전혀 알지 못했다. 〈대한뉴스〉 38호 '제79회 리 대통령 탄신 경축'에 등장하는 이승만은 '나라의 아버지'라 부르기에 전혀 부족함이 없었다.* 아나운서는 대통령의 일상을 이렇게 소개한다.

> 전 세계의 주시 속에 극심한 난국에 처하여 만 길을 통찰하시기에 바쁘신 하루하루를 보내고 계시는 대통령께서는 격무의 틈을 타시어 부인과 한자리에 단란한 시간을 보내시는 때도 있으며 신문을 드시고 시정사를 챙기십니다. 때로는 손수 붓을 드시고 글을 쓰시기에 여념이 없으십니다. 그리고 손수 타이프라이터를 두드리는 때도 계십니다. …… 삼가 우리의 영도자 노대통령 각하의 만수무강하시옵기를 우리는 빌어 마지않습니다. 영상 47
>
> • 〈대한뉴스〉 38호(1954년 4월 1일)

아버지, 어머니에게 이승만은 대한민국의 초대 대통령이자, 전쟁고아가 넘쳐나는 반도 남쪽 나라의 아버지였다. 게다가 삼거리에서 통용되는 양색시 영어가 아닌 유학생 영어를

> * 1955~57년에는 이승만 우상화 운동 비슷한 것이 일어났다. …… 그런 속에서 남한산성에 이승만 대통령 송수탑을, 남산에는 우남정을 세운다. 우남정, 이건 나중에 팔각정이 된다. 또 광화문에는 우남회관을 짓기로 했는데, 이게 나중에 서울시 시민회관을 거쳐 세종문화회관이 된다. 이런 상황에서 이 대통령은 서울이라는 이름은 발음하기가 나쁘다, 외국인들이 발음하기 힘들어 하니 서울이라는 이름을 바꾸자, 이런 이야기를 한다. 그러자 자유당에서 그럼 우남시로 하는 게 어떻겠느냐는 주장을 많이 했다.
>
> • 서중석 · 김덕련, 2016, 『서중석의 현대사 이야기 3』, 오월의 봄, 212쪽

1
2
3

1
영화 〈독립협회와 청년 이승만〉에서
이승만이 배재학당에서 영어를 배우는 장면.
영상 48

2
영화 〈독립협회와 청년 이승만〉에서 고종 황제는
이승만을 나라의 마지막 희망으로 믿고 미국으로 보낸다.
이어지는 장면에서는 '올드 랭 사인Auld Lang Syne'과
'애국가'가 흐르는 가운데 포구에서 이승만과
그의 가족이 눈물 속에 이별하는 모습이 나온다.
영상 49

3
각 도 공보실을 통해 각급 학교에 배부될
대통령 존영 수여식.
e영상역사관 제공

4
이승만 80회 탄신 기념 매스게임(서울운동장)
e영상역사관 제공

5
1955년 남한산성에 세워진 '대통령 리승만 박사 송수탑'.
대통령의 만수무강을 기원하는 의미로 청동 봉황새를 조각해 올렸다.
e영상역사관 제공

6
이승만 81회 탄신 축하 문구가 걸린 전차.
e영상역사관 제공

7
이승만 80회, 81회 탄신 기념우표.

구사하는 '미국 박사'였다.

삼거리를 감싸고 있는 한국이라는 껍데기가 국부 '리승만 박사'의 통치하에 있는 한, 어머니의 꿈이 아들을 미국 유학생으로 만드는 것임은 당연한 일이었다. 어린 시절 어머니에게 왜 공부를 해야 하느냐고 물으면, 어머니의 대답은 늘 공부를 잘해서 미국 유학을 가야 출세할 수 있다는 것이었다. 삼거리 사람들의 머릿속엔 전쟁이 나자마자 혼자 서둘러 피난을 떠난 무책임한 초대 대통령도, 4·19 혁명으로 하야하면서도 부정선거에 대해 어떤 사죄도 하지 않은 하와이 망명객 이승만도 입력되어 있지 않았다. 이승만은 오로지 미국 박사였고, '벌레의 시간'을 견디며 돈을 벌어야 할 이유를 설명하는 존재였다. 자식이 미국 유학을 다녀오면 '리승만 박사'처럼 출세할 수 있으리라는 기대, 그리하여 지금의 이 고통이 한순간에 마법처럼 보상되리라는 백일몽은 그 시간을 견뎌낼 수 있는 에너지였다.

"유학을 하고 영어를 하고 박사호 붙어야만"

영어는 미군의 언어이기도 했지만 '리승만 박사'가 구사하는 언어였다. 기지촌에서 영어는 체면을 벗어던지고 먹고살기 위해 익혀야 하는 밥벌이의 언어이면서, 동시에 기지촌 저 멀리 서울에서 지배 엘리트로 부상할 수 있는 기회의 언어이기도 했다. 1948년에 쓰인 염상섭의 소설 『효풍』에서 이런 변화한 세태의 분위기를 감지할 수 있다. 당시는 '고

영상 50

이승만 대통령이 1954년 7월 28일 미국 의회에서 영어로 연설하고 있다. 미국 사람들 앞에서 영어로 연설할 수 있다는 사실 자체만으로도 당시 사람들의 눈에 그는 국부로 추앙받아 마땅했다.

쿠고'를 구사할 수 있는 사람은 많았지만, 영어를 구사하는 사람은 아직 소수였다. '고쿠고'가 과거를 상징한다면, 영어는 달라지고 있는 헤게모니의 방향을 지시하는 언어였다. 영어를 구사하는 사람은 그 능력을 마음껏 뽐낼 수 있었다. 양색시의 생존 영어는 슬펐지만, 가능성의 언어인 영어는 유쾌하고 발랄하고 긍정적이었다. 다음은 『효풍』의 한 장면이다. 미국인 베커와 영어로 대화를 나눌 수 있는 한국인들은 즐겁다. 영어로 대화가 시작되면 사람들은 거침없고 긍정적인 모습으로 변한다.

주인이 들어오니까 네 사람은 조선말은 쑥 빼버리고 영어로만 수작이 되었다. 영어 회화의 경연 쉼직하나 모두들 유쾌하였다. 듣는 베커는 물론이요 그중에도 제일 유창한, 아무리 유창해도 베커만이야 못하겠지마는 어쨌든 본토는 아니나 하와이에서 청년 시대를 지낸 이 상점 주인 이진석이 역시 서투른 조선말보다는 서양 사람과 영어로 거침없이 이야기하니 유쾌하고 혜란이는 혜란이대로 서양 청년과 회화 연습을 하니까 재미있다. • 염상섭, 『효풍』

영어는 동아줄이다. 그 언어를 구사할 수 있는 사람은 다른 벌레들을 부릴 수 있는 벌레로 상승할 기회를 부여받는다. 어떤 성충으로 변태metamorphosis할지를 영어가 결정한다. 미국 유학은 지배하는 벌레로 변태할 수 있는 수단을 제공한다. 그러니 누구나 미국에 가는 백일몽을 꿈꾸기 마련이다. 아래는 1955년 손창섭이 묘사한 세상물정 풍경이다. 영어는 마법이자, 미국으로 가는 비행기 티켓이다.

인제 겨우 열한 살짜리 지현이년만 해도, 동무들끼리 놀다가 걸핏하면 한다는 소리가 "난 커서 미국 유학 간다누"다. 그게 제일 큰 자랑인 모양이다. 중학교 이학년생인 지철이는 다른 학과야 어찌 되었건 벌써부터 영어 공부만 위주하고 있다. 지난 학기 성적표에는 육십 점짜리가 여러 개 있어서 대장이 뭐라고 했더니 "응, 건 다 괜찮아. 아 영얼 봐요, 영얼요!" 하고 구십팔 점의 영어 과목을 가리키며 으스대는 것이었다. 영어 하나만 자신이 있으면 다른 학과 따위는 낙제만 면해도 된다는 것이 그놈의 지론이다. 영어만 능숙하고 보면 언제든 미국 유학은 가능하다는 것이다. 우리 오남매 중에서 맨 가운데에 태어난 지웅이 또한 마찬가지다. 고등학교 일학년인 그 녀석은 어느새 미국 유학 수속의 절차며 내용을 뚜르르 꿰고 있다. 미국 유학에 관한 기사나 서적은 모조리 구해가지고 암송하다시피 하는 것이다. • 손창섭, 「미해결의 장」

아메리카를 다녀온 사람은 뭔가 달라도 한참 다르다. 벌레의 눈에 그들은 환골탈태한 나비다. 자신이 애벌레가 아님을 입증하기 위해 나비인 척하는 가장 좋은 방법은 은근슬쩍 아메리카의 흔적을 언어 속에 남기는 것이다. 치졸하지만 대단히 효과적인 방법이다. 오죽했으면 "유학을 하고 영어를 하고 박사호 붙어야만 남자인가요"(반야월 작사, 박시춘 작곡, 박경원 노래 〈남성 넘버원〉, 1958)라는 항변 섞인 대중가요가 등장했겠는가.

1959년의 영화 〈비오는 날의 오후 3시〉에 유엔군 종군기자로 등장하는 헨리 장은 얼마나 매혹적인 인물이었을까? 그의 본래 이름이 무엇인지는 알 수 없지만, '장'이라는 한국 성과 '헨리'라는 영어 이름의 조합이 빚어내는 그 치명적인 매혹을 이미 '그저 그런' 사람들조차 알아버렸다. 미국에서 온 사람, 미국 분위기를 내는 사람, 영어를 자유자재로 구사하는 사람은 그 자체로 특별함을 증명했다. 영화 〈자유결혼〉에 등장하는 외교관 사위는 신혼여행 첫날밤에 유창한 영어로 신

1 2

1
영화 〈자유결혼〉에서 의과대학 교수 고박사의 맏딸인 숙희는 외교관 남편과 결혼해 신혼여행을 떠난다. 남편은 'The Best Day of Our Life'라는 유창한 영어를 구사하는 남자였지만, 숙희가 지난사랑을 고백하자 첫날밤에 곧장 파혼을 선언하고 미국으로 떠나버린다.

영상 51

2
영화 〈돼지꿈〉(한형모 감독, 1961)에서 중학교 교사인 학수는 얼마 되지 않는 월급으로 생활을 꾸려가기가 어렵던 차에 돼지꿈을 꾼다. 그때 마침 소개받은 재미교포 찰리 장을 통해 큰돈을 벌어보려다 가진 재산을 전부 날리게 되는데, 찰리 장은 영어가 섞인 어눌한 한국어로 학수 부부를 감쪽같이 속인다.

영상 52

3

4

3·4
영화 〈자유부인〉에서 교수의 아내이자 평범한 주부였던 선영은 우연히 알게 된 옆집 청년 춘호에게 춤을 배우며 그와 가까워지는데, 춘호는 매번 영어로 인사를 건네며 선영을 유혹한다.

영상 53, 54

혼여행을 'The Best Day of Our Life'라고 표현할 수 있는 남자다. 그것만으로도 그는 특별한 존재인 것이다. 영화 〈자유부인〉에서 한복을 입은 여주인공 오선영을 유혹하는 옆집 대학생은 '굿모닝Good Morning'과 '굿나잇, 마담Good Night, Madame'을 남발한다. 이는 마치 오선영을 가둔 한반도라는 땅 외부의 어떤 곳에서 보낸 초대장과도 같은 언어였다. 대중가요에서 노래하듯 "그대와 같이 부르는 스위트 멜로디"가 넘쳐흐르는 "럭키 모닝"을 기대하고(유광주 작사, 전오승 작곡, 박재란 노래 〈럭키 모닝〉, 1958), 마침내 일요일이 오면 "오늘은 선데이 희망의 아베크"(이철수 작사, 이재현 작곡, 윤일로 외 노래 〈청춘 아베크〉, 1957)를 기대할 수 있다면 그 사람은 이미 '벌레의 시간'에서 벗어났다는 뜻이다.

1950년대 신상옥과 더불어 최고의 흥행감독이었던 한형모의 영화에는 한반도 외부의 어떤 곳에 대한 판타지가 강박적으로 나타난다. 그와 더불어 공식 영역에서 '고쿠고'와 한자가 힘을 잃어가던 시대, 그 빈틈을 파고들어 어느새 헤게모니를 장악한 영어가 빚어내는 세상물정을 대단히 현실적으로 그려낸다.

영화 〈돼지꿈〉에 등장하는 사기꾼은 어눌한 한국어를 구사한다. 배우 허장강이 맡은 재미교포 찰리 장이 사기를 치는 수단은 바로 찰리 장이라는 영어 이름과 어눌한 한국어이다. 어눌한 한국어는 지성의 결핍을 드러내는 표식이 아니라, 오히려 반도의 질서에서 벗어난 존재임을 증명하는 방법이 된다. 다카키 마사오 같은 일본식 이름이 아니라, 찰리 장이라는 영어 이름은 과거가 아닌 미래의 아우라를 풍긴다. 미국에서 온 미래를 상징하는 찰리 장의 언설은 그 자체로 강력한 신앙과도 같은 믿음을 불러일으킨다.

영어는 일본어처럼 점령의 냄새를 풍기지 않는다. 영어는 예속의 언어가 아니라, 개발의 언어이고 모던의 언어이다. 테드 휴즈가 『냉전 시대 한국의 문학과 영화』에서 말한 것처럼 "한국어의 예속화를 의미하기보다는 포스트식민지적 개발주의 노선을 위해 허용해야 할 코스모폴리탄적 정체성을 구성하는 필요 수단—남한의 입장에서 미국/서구의 지식—으로" 영어가 나타나는 염상섭의 소설과 한형모의 영화는 아주 닮아 있다. 1950년대 최대 문제작이자 당대 최고 흥행영화인 〈자유부인〉은 일본에서 미국으로 중심이 이동해가는 현실을 배경으로 하는 작품이다.

"불쌍하게도 한글을 몰라요"

〈자유부인〉의 여주인공 오선영의 남편은 국문과 교수이다. 장 교수는 양복을 입고 등장한다. 반면에 아내 오선영은 한복 차림이다. 서양식 복장을 받아들인 남자와 그렇지 않은 여자의 확연한 대조는 매우 시사적이다. 남성은 이미 식민지 시절부터 양복을 일상적으로 입기 시작했지만, 여성은 해방 이후에도 여전히 한복을 입고 있다. 1950년대엔 양 극단에 있는 두 종류의 여자들만 양장 차림을 했다. 한쪽 끝에는 전쟁의 산물인 양공주가 있고, 다른 한쪽 끝에는 엘리트 신여성이 있다.*

한복을 입은 양공주는 없다. 양장은 양공주의 차림이다. 양장은 양공주에게 작업복이나 마찬가지다. 1950년대에 양장 차림의 여성은 자칫 잘못하면 양공주로 오인받을 수 있었다. 이런 상황에서 삼거리 레인보우 미장원의 어머니는 한복을 더 오래 고수해야 했다. 직업상의 이유로 양장을 한 여자들이 널려 있는 삼거리에서 어머니의 한복 차림은 고루함이나 보수성이 아니라 양색시가 아니라는 표식이었기 때문이다.

바람난 여자의 대명사로 지금까지도 언급되는 '자유부인' 오선영은 여염집 여자의 자리에 있을 때는 어김없이 한복을 입고 있다. 오선영을 춤의 세계로 유혹하는 옆집 남자 대학생이 그녀에게 어쭙잖은 몇 마디 영어로 농을 걸 때도, 중국집 아서원에서 열린 동창회에서 카바레로 2차를 가자고 결의하는 가운데 가수 백설희가 나와 〈아베크의 토요일〉을 부를 때도 오선영은 한복 차림이다. 심지어 〈아베크의 토요일〉을 부르는 백설희도 한복을 입었고, 동창회에 참석한 대다수의 여염집 여자가 한복 차림이다.

마침내 '타락의 현장' 카바레에 처음으로 가던 날에도 홀에서 춤을 추는 댄서와 음악을 연주하는 악단은 모두 양복 차

* 외국 군인들이 많이 주둔해 있던 전후라 양공주라 불리는 특수한 직업여성들의 수요도 만만치 않았다. 그들은 직업상 거의 양장을 했기 때문에 양장에 입술만 좀 빨갛게 칠해도 양공주로 보는 경우가 많았다. 그래서 한복은 일단 여염집 여자라는 표시도 되었다.

• 박완서, 1991, 「1950년대 미제문화와 비로도가 판치던 거리」, 『역사비평』 13. 108쪽.

림이지만, 교수 부인이자 여염집 여자 오선영은 여전히 한복을 입고 있다. 그런 그녀도 명동 '파리양행'의 지배인 격 점원이 되면서부터는 양장으로 갈아입는다.

〈자유부인〉의 또 다른 여성인 타이피스트 박은미는 줄곧 양장 차림으로 등장한다. 은미에게 양장은 자신이 여염집 여자가 아니라 전문직 여성임을 드러내는 표식이었다. 양장을 했지만 양색시는 아님을 증명해야 했기에 은미는 누구보다 절제된 말투와 제스처를 구사한다. 어느 날 은미는 장 교수에게 '프레젠트'를 주며 부탁한다. 지금 우리가 보기에는 난데없는 부탁이다. 다방에서 아메리카 발음을 흉내 내며 커피를 주문하는 은미는 "불쌍하게도 한글을 잘 몰라요"라고 한다.

지배의 언어가 '고쿠고'에서 '영어'로 바뀌는 동안 시궁창에 처박힌 언어, 피지배의 언어이자 교육받지 못한 사람들의 언어에 불과했던 한국어의 처지를 이만큼 잘 보여주는 장면도 없을 것이다. 아버지가 일본어를 유창하게 구사했던 이유는 식민지 시대에 공교육을 받았기 때문이다. 반면에 어머니는 교육을 받지 못했기 때문에 일본어를 전혀 하지 못했다. '고쿠고'도 '양말'도 익힐 기회가 없었던 어머니가 읽고 쓸 수 있는 언어는 한국어뿐이었다. 한글은 어머니를 텍스트의 세계로 안내하는 유일한 통로였지만, 세련된 양장을 걸치고 서구적인 제스처를 하는 '미스 박' 박은미는 한글을 모른다.

1
영화 〈자유부인〉에서 주인공 오선영의 동창회 장면.
함께 모인 동창들 대부분과 가수 백설희는 한복을 입고 있다.

영상 55

2·3·4·5
명동의 양품점 파리양행으로 출근하면서부터 오선영의 복장은 점차 양장으로 바뀌어간다.

"나는 딱하게도 구식 여자였나 보아"

국문과의 장 교수는 "불쌍하게도 한글을 잘 모르는" 미스 박에게 한글 맞춤법을 알려주며 모든 것이 미국을 향해 있는 1950년대의 분위기에 맞서지만, 정작 장 교수가 지키려 하는 전통은 상상 속에나 있는 것이었다. 과거로 돌아가 봐야 '고쿠고'가 지배했던 식민지 시대가 있고, 그보다 더 이전으로 가면 '언문' 취급을 받던 한글의 초라한 역사가 드러날 뿐이다.

어머니에게 한글은 유일한 것이었지만, 엘리트 여성 미스 박에게는 알면 더 좋은 것에 불과했다. 그렇기에 자신이 '불쌍하게도' 한글을 잘 모른다고 말하는 미스 박의 표정에서는 아무런 부끄러움도, 절실함도 읽어낼 수 없다. 존재하지도 않는 전통을 고수하려는 장 교수는 1950년대의 세태에 제동을 걸고 싶어 하지만, 별다른 헤게모니를 쥐고 있지 못하다. 아니, 이미 아내 오선영처럼 한복을 입은 여성이 아닌, 미스 박이라는 아메리카화된 여성에게 호기심을 느끼고 있다. 가부장적 주체 장 교수는 전통과 아메리카화된 새로움 모두를 갖고 싶어 한다. 그는 아내 오선영이 '파리양행'을 통해서, 또 카바레 '수정궁'을 통해서 직접 아메리카의 세계로 나서자 그녀에게 "저리 비켜!"라고 소리치며 대문을 걸어 잠근다. 그것 말고는 다른 선택을 할 수 없는 권위적인 존재이면서, 동시에 같은 크기로 무력한 존재이기도 하기 때문이다. 〈자유부인〉의 마지막 장면에서 장 교수는 용서를 비는 아내 선영에게 이렇

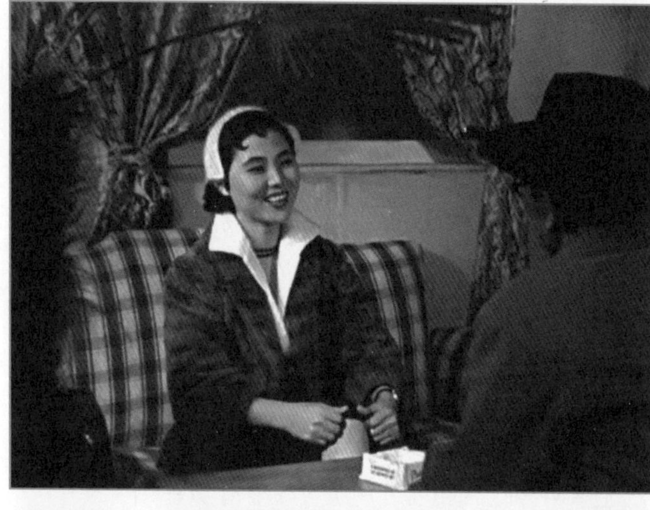

영상 56

영화〈자유부인〉에서 미군부대의 타이피스트 은미는 장 교수에게 한글을 가르쳐달라고 부탁한다.

영상 57

타이피스트들이 장 교수에게 한글을 배우는 장면.

게 말한다.

허영에 빠져서 가정을 저버리고 어머니로서의 의무를 향락으로 바꾼 당신이 무슨 면목으로 돌아왔소. 만약에 한 조각 양심이라도 남아 있거든 깨끗이 여기서 물러가시오. 그것이 경수에 대한 어머니의 도리가 아니겠소. • 영화 <자유부인>

아메리카의 향기를 풍기는 타이피스트에게 한글 맞춤법을 가르쳐준다는 구실로 다가가는 장 교수, 그러나 아내 오선영만큼은 한복을 고수하는 현모양처로 머물러 있기를 원하는 그는 아버지의 1950년대를 그대로 닮아 있기도 하다. 어머니는 레인보우 클럽으로 돈을 벌어 창신동 시절의 빈곤에서 벗어났지만, 한복과 양장 사이에서 어정쩡하게 서 있는 여자였다. 장 교수가 무기력하면서도 권위적인 전형적인 전후 남성이라면, 그리고 아버지가 그런 장 교수를 그대로 빼닮은 사람이었다면 어머니는 전후 남성의 치다꺼리를 도맡아야 했던 전후의 '그저 그런' 여성이었다. 남성의 치다꺼리를 거부하는 여성은 양색시든, 미스 박과 같은 엘리트 여성이든 양장을 했다. 양장을 한 채 춤바람이 난 아내 오선영을 한복 입은 장 교수가 단죄하는 것처럼, 어머니 역시 아버지의 그늘을 벗어나지 않는 한 양색시들로 북적이는 삼거리에서도 한복을 입어야 했다. 어머니의 기억에 따르면, 어머니는 1950년대 내내 한복을 입었다.

『여성생활』 1958년 4월호에 발표되었던 강신재의 소설 제목처럼 어머니는 삼거리의 '구식 여자'이어야 했다.

정미는 한동안 정직하게 쓸쓸한 얼굴을 하고 있었다. 그리고 이렇게 혼잣소리를 중얼대었다. 나는 딱하게도 구식 여자였나 보아. 딱하게도. • 강신재, 「구식 여자」

"미국 얘기 들려주세요"

어머니가 아무리 삼거리의 구식 여자로 머물러 있다고 해도 세상과 단절한 채 살지 않는 이상 어머니도 세상의 변화는 눈치 채고 있었다. 기지촌은 미제 물건이 넘쳐흐르는 곳이다. '미제'란 최상의 가치를 증명하는 표현이었다. "그래도 이게 미제야"라는 표현만큼 매혹적인 말도 없었다. 체면도 버린 채 돈 벌기에 혈안이 되어 있던 '벌레의 시간'에 벌레라는 느낌을 내던지기 위해서는 '최고급품'을 손에 쥐어야 했다. 미제는 그중에서도 최상위의 '최고급품'이었다.

오선영이 마담으로 취직한 명동 '파리양행'에 나타난 사기꾼은 '최고급품'을 찾는다. 그에게 중요한 것은 어떤 제품이냐가 아니라, 그것이 '최고급품'인가 아닌가다. 제품을 보는 심미안도 식견도 필요 없다. '최고급품'에 대한 동물적인 집착, 속물적 태도의 원형은 이렇게 '벌레의 시간'에 만들어졌다.

"외국제 화장품을 최고급품으로 주십시오."

"네, 어떤 걸로 드릴까요?"

"뭐든지 최고급품으로 적당히 주십시오."

"그럼 세트를 쓰시죠."

"예, 결혼 선물에 보낼 건데 최고급품이라야 합니다."

"그럼 미국제 맥스 파우다를 쓰시죠."
"최고급품입니까?"
"네, 최고급이에요."

• 영화 〈자유부인〉

'최고급품'인지를 집요하게 묻는 사기꾼의 질문에 대한 답은 '미제'다. 그 미제가 만들어지는 미국은 모든 가치 평가의 기준이다. 사람들은 늘 미국 소식을 궁금해했다. 미국에 실제로 가본 사람은 거의 없었지만, 영화가 미국을 대리 체험할 기회를 줬다. 영화에는 상상 속의 미국이 등장한다. 1950년대 영화의 미장센은 조금이라도 기회가 되면 서구적 장면을 연출했는데, 그 서구는 다름 아닌 미국이었다. 1958년에 개봉한 영화 〈자유결혼〉에는 이런 대화가 나온다.

"우리 한국 여성들은 몸에 맞지 않는 유행만 따르느라고 괴상한 양장들을 하고 돌아다니더군요. 미국 사람들은 체격과 자기 취미에 알맞도록 옷 디자인을 선택하지요."
"박 선생님, 저 미국 얘기가 듣고 싶어요."
"네, 그게 좋군요. 뭐든지 말씀드리죠."

• 영화 〈자유결혼〉

한국은 무조건 틀리고 미국은 무조건 맞다. 진리는 다 미국에 있다는 통념은 이렇게 만들어진다. "미국 얘기 들려주세요"는 뭔가 황홀한 것을 들려달라는 이야기와 같은 뜻이다.

미국에서 성공을 거둔 사람에 대한 소문이 어디보다 빨리 퍼지는 곳이 기지촌이다. 삼거리 사람들은 1954년 7월 25일 미국 CBS TV '에드 설리번 쇼The Ed Sullivan Show'에 출연한 피아노 신동 한동일에 대해 모두 알고 있었다. 미군 부대에서 활동을 시작한 김시스터즈가 미국으로 건너가 라스베이거스의 호텔 쇼에 나가고, '에드 설리번 쇼'와 '딘 마틴 쇼The Dean Martin Show' 등에 출연하며 성공한 스토리를 삼거리 사람들이 모를 리가 없었다.

한동일과 김시스터즈를 일류 스타로 만든 '아메리칸 드림'의 나라 미국을 자유롭게 드나들던, 영화 〈순애보〉(한형모 감독, 1957)의 에어걸* 인순의 세련된 자태를 보라. 에어걸 인순에게서는 벌레의 냄새가 나지 않는다. 대신에 캘리포니아의 오렌지 향기가 풍긴다. 그러니 모든 사람이 미국에 가고 싶어 안달인 건 하나도 이상할 게 없다. 미국은 새로운 풍조이자, 다가올 시대와 희망의 예고편이다.

"뭐, 신랑감은 자기가 고른다나 원."

"자유주의로군요."

"요샌 미국 간다고 야단났지."

• 영화 〈자유부인〉

* 스튜어디스를 에어걸이라 불렀는데, 유일한 항공사였던 KNA에 1957년 당시 아홉 명의 에어걸이 있었다고 한다.

• 박진호, 2003, 「1950년대 한국 멜로드라마 분석」, 중앙대학교 첨단영상대학원 영상예술학과 석사논문, 61쪽.

1 2
3

1
미국 NBC TV '딘 마틴 쇼'의 사회자 딘 마틴과 함께한 김시스터즈.

2
1959년 미국에서 발매된 김시스터즈의 첫 앨범 표지.

3
피아니스트 한동일은 주한미군사령관 앤더슨 중장의 후원으로 13세에 줄리어드 음대 예비학교에 입학했고, 16세에 뉴욕필과 협연했다. 한국인 최초로 국제 피아노 콩쿠르(1965년 레번트릿)에서 우승하고, 1962년에 케네디 대통령 초청으로 백악관에서 영부인 재클린 케네디가 지켜보는 가운데 공연을 했다.

4

5

4·5
영화 〈순애보〉의 주인공 인순은 에어걸, 즉 스튜어디스였다. 에어걸은 꿈의 나라 미국은 물론 세계 어디로든 갈 수 있는 자유로움을 상징한다.
한국영상자료원 제공

미국에 대한 동경은 그곳이 아무나 갈 수 없는 나라였기 때문에 더 커졌다. 미국에 가고 싶지만 쉽게 갈 수 없는 사람들이 아메리칸 드림의 분위기를 그나마 맛볼 수 있는 곳이 바로 명동이었다.

이름조차 명동이라 어두움은 싫다네*

지금의 명동, 중국인 관광객으로 북적대는 그곳은 '고쿠고'가 지배 언어였던 시절 혼마치라는 이름으로 불렸다. 혼마치는 해방 후 명동이라는 이름으로 바뀌었고, 몇 년 사이 서울에서 가장 미국에 가까운 상상의 장소가 되었다. 서양식 복식을 전시하는 패션쇼가 열리는 곳도, 패션쇼에 오르는 서양식 의상, 즉 양장이 만들어지는 '양장점'도 명동에 있었다. '멕시칸 사라다'를 먹을 수 있는 레스토랑과 쓰디쓴 커피를 마시는 다방이 있는 곳도 명동이다. 그곳에선 밤마다 서양식 파티가 열리고, 미국의 팝 음악이 자연스럽게 흘러 나왔다. 명동에서는 구식 여자도 단박에 신식 여자로 바뀌는 마법이 일어났다.

* 영화 〈명동에 밤이 오면〉(이형표 감독, 1964) 주제가의 일부.

밤이 익어갈수록 밝아오는 거리
이름조차 명동明洞이라 어두움은 싫다네
사랑이 없는 남자, 사랑을 잃은 여자
술잔과 입술을 서로 맞대면서 슬픔을 푸네, 외로움을 달래네

• 이종택 작사, 이봉조 작곡, 현미 노래

명동을 가면 말쑥하게 아주 서양 여자가 돼서 나오는 거야. 머플러 멋있는 거 머리에다 매고 다녔어, 그때는. 그담에 하이힐 신지. 양산도 들었고. 그게 신식이에요. 그리고 또 눈이 안 나쁜데도 선글라스도 좀 쓰고 그게 멋쟁이였어.

• 김숙년, 『서울 토박이의 서대문 안 기억』

명동에선 양색시도 양색시가 아닌 척했다. 명동은 벌레의 냄새를 탈취하는 곳이다. 해방촌의 벌레 냄새가 명동으로 스며들면 안 된다. 명동은 양색시의 거리가 아니라 미국을 자기 집 드나들듯 하는 에어걸이 활보하는 거리, 당시 드물었던 엘리트 중 엘리트인 여대생이 산보하는 거리여야 했다.

아버지가 레인보우 클럽에서 돈을 쓸어 담았다 해도 구식 여자의 틀을 벗어날 수 없었던 어머니에게 명동은 편안하게 활보할 수 있는 거리가 아니었다. '비로도'*로 한복을 해 입을 만큼 돈을 벌긴 했지만 그것을 입고 명동을 걸을 때 자신보다 두어 살 어린 여대생이 양장을 빼입고 지나가는 모습을 보면,

* 비로도 치마처럼 무분별하고 광적인 유행은 처음 보았고, 또 추악하고 우스꽝스럽기로는 전무후무한 유행이 아니었을까 싶다. 비로도는 당시의 피륙 값으로는 가장 비싼 거였지만 도무지 옷감으로는 실용성이 없는 것이었다. 옷감으로 볼 때 비로도 특유의 깊은 색상은 확실히 매혹적이었지만 한번 자리에 앉았다 일어서면 엉덩이가 단박 번들번들해졌다. 접었던 자리도 일단 주름이 지면 잘 펴지지 않았고 다림질을 잘못 했다간 아주 못 입게 되기 십상이었다. 그래 놓으니 버르고 별러 장만한 단벌 비로도 치마로 호사하고 어디 가서 앉을 때마다 신경이 쓰이는 건 당연했다. • 박완서, 1991, 앞의 글, 109쪽.

어머니는 이루 말할 수 없는 부끄러움에 거리를 황급히 빠져 나왔다고 한다. 혹시라도 자신의 비로도 치마에서 기지촌 냄새가 풍기면 어쩌나 하는 노파심 때문에. 명동 거리를 도망치듯 빠져나온 어머니는 아버지에게도 내놓고 말하지는 못했지만, 자식들이 성장해서 벌레의 냄새가 전혀 나지 않는 탈취의 공간, 즉 아메리카로 유학 가는 그날을 기대했다. 자식이 또 다른 한동일이 되는 그날을.

불타는 영화관

어머니의 꿈은 어머니 혼자만의 상상이 아니었다. 당시를 살았던 사람들은 누구나 자식에게서는 벌레의 냄새가 나지 않는 순간이 오기를 기대하고 준비했다. 하지만 그 시간은 한없이 유예되기만 했고, 그 기다림은 예상치 못한 방식으로 끝났다. 모든 것을 바꿔놓을 거라 기대했던 1960년 4월 혁명의 끝자락에서 한때 '나라의 아버지'였던 이승만은 부정선거에 대한 변변한 사과도 해명도 없이 하와이로 떠났다. 분노한 사람들은 그를 민족의 영웅으로 재현했던 영화관으로 몰려갔다. 한국반공예술인단을 조직하고 한국연예주식회사를 세웠던 인물, 사석에서 이승만을 아버지라 불렀던 임화수의 평화극장(일제의 미나도좌를 이어받은 제일극장이 적산 자본으로 풀리면서 임화수가 헐값에 인수)*을 습격한 것이다. 소설가 박태순은 그날을 이렇게 묘사했다.

李博士夫妻突然「하와이」로亡命

京鄕新聞

오늘아침金浦空港을出發

이제무슨말을하겠소 그대로떠나게해주오

許首席등餞送 四個의 백携帶

國會問題化할듯

海外에財産莫大?

李女史와外交官이마련

暫定査證으로出國

"이승만 부처
돌연 하와이로 망명"을
알리는 1960년
5월 29일자
『경향신문』 기사.

관람석은 갖가지 음향으로 꽉 차 있었다. 아래층 이층이고 가릴 것 없이 기괴한, 삭막한 음향이 뒤엉켜 붙었다. 그것은 이 세상이 파괴되는 음향이었다. 음향은 일찍이 사람들이 몰려들어 구경을 하던 극장 안을 온통 삼켜버리고 말았다. …… 이층

* 해방 이후 임화수는 일본인 소유였던 미나도좌를 양도받음으로써 폭력 조직원에서 문화예술인으로 위장할 수 있는 전기를 맞이했다. 임화수는 1955년 8월 한국연예주식회사를 설립하여 극장주로서만 아니라 영화 제작자로서 활동의 영역을 넓혔고 '한국반공예술인단'을 1959년에 조직함으로써 정치영역으로까지 깊숙이 개입하기 시작했다. 반공예술인단은 반공 이데올로기를 이용해 연예인들을 정치적으로 동원했다.

• 이승희, 2011, 「흥행장의 정치경제학과 폭력의 구조 1945~1961」, 『한국영화와 민주주의』, 선인, 67쪽.

1
명동은 일제강점기에 혼마치라는 이름으로 불렸다.

2
혼마치는 해방 이후 '명동'이라는 새 이름을 얻고, 점차 아메리카화되었다.
사진은 1952년 크리스마스이브에 찍은 명동의 미군 PX 외관.
당시 한국인들에게 산타클로스와 루돌프로 장식한 건물은 생경한 풍경이었을 것이다.
ⓒDewey Mclean(플리커)

3
영화〈자매의 화원〉(신상옥 감독, 1959)에서 자매 가운데 동생 명희는 다소 이기적이고 자기 욕망에 충실한 여성으로, 집문서를 들고 나가 명동에 양장점을 차린다.

영상 58

4
영화〈여사장〉(한형모 감독, 1959)에서 잡지사를 운영하는 여사장은 직원들과 미국식 파티를 연다.

영상 59

에 가 있는 사람들은 함부로 물건들을 아래로 던지기 시작하였고, 무대에 올라간 사람들은 흡사 살인이라도 할 듯한 열성을 가지고 스크린을 찢기 시작하였다. 그리하여 스크린은 수천 갈래로 조각이 나버리고 말았는데, 사람들은 이에 그치지 않고 천장에 말려 올라간 비로드 막을 잡아 내리기 시작하였다. 사람들은 그 막을 찢었으며, 무대를 부수기 시작하였다. 무대 뒤의 벽도 허물어지기 시작했고, 거기에도 누군가가 성냥을 당겨서 불길이 붙기 시작했다. • 박태순, 「무너진 극장」

임화수의 극장이 불타던 그날은 프랑스 7월 혁명의 그날, 발터 벤야민이 말한 "처음 투쟁이 있던 날 밤에 파리 곳곳에서 서로 독립적으로 동시에 시계탑의 시계를 향해 사람들이 총격을 가하는 일"이 벌어졌던 그날을 매우 닮았다. 단 한 사람을 나라의 아버지로 만들고, 나머지 모든 사람을 그가 설계한 캡슐 속의 '그저 그런' 사람으로 전락케 한 벌레의 시간은 영화관에서 솟아오르는 불길과 함께 끝이 났다.

3부

꿈꾸는 순간

삼거리 무지개 다방의 꼬마 주방장

삼거리의 부는 서울의 중산층과 견주어도 뒤지지 않는
물질적 풍요를 제공했지만, 무지개 다방에서 목격하는 세계는
조국 근대화가 어쩌면 불길한 징후일 수도 있음을 알아채게 했다.
나에게 성장이란 무지개 다방에서 목격한 수수께끼를
푸는 과정이나 마찬가지였다.

우리가 잘되는 것이 나라가 잘되는 것이며
나라가 잘되는 것이 우리가 잘될 수 있는 길이다.

• 울산 현대중공업 표어

노동자의 낙원을 입으로만 떠들어대는……
공산주의에 이기는 길은 우리가 더 살기 좋은 사회,
다시 말하면 굶주리지 않고 배고프지 않은 사회를
하루 속히 이룩하는 것이다.

• 박정희, 『우리 민족이 나아갈 길』

있었으면 하고 기대하는 고향이란 이렇다. 고향을 떠났든 등졌든 되돌아간다면 아무것도 묻지 않고 포근하게 안아주는 곳. 떠난 사람을 언제나 변함없이 기다리고 있는 누군가가 있는 곳. 우리 각자의 고향은 실제로 이런 '상상된 고향'에 가까울까? 만약 실제의 고향이 '상상된 고향'과 일치한다면 대단한 행운이다. 우리 대다수의 실제 고향은 '상상된 고향'을 전혀 닮지 않았기에 그 사람은 인생의 행운을 마음껏 자랑해도 좋다.

'상상된 고향'과 실제의 고향이 일치하려면, '실제-고향'이 몇 가지 전제를 충족시켜야 한다. 영화 〈안개〉(김수용 감독, 1967)를 생각해본다. 서울에서 고향 무진으로 향하는 기차 안에서 남자 주인공 윤기준은 응당 고향이 갖추어야 할 조건을 생각한다. 그리고 우리에게 묻는다. "당신들의 고향은 풍성하고 아늑하고 아름다운 곳인가?" 윤기준의 물음을 당신의 고향이 충족시킨다면 당신은 행운아다. 당신의 고향은 '상상된 고향'에 근접했다고 말할 수 있다. 이 세 조건을 충족시키지 못한다면, 그 고향은 그저 행정 서류에 기록되어 있는 출생지에 다름 아니다.

나에게 경기도 파주의 광탄은 윤기준의 무진과 같은 '고향'이다. 나는 그곳에서 태어나 자랐다. 윤기준이 고향으로 가는 기차 안에서 고향에 대한 물음을 던진 것처럼, 나 또한 서울역 버스 환승센터와 광탄을 오가는 703번 시내버스(2017년 11월 1일부터 774번으로 변경)에 올라 묻는다. 나의 고향 광탄은 풍성한 곳인가? 아늑하고 아름다운 곳인가? 윤기준은 기차 안에서 자신의 고향에 '상상된 고향'의 색채를 덧칠하지 않고, 무진의 본 모습을 생각한다. 그가 "나는 그것이 무엇인지 알고 있다"며 "명산물, 무진의 명산물"이 고작 안개였다고 고백한 것처럼, 나 또한 내 고향의 '명산물'에 대해 생각한다.

서울역 환승센터에서 버스에 올랐다. 버스는 통일로를 따라 달린다. 이윽고 독립문을 지나 무악재를 넘는다. 무악재를 넘고 연신내를 거쳐 구파발을 지나면 행정구역상 경기도에 접어들고, 머지않아 벽제 화장터가 나온다. 아버지와 어머니가 유골함 속의 재가 되어 나에게 안겼던 곳이다. 벽제 화장터를 지나 고양동에 이르면 예전의 모습을 전혀 찾아볼 수 없을 정도로 고층 아파트가 군집을 이루고 있다. 버스가 구불구불한 길을 따라 힘겹게 오르던 용미리 고개에는 터널이 뚫렸지만, 승용차만 터널을 이용할 뿐 버스는 그 오래된 고갯길을 여전히 오른다.

용미리와 분수리 사이에서 내 고향 광탄의 첫 번째 '명산물'을 만난다. 바로 공동묘지다. 사람들은 이야기하곤 했다. 광탄면에 사는 사람보다 몇 곱절은 많은 사람이 용미리 공동

영화 〈안개〉에서 윤기준은 회사 생활에 지쳐 있던 어느 날, 기차를 타고 고향 무진으로 향한다.
태흥영화사 제공

윤기준의 고향 무진은 바다도 농촌도 아니고 명산물이라곤 안개밖에 없는 곳이다. 고향으로 가는 길에 그는 병역 기피자에 폐병환자였던 과거의 자신을 안개와 함께 떠올린다.
태흥영화사 제공

묘지에 묻혀 있을 거라고. 그 수많은 묘지를 지나쳐야 광탄면 삼거리에 도달할 수 있다. 광탄의 첫 번째 '명산물'이 죽은 사람들의 무덤이라면, 또 다른 '명산물'은 살아 있는 사람이다. 광탄에선 무덤만큼이나 흔한 사람이 군인이다. 조금 과장하자면 광탄면의 땅은 죽은 사람을 위한 묘지와 군인들을 위한 군부대가 양분하고 있고, 그 사이에 죽은 사람도 군인도 아닌 사람들이 끼어 살고 있다고도 이야기할 수 있다.

내가 다녔던 광탄면 신산리의 신산국민학교(현재의 신산초등학교) 교가는 광탄의 지리적 위치를 설명하는 가사로 시작된다. 그 가사에 따르면 광탄은 "팔십 리 수도 서울 등에 지고" 있는 곳이다. 교가는 광탄의 지리적 위치를 서울에서 32킬로미터밖에 떨어져 있지 않은 '수도권'이라고 강조하지만, 신산초등학교에서 도라산역까지의 거리는 서울보다 더 가까운 18.7킬로미터에 불과하다. 서울도 가깝지만, 비무장지대DMZ는 그보다 더 가까운 파주시 광탄면은 여전히 군사 지역이다.

영달이가 수업료를 구하기 위해 〈애마진군가〉를 부르며 수원에서 평택까지 걸어갔던 1940년으로부터 25년 후, 즉 1965년의 영화 〈비무장지대〉(박상호 감독, 1965)에서는 파주에서 멀지 않은 비무장지대의 한 소년이 깡통을 두드리며 〈통일행진곡〉을 부른다.

압박과 설움에서 해방된 민족
싸우고 또 싸워서 세운 이 나라
공산 오랑캐의 침략을 받아
공산 오랑캐의 침략을 받아
자유의 인민들 피를 흘린다
동포여 일어나자 나라를 위해
손잡고 백두산에 태극기 날리자

• 김광섭 작사, 나운영 작곡

비무장지대에서 멀지 않은 나의 고향 광탄 삼거리를 찾아간다. 고향 가는 길은 승용차보다 버스가 더 낫다. 버스가 덜컹거릴수록 상념은 더 커지니까.

1장 삼거리, 노씨 가족의 탄생

광탄면 삼거리 마을의 크기는 예전이나 지금이나 큰 변화가 없다. 신산리의 다른 지역들은 풍경이 많이 달라졌지만, 삼거리는 예전 모습 그대로이다. 지형적 조건 탓에 세월이 흘러도 확장되지 못하는 것이다. 지역 주민들에겐 그 변화 없음이 마뜩치 않을 수도 있겠지만, 고향을 떠났다가 다시 찾아가는 사람에게는 다행스런 일이다. 개천과 산 사이의 아주 좁은 땅에 신작로와 건물들이 들어서 있다. 좁디좁은 왕복 2차선 도로를 확장이라도 하려면, 도로 양편의 건물들을 철거해야 할 정도로 비좁은 땅이다.

대체 사람들은 왜 이 삼거리에 터를 잡았던 걸까? 용미리나 신산초등학교 쪽에 비교적 너른 지대가 있었는데도 말이다. 외지인들은 좁은 땅에 집들이 빽빽하게 들어선 삼거리 풍경을 보고 이곳 사람들의 눈썰미를 탓할지도 모르겠지만, 오랫동안 이곳에 살아온 사람들은 그 이유를 너무나 잘 알고 있다. 삼거리에 사람들이 모인 이유는 땅이 비옥하다거나 풍수지리상 사람 살기에 좋다거나 해서가 아니다. 이유는 아주 단순했다. 삼거리는 광탄면에서 미군 부대와 가장 가까우면서

1 4
2 5
3 6

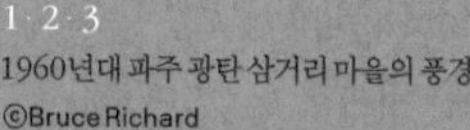

1·2·3
1960년대 파주 광탄 삼거리 마을의 풍경.
©Bruce Richard

4·5·6
1967년 파주 용주골의 풍경.
ⓒEliyahu Rooff

도 민간인이 거주할 수 있는 곳이었기 때문이다.

파주의 가장 대표적인 기지촌인 용주골은 과거 사과밭이었던 곳에 미군 종합휴양시설인 RCI(Resort Condominiums International)가 들어서면서 변신을 꾀한 곳으로, 삼거리에서 10리, 그러니까 4킬로미터 정도 떨어져 있다. 또 다른 기지촌인 선유리와 법원리 또한 그다지 멀지 않다. 오랫동안 농촌이었다가 1953년 이후 갑자기 기지촌으로 변신한 파주의 이런 동네들은 묘한 공통점을 지니고 있었다. 행정구역상의 이름은 신산리, 선유리, 법원리였지만 좁은 땅에 외부에서 이주해 온 사람들이 밀집해 있는, 그래서 시골이면서도 동시에 도회적인 분위기를 지닌, 서울보다는 오히려 아메리카에 가까운 뒤틀린 모던이 지배하던 곳이었다.

1950년대 전국 각지에서 온 사람들이 삼거리에 터를 잡고 정착했다. 홀로, 혹은 부부 둘이서 이주해 온 사람들도 시간이 흐르면서 가족을 이루기 시작했다. 전쟁 이후의 베이비붐은 삼거리도 피해 가지 않았다. 미군들과 양색시, 그리고 미군의 달러에 의지해 살아가는 어른들만 있던 삼거리에도 하나둘씩 뛰어노는 아이들이 보이기 시작했다.

"나 슬퍼하지 않아. 이제 자식에게 내 애비의 보람을 느껴"

남로당 사건에 연루된 혐의로 사형선고를 받았다가 겨우 살아난 박정희는 한국전쟁을 거치면서 한국 군인으로 변신했다. 이승만 시대에 육군 소장으로 진급한 후, 1961년 5월 16일 쿠데타를 일으켰다. 정세가 안정되면 군인으로 돌아가겠다는 약속을 깨고 공화당을 창당하더니 1963년 10월 15일 민정이양 선거를 통해 윤보선을 가까스로 제압하고 12월 7일 대통령으로 취임했다. 박정희는 시대에 자신의 이름을 새기기 위한 투망을 동시대의 '그저 그런' 사람들에게 던졌다.

1960년 5월 29일 대통령직에서 물러난 이승만이 하와이로 망명할 때 그의 나이는 86세였다. 5·16 쿠데타를 일으키던 당시 박정희의 나이는 불과 45세였다. 지금의 관점에서 생각하면 놀랄 만한 일이다. 늘 선글라스를 쓴 채 근엄한 표정을 짓고 있는 박정희를 그 이전 시대 사람들은 건방지다고 생각했을 수도 있다. 망한 나라를 물려준 아버지 세대는 침묵할 수밖에 없었던 것일까? 45세의 남자가 선글라스를 쓰고 나타나 시대에 투망을 던질 때, 그 투망에서 위험 신호가 강력하게 느껴지지는 않았던 것 같다. 자손들에게 식민화된 나라를 물려준 아버지 세대는 이승만의 몰락과 함께 자신들의 권위를 암묵적으로 포기했는지도 모른다.

박정희의 등장으로 80대 노인이 통치하던 나라는 40대가 지배하는 나라로 압축적인 세대교체가 일어났다.* 45세의 선글라스를 쓴 남자가 나타나자, 시대를 호령할 공적 무대에 오

* 당시 박정희와 함께 쿠데타를 일으켰던 김종필은 36세, 김형욱은 37세에 불과했다.

1
2
3

1
영화 〈박서방〉(강대진 감독, 1960)에서 박서방은 결혼, 진로 등에 대해 자식들과 가치관이 달라 갈등을 겪지만, 결국 자식들의 요구를 받아들이며 화해를 이룬다. 전근대적인 인물인 박서방은 "나 슬퍼하지 않아"라면서 자식들의 근대적 가치관을 받아들일 수밖에 없었다.

영상 60

2
영화 〈삼등과장〉(이봉래 감독, 1961)에서 아버지가 다니는 회사에 신입사원으로 입사하게 된 영희는 첫 출근 날 할머니에게 핸드백을 하나 사 오라는 이야기를 듣는다. 영희가 누가 일하는 날부터 월급을 주느냐고 말하자, 할머니는 "그런 건 너희 할아버지가 회사 다닐 때나 마찬가지로구나. 얘, 4·19혁명도 별수가 없구나"라며 아쉬워한다.

영상 61

3
영화 〈월급쟁이〉(이봉래 감독, 1962)에서 아침에 온 가족이 마당에 나와 체조하는 모습.

영상 62

를 수 없는 19세기 사람들은 이승만이 도망치듯 사라진 것처럼 대한민국이라는 신생 독립국의 '재건'을 자식 세대에게 부탁하고 황급히 퇴장하는 처지가 되었다. 인생극장의 무대에서 퇴장하면서도 "나 슬퍼하지 않아"라고 뇌까리는 그들은 "이제 자식에게서 내 애비의 보람을 느껴"라고 자위하는 것 이외엔 다른 방법이 없었을지도 모른다. 선글라스를 쓴 남자가 던지는 투망에 기꺼이 혹은 어쩔 수 없이 갇히는 수밖에 없었을 것이다.

"얘, 4·19혁명도 별수가 없구나"

40대 남자가 국가를 맡았다는 불안감보다는 새로운 시대, 새로운 희망을 기대하는 심정이 컸던 시절이었다. 박정희가 독재자가 되리라고는 누구도 예상치 못했다. 온 사회가 4·19혁명에서 맛본 승리감, 해낼 수 있다는 자신감으로 끓어올랐다. 긍정적인 변화에 대한 기대감, 그 모든 심정은 4·19혁명이라는 단어 하나로 압축되었다. 멜로드라마에도 4·19혁명 장면이 나오고, 영화 〈돌아온 사나이〉(김수용 감독, 1960)에서는 등장인물이 "불의와 협잡으로 가득 찬 위정자들을 몽롱한 꿈속에서 깨우쳐야 한단 말이야"라고 강조했던 것처럼 말이다. 노인의 눈에 4·19혁명은 변화의 시작, 전환점을 의미하는 기호였기에 손녀딸이 첫 출근을 하는 날 할머니는 4·19혁명 이후 혹 월급이 선불로 바뀌었을까 기대하기도 한다. 혁명 이전이나 이후나 월급은 후불제라는 사실을 손녀

딸에게 전해 들은 할머니는 "4·19혁명도 별수가 없구나"라며 실망한다. 이처럼 4·19혁명은 모든 극적인 변화의 상징이나 마찬가지였다.

박정희가 국가를 재건할 때, 아버지와 어머니 같은 삼거리의 '그저 그런' 사람들은 각자의 방식으로 가족을 재건했다. 송곡리와 이별하면서 봉건적 가족제도와 이별한 아버지는 삼거리에서 당신이 물려받은 가족과는 다른 가족을 '건설'해야 했고, 전쟁 통에 부모를 잃고 고아의 처지가 된 어머니 또한 가족을 만들어야 했다. 이들 앞에 제시된 특별한 가족 모델은 없었다. 예전의 가족을 재현할 수 없음은 본능적으로 알고 있었지만, 새 시대에 적합한 가족의 형태는 어떤 것인지 아무도 알지 못했던 시절, 영화가 그 해법을 제공했다. 봇물 터진 듯이 제작되었던 1960년대 초반의 가족영화는 사람들이 참고해야 할 교과서나 다름없었다.

영화 〈월급쟁이〉에는 서울에 사는 어느 중산층 가족의 모습이 담겨 있다. 비록 월급쟁이이긴 하지만 농사꾼이 아니라 도시의 화이트칼라인 아버지, 전업주부로 한복을 곱게 차려입은 어머니, 전쟁 이후의 베이비붐을 타고 태어난 중학생과 초등학생으로 추정되는 세 자녀가 함께 살아간다. 전쟁으로 파괴된 가족이 다시 모였을 때, 어찌 보면 가장 평범하면서도 모든 사람이 꿈꾸는 가족의 모습이다. 한복을 입은 어머니가 가족을 위한 아침상을 차리는 동안, 아버지는 세 자녀와 함께 재건 체조를 한다. 당시 도시 중산층이 거주하던 전형적인 'ㅁ'자 도시 한옥 마당에서 일어나는 일이다.

미국 박사였지만 외국인 아내에 자녀가 없었던 이승만의 가족은 평범한 사람들이 참조할 만한 가족 모델과는 살짝 거리가 있었다. 그 빈틈을 영화가 채워주었다. 큰 인기를 끌었던 영화 〈로맨스 빠빠〉(신상옥 감독, 1960)는 참조하기에 가장 적당한 모델이었다. 보험회사 사원인 주인공 남자는 전업주부인 아내와 2남 3녀를 둔 50대 초반의 가장이다. 이들은 부부와 자녀만으로 구성된 핵가족이자, 베이비붐 시대를 반영한 일곱 명의 대가족이기도 하다. 맏딸인 음전은 대학을 졸업하고 관상대(오늘날의 기상청)에 다니는 엘리트 여성이고, 첫째 아들은 영화감독을 꿈꾸며 영화 촬영 현장에서 일하고 있다. 둘째 딸 곱단이는 대학생, 막내아들 바른이와 막내딸 이쁜이는 고등학생이다. 비록 아버지의 경제적 능력이 탁월하지 않아도 어머니는 알뜰히 남편 내조와 자녀 교육에 최선을 다하고, 자녀들은 부모의 기대에 따라 밝고 건강하게 자라고 있다. 〈로맨스 빠빠〉에 등장하는 가족은 실제의 가족이라기보다는 사람들이 꿈꾸는 이상적인 가족에 가깝다.

'로맨스 빠빠'는 권위적이지 않다. 노인이었던 나라의 아버지 이승만을 기억하는 사람들에게 '로맨스 빠빠'는 아버지라는 호칭보다는 '빠빠'라는 새로운 호칭을 써야 할 만큼 탈권위주의적인 사람이다. '빠빠'는 명령하기보다는 자식들의 이야기에 귀를 기울인다. 전업주부인 아내를 두었고 시대의 한계만큼 남녀 사이 성별 분업의 경계가 확고하지만, '빠빠'는 19세기에 태어난 남자들처럼 봉건적이지는 않다. 불과 10여 년 전에 전쟁이 일어났지만, 어찌된 일인지 '빠빠'의 자녀

남편과 아내, 그리고 2남 3녀의 자녀로 이루어진 영화 〈로맨스 빠빠〉의 가족.

영상 63, 64

들은 여자도 대학을 다니고 있거나 졸업해서 버젓한 직장에 나가고 있다. 전쟁을 겪은 뒤 이상적인 중산층 가정의 재건이라는 판타지를 기대하는 사람들에게 〈로맨스 빠빠〉는 '희망 독본希望讀本'이 되기에 충분할 만큼 환상적이다.

"청와대로 이사를 와서 우리는 공부를 더 열심히 하기로 했어요"*

박정희는 '재건'을 내세웠다. '재건'이라는 구호 아래서는 모든 과거가 다시 만들어져야 할 대상이 된다. 기존의 모든 것이 극단적일 만큼 더 이상 존재해서는 안 될 대상이 될 때 '재건'은 더 쉽게 정당화될 수 있다. 그는 국가를 '재건'하겠노라 공언했다. 시대가 자신의 의지를 닮아야 한다고 생각했기에 '재건'은 거대하면서도 동시에 섬세했다. '재건'은 국가가 자신의 의지를 닮아가는 과정이자 시대에 자신의 의지를 색칠하는 과정이었으며, 그리하여 마침내 박정희라는 이름을 한 시대의 이름으로 남기고 싶다는 거대한 야망의 표현이었다.

거대한 '재건'을 위해서는 보다 많은 사람이 더 철저하게 그가 시대에 내던지는 투망 속으로 포섭되어야 했다. 그래서 재건 계획은 섬세하고 치밀했다. 박정희의 의지에 포섭된 사람들이 개인의 운명과 국가의 운명을 동일시하게 만드는 장

* 문화영화 〈유쾌한 삼형제〉(국립영화제작소, 1964)의 대사.

치가 필요했다. 국부라 불리긴 했지만 국가와 가족의 시나리오를 일치시키기 쉽지 않았던 이승만과 달리, 당시 박정희는 국가의 지도자이자 동시에 한복을 즐겨 입는 아내와 아직 어린 자녀를 셋이나 둔 40대 가장이기도 했다. 국가에 가족의 서사를 입히기에 충분한 조건을 모두 갖춘 셈이다.

식민지 시대에 만들어진 영화 관람 절차는 독립국이 되고 초대 대통령이 몰락하는 과정에서도 굳건히 살아남았다. 영화를 보러 간 관객은 '국민의례'를 하고, 국가가 제작한 〈대한뉴스〉*를 본 뒤 국가가 선택한 '문화영화'**를 통과해야만 관객 자신이 선택한 극영화에 도달할 수 있다. 〈로맨스 빠빠〉를 선택하고 극장에 간 아버지와 어머니는 본 영화에 도

* 대한뉴스는 해방 직후 제작되었던 조선시보를 기원으로 한다. 정부 수립 후 공보국 영화과가 발족되면서 대한전진보로 개제改題되어 부정기적으로 제작되다가 한국전쟁으로 중단되었다. 1952년 부산에서 다시 부정기적으로 제작되다 1953년 서울 수복 이후 대한 뉴우스로 개명하면서 월 1회 제작되었으며, 1957년부터 매회 1편 각 10벌을 복사(1960년대에는 각 30벌로 확대)해 전국 극장에서 영사하도록 제공되었다. • 문화공보부, 1979, 『문화공보 30년』, 문화공보부, 27쪽.

** 1962년 영화법에서 "공연자가 영화를 공연하고자 할 때에는 문화영화를 동시에 상영하여야 한다(11조)고 규정함으로써 문화영화의 의무 상영을 법률로 규정했다. 당시 법 2조에서 규정한 문화영화의 정의를 살펴보자면 사회, 경제, 문화의 제 현상 중에서 교육적, 문화적 효과 또는 사회 풍습 등을 묘사 설명하기 위하여 사실 기록을 위주로 제작된 영화였는데(2조 5항), 이 조항은 1966년 2차 개정 영화법에서 제 현상이 제 분야로 바뀐 외에는 1990년대까지 그대로 유지"되었다.
• 조준형, 2014, 「문화영화의 제도화 과정」, 『지워진 한국영화사』, 한국영상자료원, 89쪽.

청와대 가족		삼거리 노씨네 가족	
박정희(1917년생)	육영수(1925년생)	노병욱(1924년생)	김완숙(1936년생)
박근혜(1952년생) 박근령(1954년생) 박지만(1958년생)		노영숙(1954년생) 노찬우(1958년생) 노정선(1962년생) 노명우(1966년생)	

달하기 전 뜻밖에도 또 다른 가족의 이야기를 마주한다. 청와대에 살고 있는 특별한 가족의 이야기.

박정희의 세 자녀의 일상을 기록한 〈유쾌한 삼형제〉는 의미심장한 문화영화다. 그다지 길지 않은 작품이지만 이 영화의 제작이 나타내는 징후는 매우 시사적이다. 영화의 내레이션은 박정희의 둘째 딸 박근령이 맡았다. 서울 신당동에서 전후 가족으로 살다가 청와대로 들어간 박근령의 목소리를 통해 관객들은 청와대 내부의 어느 특별한 가족의 목격자가 된다. 영화 〈유쾌한 삼형제〉는 "청와대로 이사를 와서 우리는 공부를 더 열심히 하기로 했어요."라는 내레이션으로 시작된다.

〈로맨스 빠빠〉가 베이비붐 세대를 자녀로 둔 가족들의 꿈을 담고 있다면, 아버지가 대통령이 되면서 청와대 생활을 시작한 박정희의 자녀들은 전국의 모든 '그저 그런' 가족에게 하나의 참조 모델이 되었다. 청와대 가족은 관객에게 국민이라는 일체감을 불어넣기 위해 전국적 차원에서 공개되고 재현되고 연출되는 '극장가족Thearter Family'이었다.

1964년에 제작된 〈유쾌한 삼형제〉에 등장하는 첫째 딸 박근혜는 열세 살, 둘째 딸 박근령은 열한 살, 막내 박지만은 일곱 살이다. 당시 아버지 박정희는 마흔여덟, 어머니 육영수는 마흔 살이었다. 1979년 이들이 청와대를 떠날 때 박근혜가 스물여덟, 박근령은 스물여섯, 박지만은 스물두 살이었으니 사람들은 영상을 통해 열세 살이었던 박근혜가 스물여덟 살이 된 모습, 일곱 살 꼬마였던 박지만이 스물두 살 청년으로 자란 모습을 확인한 셈이다. 이승만의 가족을 박정희의 가족이 대신하고, 문화영화를 통해 그들의 일거수일투족을 구경할 수 있게 되었을 때 사람들이 이들에게 유사 가족의 심정을 갖게 되는 건 어찌 보면 자연스러운 일이다.

식민지 시대에 태어나 베이비붐 세대 자녀를 둔 부모라면 청와대 특별 가족의 모습을 보며 자기 자녀의 성장을 확인하거나 기대하면서 유사 애착 감정을 키웠을 것이다. 그들은 문화영화를 통해 마치 청와대의 아이들이 자기 자녀라도 되는 양 그들이 누리는 특권을 뿌듯한 마음으로 바라보고, 그들의 불행을 자기 자녀의 불행처럼 안타까워하며 유사 부모의 감정을 키워갔다. 또한 베이비붐 세대는 마치 왕족의 동정을 뉴스나 황색 신문을 통해 접하며 다이애나 왕세자비에게 친밀감을 느끼던 영국인들처럼 또래인 청와대 자녀들에게 유사 친구의 감정을 품게 되었다.

청와대 가족 중 가장 어린아이였던 박지만은 또 하나의 문화영화 〈어머니와 지만이의 하루〉(국립영화제작소, 1964)에서 철없지만 귀여운 어린아이로 등장한다. 관객들은 강아지를 괴롭히는 박지만, 손님이 남긴 과자를 주워 먹는 박지만, 세발자전거를 타는 박지만, 비행기 놀이를 하는 박지만, 오리에게

청와대의 극장가족.
e영상역사관 제공

발길질을 하다가 오리가 쫓아오자 도망가는 박지만, 퍼즐 맞추기를 하는 박지만을 본다. 현실에서는 절대로 볼 수 없는 청와대 가족의 성장 과정을 문화영화를 통해 낱낱이 지켜보면서 관객들은 그들과 자신이 한 가족이라는 환상에 빠지게 된다. 우리가 요즘 〈슈퍼맨이 돌아왔다〉를 보면서 연예인과 그 자녀들을 유사 가족처럼 느끼며, 그들이 잘 자라고 잘살기를 바라는 것처럼 말이다.

삼거리의 가족들

〈로맨스 빠빠〉가 이상화된 전후 가족의 극영화 판본이고 〈유쾌한 삼형제〉와 〈어머니와 지만이의 하루〉가 다큐멘터리 판본이었다면, 삼거리 사람들이 일군 가족은 실제-가족이다. 언제나 그렇듯 이상화된 가족과 실제-가족 사이에는 유사성만큼이나 차이도 있기 마련이다.

파괴의 순간이 지나가면 재건의 시간이 다가온다. 전쟁이 끝나면 폭격으로 부서진 건물을 다시 세우듯 해체된 가족을 복원하는 움직임이 시작된다. 전후 사회에선 마치 법칙처럼 베이비붐이 일어난다. 베이비붐은 삼거리에 모인 사람들에게도 찾아왔다.

아버지와 어머니가 삼거리에 터를 잡고 등대 사진관을 거쳐 레인보우 클럽을 두 번이나 신축하는 동안, 식구의 숫자도 하나씩 늘어갔다. 결혼하고 그 이듬해인 1954년 첫째 딸을 시작으로, 4년 터울로 네 명이 태어났다. 그 사이 자연인 노병욱은 아버지라는 가족 호칭을 얻었고, 자연인 김완숙 또한 어머니라는 가족 호칭을 어색해하지 않게 되었다. 비단 아버지와 어머니뿐만 아니라 광탄 삼거리에 홀로 혹은 부부만 왔던 사람들도 이승만이 사라지고 박정희의 국가가 열리던 시기로 접어들면서 하나둘씩 가족을 이루었다. 삼거리는 토박이보다 외지에서 모인 사람들이 더 많은 곳이었다. 우리 집의 양쪽 옆집 모두 외지에서 온 사람들이었다. 길 건너 앞집 역시 마찬가지였다. 삼거리에 모여든 부부들의 나이가 서로 비슷했기에 그 자녀들 역시 모두 또래였다.

아버지와 어머니의 레인보우 클럽 옆에는 도매와 소매를 겸하던 잡화점이 있었다. 그 집 아이들에게는 어머니가 두 분이었다. 큰어머니와 작은 어머니. 내 기억이 맞는다면 그 집은 중세적 복혼을 한 경우였다. 오른쪽 옆집에도 베이비붐 세대

1 2

3

1·2
1960년대 삼거리 노씨네 가족.

3
삼거리에서 가족을 이룬 사람들.
신산국민학교 1학년 학교 행사.

자녀를 둔 용근이네 집이 있었다. 길 건너편 집에는 북한 피난민 출신의 아이 없는 부부가 살고 있었다. 그 옆집에도 삼남매를 둔 태삼이네가 살고 있었다. 내가 기억하는 범위 안에서 말하자면 삼거리엔 조부모와 함께 사는 가족이 없었다. 할아버지, 할머니를 찾기 쉽지 않은 곳이 삼거리였다. 그곳에는 다양한 이유로 부모와 고향을 등진 사람들이 모여 있었기에, 그들이 어느 정도 정착을 마친 1950년대 후반과 60년대에 걸쳐 태어난 아이들이 많을 수밖에 없었다. 나도 그중의 한 명인 셈이다.

삼거리에는 북한 사투리를 쓰는 피난민 출신이 적지 않았다. 그곳은 전쟁으로 인해 한반도에 일어났던 급격한 인구 이동의 축소판과도 같았다. 한국전쟁 시기에 남겨진 불발탄을 고물장사가 두드리다가 팔을 잃었다는 '파주 전설'이 아이들 사이에 떠돌았다. DMZ가 멀지 않고, MP라는 미군 헌병이 거리를 순찰하거나 신호등을 대신해 서 있던 동네니 그런 이야기가 퍼져 나가기에 제격이었다. 실제로 동네에는 '상이군인'이라 불리는 다리 하나가 없는 아저씨도 있었고, 지뢰를 잘못 건드려 부상을 입었다는 한 팔 없는 할머니도 있었다. 결코 크지 않은 동네였음에도 전쟁 이후 각지에서 모여든 사람들이다 보니 사연도 많았고 소문도 많았다.

'뜨내기'가 많은 곳은 안정을 찾기 쉽지 않다. 주민들의 상당수가 외지에서 온 사람들인 데다 아예 생김새조차 딴판인 미군이라는 또 다른 '뜨내기'에 의존해 살림을 꾸리는 곳이다 보니 삼거리는 물자는 풍부했어도 평화로운 곳은 아니었다. 삼거리에 모인 이주민들은 〈로맨스 빠빠〉의 가족과 청와대의 국가-극장가족을 모방하여 전후 가족을 건설하려 했지만, 그들에겐 언제나 '가족 밖의 사람들'이라는 위협 요소가 있었다.

가족 밖의 사람들

삼거리의 모든 사람이 가족 '재건'에 성공하지는 못했다. 모두가 뜨내기였던 시절에는 '재건'에 성공했든 성공하지 못했든 큰 차이가 없었다. 하지만 중산층의 가족생활을 재현하는 이들이 늘어나면서 전쟁 직후의 '삼거리 사람'이라는 동질성은 급격히 용해되기 시작했다. 가족을 이룬 사람과 그렇지 못한 사람으로.

삼거리에서 가족 재건을 위한 경제적 자원은 미군의 달러였다. 달러를 확보할 수 있는 사람은 〈로맨스 빠빠〉의 가족을 재현할 수 있는 수단을 손에 쥔 셈이었다. 등대 사진관과 레인보우 클럽은 삼거리 노씨네 부부에게 그런 수단이 되어 주었다. 문제는 레인보우 클럽이 〈로맨스 빠빠〉의 가족 독본과 어울리지 않는 '양색시'에 의존해 운영되는 시스템이었다는 것이다.

양색시는 삼거리에 달러가 흘러 들어오게 하는 파이프라인이었다. 삼거리 사람들이 아직 혈혈단신이거나 부부로만 이루어진 가족이었을 때는 모두가 함께 '벌레의 시간'에 노출되어 있었다. 이들은 양색시라는 파이프라인을 통해 삼거리에 들어온 달러를 바탕으로 가족을 재건해나갔다. '벌레의 시간 공동체'에 균열이 생기기 시작한 것이다. 양색시는 가족 재건의 물질적 토대이면서 동시에 그것을 위협하는 불안 요인이었다. 아이들에게 양색시의 세계가 적나라하게 노출되면 이제 막 모습을 갖추기 시작한 가족이 위기에 처할 수도 있었다. 가족의 재건을 위해선 추가적인 조치가 필요했다. 아이들을 삼거리의 달러-양색시 경제의 수혜자로 만들면서도 양색시라는 위험 요인으로부터는 차단시켜야 했다. 그래서 삼거리에서는 아이들이 어느 정도 자라면 달러를 밑천 삼아 서울로 유학을 보내는 게 흔한 일이었다. 아이들은 신산국민학교만 졸업하면, 아니 졸업하기도 전에 서울로 보내졌다. 교가에 따르면 "팔십 리 수도 서울 등에 지고" 있는 곳이니, 서울로 유학 보내는 일이야 그다지 어렵지 않았다. 게다가 달러까지 손에 쥐고 있으니 말이다. 아니, 없는 달러를 융통해서라도 아이들을 서울로 보내야만 했다. 어른들은 아이들이 삼거리가 돌아가는 원리를 알아채면 가족 재건이 순조롭지 않을 거라 생각했다. 삼거리는 어린아이들이 절대 열어서는 안 되는 판도라의 상자를 숨기고 있었기 때문이다.

2장 한국 남자 아버지, 남자들만의 워커힐

미군은 삼거리에서 가장 힘이 센 세력이었다. 삼거리는 미군의 달러에 의해 움직이는 세계였기에 미군에게 대놓고 따지거나 하는 일은 불가능했다. 달러를 채집하려면 미군과 우호적 관계를 유지해야 했다. 공식적으로는 '한미동맹'이지만, 그것은 수평적 동맹이라기보다는 보호자-피보호자의 관계였기에 미군은 뻣뻣했다. 아니, 그들의 입장에서 보자면 당연한 일이었다. 그들 눈에도 삼거리 기지촌 모더니즘의 원천은 자신들이었으니까.

삼거리 미군 부대의 병사는 대부분 독신이었다. 그들은 삼거리를 독신 남성, 그것도 지배자의 시선을 탑재한 남성의 눈으로 보았다. 그런 시선을 교정할 만한 미국 여성이나 어린아이의 시선은 삼거리에서는 아예 기대할 수 없었다. 지금처럼 안부를 주고받을 수 있는 매체가 흔치 않던 시절, 이유야 무엇이든 고향을 떠나 기지촌 모더니즘의 세계로 날아온 미군들이 스트레스를 풀 수 있는 유일한 공간은 양색시들이 있는 레인보우 클럽이었다.

레인보우 클럽은 형식적으로는 아버지가 주인이고 미군이

손님이었지만, 사실상 아버지는 미군 앞에서 어떤 경우에도 당당할 수 없는 약자의 처지였다. 미군들은 아버지 같은 삼거리 남자들에게 친절하지 않았다. 장교들은 멀리 서울 용산으로 유흥을 찾아 떠나고, 레인보우 클럽을 찾는 미군은 대체로 계급이 낮은 이들이었다. 그들은 레인보우 클럽에 들어서는 순간, 부대 안에서의 낮은 계급은 벗어던지고 '미국인'이라는 지위가 부여하는 힘을 얻을 수 있었기에 한국인에게 친절할 이유가 없었다. 싸움도 적지 않게 일어났다. 미군은 한국 사람을 우습게 알았고, 한국 남자는 양색시를 양갈보라 부르며 우습게 알았고, 양색시는 흑인 미군을 '니그로'라 부르며 우습게 알았다. 서로 우습게 아는 관계가 물고 물리는 삼거리였기에 미군들끼리도 싸웠지만, 양색시와 미군 사이의 싸움도 적지 않았고, 한국인 남자와 미군 사이의 다툼도 종종 일어났다. 싸움이 일어나면 서둘러 미군 헌병에게 연락해야 했다. 절대적 약자인 '한국인 남자'가 '미국인 남자'를 제압할 방법은 없었다.*

미군은 양색시들과 자유롭게 성관계를 했다. 레인보우 클

* 파주군(시)의 전쟁 이후 미군 관련 사건사고.

1957. 4. 22	미 헌병대가 민가를 불법 수색하여 물품 2300여 점을 압수하는 '파주미군헌병사건' 발생.
1957. 4. 28	미군 헌병 상점 파괴 사건.
1957. 5. 1	파주의 위안부 살해 사건.
1960. 7. 5	양공주 시위.
1960. 8. 19	양공주 자살.
1962. 5. 29	미군의 한국인 린치 사건.

럽이 미군을 상대로 성매매를 주선하지는 않았지만, 그렇다고 그것을 금지하는 곳도 아니었기에 클럽에 드나드는 미군과 양색시들이 성을 매개로 거래를 한다는 것은 삼거리의 공공연한 비밀이었다. 당연히 삼거리에는 클럽에 나가는 양색시 말고도 업소에서 본격적으로 성매매를 하는 이들도 있었다. 한국 남자들은 이런 양색시들을 구타하며 자신의 손상당한 지위를 확인하곤 했다. 점령군이었던 미군의 헤게모니적 지위는 건드리지 못하고 애꿎은 양색시들에게 화풀이를 했던 것이다. 양색시는 레인보우 클럽 안에서는 미군들의 구애의 대상이었으나, 클럽 밖에서는 한국인 남성에게 조롱당하거나 구타당하는 대상이었다.

1963년의 영화 〈돌아오지 않는 해병〉에서 재현한 기지촌 풍경 속으로 들어가본다. 기지촌에 있는 유엔군 클럽에 한국 군인들이 들이닥친다. 클럽 입구에는 'OFF LIMIT R.O.K. ARMY', 즉 '한국군 출입금지'라는 간판이 붙어 있지만, 한국 군인들은 이 간판을 떼어 들고는 의기양양하게 클럽에 들어선다. 미군의 전력에 전적으로 의존하고 있는 한국군의 입장에서 '한국군 출입금지'는 매우 자존심 상하고 불편한 내용이다. 이들은 양색시들에게 괜한 트집을 잡는다. 클럽의 마담이 미군 클럽의 특성을 설명하지만 이들은 아랑곳하지 않는다.

클럽 마담　아시겠지만 여긴 이국 만리 먼 곳에서 우리나라에 와서 우리를 위해 싸우는 유엔군을 위해 특별히 허가된 곳이니까.

OFF LiMiT
R.O.K.ARMY
한국군 출입금지

OFF LiMiT
R.O.K.ARMY
한국군 출입금지

영화 〈돌아오지 않는 해병〉에서 미군 전용 클럽에 들어가 난동을 부리는 한국 군인들의 모습.
ⓒ원승숙

해병대 1　이봐요, 알고 왔소. 실은 우리가 오늘 24시간 특별 외출 허가를 받고 나왔는데 이 산속에서는 갈 곳도 없고, 기분도 그렇지 않고. 그래서 찾아온 거니 국경을 넘어서 기분을 좀 알아달란 말이오.

클럽 마담　(웃으면서) 그 기분 제가 잘 알겠어요. 그럼 제가 딱 한 잔씩만 서비스를 할 테니 마시고 조용히들 물러가시겠어요.

해병대 2　(술잔을 깨면서) 이봐, 누굴 거렁뱅이로 취급하는 거야. 똑똑히 기억해둬. 우린 너희 같은 것을 위해서도 죽어가고 있단 말이다. 갑시다.

해병대 1　미안하오.

클럽 마담　(화를 내며) 아니, 여봐요. 남의 물건을 이렇게 파손하고 그대로들 가시겠어요?

해병대 1　뭐? 어떻게 하란 말이오?

클럽 마담　어떻게 하다니요. 변상을 해야죠.

해병대 3　뭐야, 쌍!

해병대 1　잠깐만! 변상하면 되겠소?

클럽 마담　물론이죠.

해병대 1　변상하면 별말 없지? (웨이터를 가리키며) 너 계산 잘 해. (해병대끼리 눈짓을 하고 난 후 클럽 집기를 부수기 시작한다. 부수고 난 후) 얼마야?

제국적 헤게모니의 주체가 될 수 없는 남성들은 미군 클럽에서 난동을 부리고, 양색시를 윤리적으로 심판하는 것으로 손상당한 남성성을 회복하려 했다. 반면에 제국적 질서와 공모하여 삼거리에서 우월한 지위를 확보한 사람들은 미군과의 갈등을 원하지 않았다. 삼거리에서 소위 '유지有志'가 된 사람들은 봉건 시대처럼 신분에 의해 그 지위를 획득한 것이 아니었다. 공권력에서 일정한 자리를 차지했거나 달러를 삼거리로 끌어당기는 데 적극적인 역할을 한 사람이 동네 유지가 되었다.

1960년대 초반으로 추정되는 아버지의 사진 한 장이 삼거리식 '한미 친선'*의 모습을 웅변하고 있다. 한국인 남성들과 미군의 단체 사진이다. 사진 왼쪽에 있는 석등으로 보아 아마도 어느 절에서 모임을 가진 후에 찍은 사진으로 추정된다. 총 25명의 남자 중 한국인은 16명, 미군이 9명이다. 한국인은 대부분 양복을 입고 있는데, 앞줄의 한 사람은 제복 차림이다. 미군은 모두 군복을 입고 있다. 제복 차림의 남자는 한국인 경찰로 보인다. 아버지는 양복 차림에 양손을 주머니에 찌른 채 뒷줄에 서 있다. 가운뎃줄의 미군은 이 자리가 친선모임이라

* 보통 한미친선협회Korean-American Friendship Councils라 이름 붙었던 협회의 한국 측 구성은 지역 가게와 클럽/바, 지방정부 관계자(시장, 군수, 보건소장, 공보관), 지방 경찰, 한국특수관광협회, '존경받는 마을 원로', 그리고 때때로 비즈니스소녀협회의 대표들로 이루어졌다. 미국 측의 구성원은 보통 기지 사령관 혹은 대리, 헌병사령관, 군의관, 지역관계장교, 공무장교, 그리고 여타 관련직 종사자들이 참가했다. 보통 한 달에 한 번씩 열린 모임에서는 상호 이해와 관심 문제들을 해결하고 미군과 한국 민간인 간에 신의를 증진시키는 노력들이 이루어졌다.

• 캐서린 H. S. 문, 2002, 이정주 옮김, 『동맹 속의 섹스』, 삼인, 127쪽.

삼거리 한미 친선 모임. 맨 뒷줄 왼쪽에서 세 번째가 아버지.

는 걸 강조하기라도 하듯, 양팔을 한국 남자들의 어깨에 얹고 포즈를 취했다. '한미 친선'은 경제적 혹은 군사적 관계가 아니라 양색시를 매개로 한 관계였지만, 양색시를 위한 자리는 어디에도 없다. 캐서린 H. S. 문의 『동맹 속의 섹스』에 따르면, 미군은 "이곳(기지촌)에서의 남성-여성 친교가 많아질수록 미국인은 한국인을 더 사랑하게 된다. 다시 말해 자신이 한국을 위해 싸우겠다는 의지가 더 강해진다고 믿는 군인들이 상당히 많아지며", "대부분의 장교들은 이러한 친교가 일반적으로 건설적인 효과"를 낸다고 믿었다.

미군 책임자들은 부대의 군인들이 주말에 한국인들과 갈등 없이 기지촌 클럽에서 스트레스를 풀기를 원했고, 한국의 공권력은 그런 희망을 암묵적으로 승인했다. 달러를 버는 한국인들은 미군 책임자와의 공모를 통해 달러 경제가 위협받지 않기를 기대했다. 이렇게 각자의 이해관계를 가진 삼거리의 유지들이 한자리에 모이면, 그 자리는 '한미 친선'이라는 이름으로 포장되었다.

'한미 친선'이라는 껍데기가 유지되는 한 아버지가 삼거리에서 달러를 수집하는 데는 별다른 문제가 없었다. 그 시절 아버지가 주워 담은 달러의 위력은 40대 초반에 접어든 아버지의 사진에서 확인할 수 있다. 명동 양복점에서 맞춰 입은 양복은 아마 홍콩제 원단이었을 것이다. 어머니 말씀에 따르면, 아버지에게는 '최고급 취향'이 있었다고 한다. 양복 주머니에는 당시 신사의 필수 조건으로 여겼던 '파카Parker' 만년필이 꽂혀 있다. 아버지가 서류 결재를 하는 직업도 아니었고, 메모하는 습관을 지닌 '문자의 세계' 사람도 아니었으니 만년필이 기능적으로 필요하지는 않았겠지만, 그래도 명색이 신사라면 양복 주머니에 파카 만년필을 꼽고 다녀야 하는 시대였다. 선글라스를 쓰고 나타난 박정희 때문이었을까? 40대 초반 무렵의 사진에서 아버지는 자주 선글라스를 쓰고 등장한다. 이때의 사진들에서 아버지가 쓰고 있는 선글라스는 형태로 볼 때 '라이방(레이벤Ray-Ban)' 제품임에 틀림없다.

삼거리의 위력이 무엇이었겠는가. 삼거리는 미군의 달러가 모이는 곳이었고, 미군 PX에서 흘러나온 외제품이 국산품보다 더 흔한 곳이었다. 남대문 도깨비시장에나 가야 미제 물건을 살 수 있는 서울과 달리, 삼거리는 그 자체가 거대한 도깨비시장이라 할 만큼 미제 물건이 넘쳐흐르는 'PX 소비주의'의 현장이었다. 벽돌처럼 크고 단단했던 허쉬Hershey's 초콜릿, 은박 포장지가 매혹적이었던 키세스Kisses 초콜릿, 그냥 먹어도 맛있고 치즈를 얹거나 스키피Skippy 땅콩버터를 발라 먹으면 더 맛있는 리츠Ritz 크래커, 바둑알 놀이 하기에도 좋았고 '새알 쪼꼬렛'이라 불렸던 엠앤엠M&M 초콜릿, 과자 위에도 얹어 먹던 크래프트Craft 치즈, 하인츠Heinz 케첩, 스팸Spam, 물에 타면 오렌지주스가 만들어지던 마법의 오렌지가루 탱Tang, 맥스웰하우스Maxswell House 인스턴트커피, 테이스터스 초이스Taster's Choice 커피, 레블론Leblon 샴푸, 다이알Dial 비누, 돛단배가 그려진 올드 스파이스Old Spice 스킨로션, 존슨 앤 존슨Johnson & Johnson 베이비파우더, 바셀린Vaselin, 조니 워커Johnnie Walker, 말보로Marllboro 담배, 고추장 풀어 감자와 함께 끓여 먹던 콘 킹Corn King 소시지가 넘쳐나던 곳이 삼거리였다.

삼거리에서는 돼지고기가 아니라 미제 '빠다(버터)'에 김치를 볶아 김치찌개를 끓여 먹고, 어린아이들은 '스테끼(스테이크)'가 한국 음식인 줄 알고 먹었다. 레인보우 클럽엔 국산 냉장고가 생산되기도 전에 이미 대형 웨스팅하우스 냉장고가 있었고, 미국 알시에이RCA 회사의 텔레비전과 제이비엘 스피커가 있었다. 1960년대 아버지의 사진에는 달러의 힘이 만들어낸 자부심이 그대로 드러난다.

삼거리에 정착한 지 10년이 훌쩍 넘었다. 등대 사진관과 레인보우 클럽을 통해 달러를 모은 아버지는 만주 유람으로 일찌감치 익힌 모던 취향을 맘껏 발휘할 수 있는 물질적 수단을 손에 쥐었다. 그 돈을 충분히 쓰기에는 파주 땅이 너무 좁았다. 타고난 방랑 기질에 달러까지 손에 쥐었으니 아버지는 삼거리에서 자신의 소비 욕구를 충족시킬 수 없었다. 아버지

양복에 선글라스로 한껏 멋을 낸 아버지.

는 홍콩제 원단으로 만든 양복을 입고, 머리엔 '뽀마드(포마드)'를 잔뜩 발라 가르마를 제대로 타고, 윤이 나는 구두를 신고, 양복 주머니에 파카 만년필을 꽂고, 어깨엔 카메라를 메고서야 집을 나섰다. 한국전쟁에서 전사한 미군 월튼 워커Walton Walker 장군의 이름을 따서 동양의 라스베이거스가 되겠다는 야심으로 1962년 준공한 워커힐 호텔은 그런 아버지에게 딱 적합한 곳이었다.

"오늘부터 워커힐 쇼에 미라도 나가게 됐는데"

삼거리는 서울에서 팔십 리나 떨어져 있었지만, 기지촌 모더니즘은 아버지가 서울 어느 곳에서도 꿀리지 않는 신사의 풍모를 갖게 해주었다. 한복을 입은 채 물지게를 지고 산동네를 힘겹게 올라가는 박서방이나 마차를 끄는 마부와 달리, 아버지는 홍콩이나 마카오에서 갓 귀국한 멋쟁이라고 해도 손색없는 꾸밈에 능했다.

양반의 체면을 내세우는 전통주의자라면 한껏 차려입고 요정에라도 가겠으나, '뽀마드'를 바르고 '라이방' 선글라스를 쓴 모던한 중년 남자에게는 '양놈' 냄새가 물씬 풍기는 워커힐이 더 어울렸다. 충청도 송곡리 출신에게는 기생 요릿집 같은 곳은 낯설기만 했다. 오히려 만주 봉천과 나고야를 떠돌며 일찌감치 익힌, 이후 기지촌에서 화려하게 꽃피운 '모던'의 감각을 수용해줄 곳이 필요했다.

〈대한뉴스〉 412호에서 말한 것처럼 "우리나라의 아름다운 강산과 명승고적을 찾아오는 관광객과 주한 유엔군의 휴식처가 될 동양 굴지의 관광 센터"라는 워커힐은 기지촌의 양풍洋風이 세련되게 포장되었을 때 보여줄 수 있는 최상의 상태가 전시되는 곳이었다. 건축가 김수근이 설계한 역피라미드 형상의 시멘트 건축물 힐탑 바가 있고, 라스베이거스 카지노 호텔에서나 볼 수 있던 버라이어티쇼가 날마다 펼쳐졌다. 인기 가수라면 반드시 출연해야 하는 무대, 출연해서 스타임을 증명해야 하는 무대도 워커힐이었다. 워커힐만큼 모던의 풍경이 압축적으로 펼쳐지는 만화경은 서울 어디에도 없었다. 텔레비전이 본격적으로 보급되지도 않았고 뮤직 비디오도 없던 시절, 노래하는 가수들의 모습을 모자이크하여 만든 영화의 제목은 다름 아닌 〈워커힐에서 만납시다〉(한형모 감독, 1966)였다. 영화 속 신인 가수 미라에게도 워커힐은 꿈의 무대

위커힐 개관(1963년 4월 8일)을 알리는 〈대한뉴스〉 412호.
한국정책방송 KTV 제공
영상 65

였다.

“오늘부터 워커힐 쇼에 미라도 나가게 됐는데.”

“(놀라며) 네?”

“워커힐 쇼보다 문제는 그다음이야.”

“그다음?”

“워커힐에서 미라의 신곡이 히트하면 미라는 곧 동남아 순회 공연 톱 싱거로 뽑힌단 말야.”

“순회공연이요?”

“그렇게만 된다면 미라는 이제 신인이 아니야. 어엿한 스타가 되는 거지.”

• 영화 〈워커힐에서 만납시다〉

워커힐은 철저하게 남자에 의한, 남자를 위한 공간이었다. 애초에 워커힐을 만든 이유 자체가 일본으로 휴양을 떠나는 미군들의 발길을 돌려 달러를 벌어들일 요량이었다. 그래서 워커힐을 구성하고 있는 5개의 개별 호텔 이름도 더글러스 맥아더, 매튜 리지웨이, 맥스웰 테일러, 라이먼 렘니처, 제임스 밴플리트 등 미8군 사령관의 이름에서 따왔다. 워커힐은 어디까지나 한국전쟁의 승리자인 미군을 대상으로 한 공간이었다.

워커힐은 더 크고 화려하고 세련된 레인보우 클럽이나 다름없었다. 워커힐의 여자는 레인보우 클럽의 양공주처럼 모호한 ‘공적 여자’였다. 워커힐의 쇼는 미국 라스베이거스를 모방하는 것이었으니, 당시의 한국적 기준에서는 용납할 수 없는 파격적인 노출이 다반사였다. 수영복만 입은 여자 댄서들이 춤을 추는 곳이었지만 그들에게 '음란'이나 '풍기문란'이라는 딱지를 부여할 수 없는 공간, 전쟁 이후의 이른바 예외적 상황이 전개되는 곳이 바로 워커힐이었다.

워커힐에 들락거리는 여자는 위험한 여자지만, 그곳을 오가는 남자는 '승리자'라는 기호를 자동적으로 얻었다. 선글라스를 쓰고 돌연 나타난 박정희도 워커힐을 자주 드나들었다고 알려졌다. 심지어 청계고가도로를 건설한 이유가 워커힐에 자주 다니는 박정희 때문이었다는 증언이 있을 정도다.*

삼거리의 남성 연대

삼거리에서 아버지와 어머니는 함께 달러를 벌어들였지만, 그것을 사용하는 방식은 전혀 달랐다. 아버지는 수집한 달러를 마치 전리품처럼 남자들만의 세계에서 '한턱내기'의 방식으로 내놓았다. 아버지는 친구들 사이에서 돈을 잘 쓰는 통 큰 사람으로 대접받았다. 어떤 모임이든, 비용이 얼마가 나왔든 아버지는 자신이 계산을 해야 직성이 풀렸다. 사정이 어렵다고 호소하는 사람이 있으면 그 말이 진짜인지 아닌지는 따져보지도 않고 턱턱 잘 빌려주었다. 양색시를 매개로 쓸어 담은 달러는 아버지의 위신을 세우는 구멍 난 파이프를

* 손정목, 2010, 『서울 도시계획 이야기』, 한울.

달러를 밑천 삼아 결성된 삼거리의 남성 연대.
이들은 양복 차림에 선글라스를 쓴 채 고향 마을로, 워커힐로, 온천으로, 바닷가로 '돈 쓸 곳'을 찾아다녔다.

통과한 뒤에야 가정 경제로 유입될 수 있었다.

'한턱' 잘 내는 아버지 곁엔 당연히 사람들이 모이기 마련이었다. 아버지가 지갑을 많이 열수록 곁에 모이는 사람의 숫자는 늘었고, 그때마다 '한턱'에 필요한 절대 금액도 높아졌다. 미군이 절대 우위를 차지하고 있는 삼거리에서 한국 남자들끼리의 위신 경쟁은 사뭇 치열했다. 그 경쟁에서 꼭 승리해야 한다는 것은 삼거리의 남자라면 누구나 느끼고 있을 터였다. 아버지는 본래 수컷 사이의 경쟁에 민감한 사람은 아니었지만, 당시 그곳에선 본래의 성향은 별 영향을 미치지 못했다. 삼거리의 게임 규칙은 이미 정해져 있었기 때문이다. 각자의 방식으로 달러를 모으고, 그에 자부심을 느끼는 한국 남자들끼리 그들만의 리그를 벌였다. 그 방식 중 하나가 마작이었고, 다른 하나가 '한턱내기'였다. 아버지는 그 경쟁에서 절대적으로 유리한 위치를 점했다. 충분한 달러를 확보하고 있었기 때문이다. 거기다 베풀기 좋아하고, 악착같이 자기 이익을 챙기는 편이 못 되는 성격까지 더해져 아버지는 자연스레 삼거리의 남자 세계에서 좋은 평판을 얻었다. 그리하여 '삼거리 노씨'는 그 일대에서 인심 좋고, 잘 베푸는 통 큰 남자라는 기호로 통했다.

그래서인지 아버지는 송곡리의 고향집을 방문할 때도 일군의 무리와 동행했다. 비싼 양복에 카메라를 어깨에 메고 코트까지 갖춰 입고 나타난 아버지와 기꺼이 그 길에 함께한 도회적 신사들의 무리가 송곡리 같은 농촌에 나타났다는 것 자체가 웅변하는 바가 있었을 것이다. 아버지는 워커힐에 갈 때도, 온양온천에 갈 때도 그 남자들과 함께 갔다. 삼거리의 남성 연대는 돈독했다. 그들은 삼거리를 벗어나는 행차에 배우자나 가족을 동반한 적이 없다. 삼거리를 벗어나는 행위 자체가 남성 연대의 표현이었다.

삼거리 남자들은 삼거리 안에서는 미군에게 주눅 들어 있었지만, 달러를 들고 밖으로 나가면 마치 미군과도 같은 지위를 확보할 수 있었다. 자연히 그들은 삼거리 밖 행차를 즐겨했다. 미군들에게 "마더 퍽 유!" 한번 속 시원하게 날리지 못하면서 달러를 벌어댄 이유가 어쩌면 삼거리 밖으로 나가 원없이 달러를 쓰기 위해서였는지도 모른다. 삼거리 남자들에겐 〈로맨스 빠빠〉의 희망 독본을 실행하는 것보다 자신의 패권을 실현하는 것이 더 중요했을지도 모른다. 그래서였을까? '로맨스 빠빠'는 스크린 속에만 있을 뿐 삼거리에서는 찾아보기 어려웠다.

바람피우는 남자들

〈로맨스 빠빠〉가 새 시대의 가족 독본으로 제시되었다고는 해도, 영화는 영화일 뿐 오래된 남성중심주의를 뒤집을 만한 힘은 없었다. 전근대적 가족의 모습은 붕괴되었지만, 전후 어떤 모습의 가족을 만들어갈 것인가 하는 방향성은 아직 정립되지 않은 상태였다. 핵가족 중심의 가족주의와 전통적인 가부장제가 뒤섞여 아내도 남편도 자신의 역할에 대해 중심을 잡지 못하던 시대였다. 자상한 아버지, 자상한 남편은 영화 속에나 존재했다.

아내는 남편의 외출에 대해 궁금해할 수 없었다. '바람'이 남자의 능력이라는 생활 이데올로기에 여자나 남자나 포섭되어 있던 시대였다. 아버지의 앨범에서는 누군지 알 수 없는 여자들이 자주 눈에 띈다. 심각한 혼외 관계는 아니었을 것이다. 그랬다면 그런 사진을 버젓이 인화까지 해서 앨범에 넣어두었을 리 없다. 물론 그런 가능성을 완벽하게 배제할 수는 없다. 심각한 혼외 관계였다 해도 그 자체가 이혼 사유는 될 수 없다고 생각했던 시대이니 아버지는 그 시대의 관습에 충실하게 굳이 그 사진들을 숨길 필요를 느끼지 못했을 수도 있다. 신상옥 감독의 1960년 영화 〈로맨스 빠빠〉가 전후 가족 재건의 희망 독본이라면, 그가 3년 후에 내놓은 〈로맨스 그레이〉(신상옥 감독, 1963)는 사실 독본이라 해야 할 것이다.

> 경남아파트의 26호실이다. 대영산업 사장 김상조 씨께서 마누라가 알세라 극비리에 신접살림을 차려놓고 꿀 같은 재미를 보는 애첩 장보영의 방인 것이다. • 영화 〈로맨스 그레이〉의 내레이션

〈로맨스 그레이〉에 등장하는 모든 남자, 아니 정확하게 말하자면 돈 좀 있고 지위도 있는 남자는 모두 바람을 피운다. 대영산업 사장 김상조 씨도 경남아파트 26호실에 딴살림을 차렸고, 대학교수도 바걸bar-girl 민자와 바람이 나 있다. 〈로맨스 빠빠〉가 제시한 이상적인 중산층 가정의 희망 독본은 난데없이 사라졌다. 그것으로도 부족해 〈로맨스 그레이〉에서

는 남자의 바람을 정당화하는 온갖 통념이 여자의 입을 통해 가감 없이 등장한다. 남편의 바람을 의심하고 걱정하는 여자에게 또 다른 여자가 이렇게 충고한다.

"(남편이 외도하는) 그 원인은 구 여사 자신에게 있다고 봐요."
"아니, 제가 어때서요?"
"순영인 왜 화장도 못해? 그 머린 언제 미장원에 간 머리지? 그 옷이 그게 뭐야? 그러고도 남편의 매력을 끌 수 있다고 생각해?"

• 영화 〈로맨스 그레이〉

남자들이 가족 외부에 또 다른 여자를 두고 사는 것을 이상하게 여기지 않고 오히려 능력이라고 간주하던 시대를 반영이라도 하듯, 〈로맨스 그레이〉는 남편의 외도를 다루지만 전혀 심각한 분위기가 아니다. 남편의 바람은 남편의 능력으로, 아내의 매력 부족으로, 한 번쯤은 있을 수도 있는 해프닝으로 정당화된다. 바람피우는 남편도, 바람의 상대도, 그것을 보는 아내도 이 상황을 전혀 심각한 눈으로 바라보지 않는다. 심지어 며느리는 남편의 외도를 걱정하는 시어머니에게 이런 충고까지 한다.

"어머니 그러시면 못 써요. 아버님을 이해하셔야 해요."
"뭐? 아버지를 이해하라고?"
"아니 아버지보담두 남자란 존재를 이해하셔야 해요. 어머니

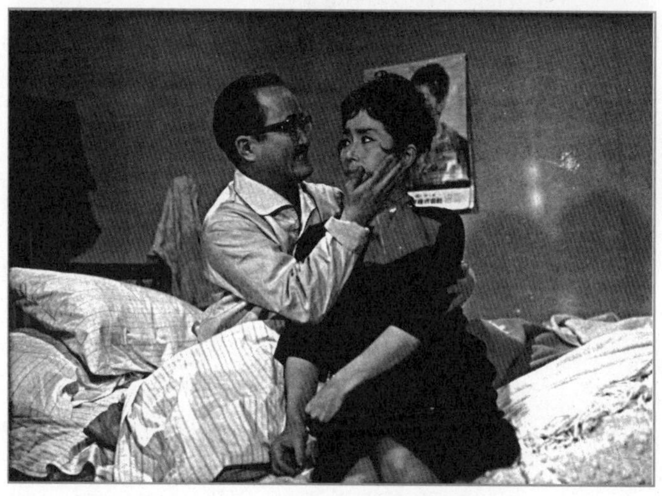

영화〈로맨스 그레이〉는 중산층 남성들의 외도라는 세태를 사실적으로 보여주지만, 결국 외도 상대들이 물러나고 본처와 남편들이 각성하고 반성하여 본래의 가정을 회복하는 것으로 끝이 난다.
한국영상자료원 제공

는 너무나 남자의 세계를 모르세요."

• 영화 〈로맨스 그레이〉

그런 시대였으니 아버지인들 크게 다르지 않았을 것이다.

아버지의 삼거리 밖 행차에는 언제나 어머니가 아닌 다른 여자들이 있었다.

남자로 태어났다는 것 자체가 위세인 시대였고, 자신의 처지를 객관화해보거나 반성하는 능력을 키울 만큼 교육을 받지도 못했다. 아버지는 〈로맨스 그레이〉가 제시한 사실 독본을 그대로 받아들였을 가능성이 크다.

심각한 혼외 관계가 한 번 정도 있었는지, 아니면 반복적으로 발생했는지, 그것도 아니면 아무 일도 없었는지 지금으로서는 알 도리가 없지만, 어쨌거나 아버지의 동성 사회성 homosociality(같은 성끼리의 연대)이 발현되는 순간엔 항상 어머니가 아닌 다른 여자들이 있었다. 삼거리의 남성 연대가 우정의 표현이 아니라, 달러를 손에 쥔 이들의 특권적 지위의 표현이었던 만큼 그런 지위를 과시할 수 있는 또 다른 수단이 바로 혼외 여성과의 만남이었기 때문이다.

3장 여자 그리고 어머니, 아니 엄마

어머니는 한 손으로 나를 품에 안고 있고, 다른 손으로 카메라 렌즈를 가리킨다. 어머니와 함께 찍은 가장 오래된 사진이다. 사진의 배경으로 추정해보면 아마 내가 갓 돌을 넘긴 1967년의 봄인 듯하다. 어머니가 나를 품에 안고 있다. 자연인 노병욱과 자연인 김완숙을 지칭할 때, 체면을 차려야 하는 자리라면 나는 아버지, 어머니라는 가족 호칭을 쓰지만 실제로 내가 부르는 호칭은 아버지와 엄마이다. 부모 중 한 명을 아버지라 부르면 다른 한 명은 대칭적으로 어머니라 부르는 게 어울릴 것이다. 하지만 나는 자연인 노병욱은 아버지라 불렀으나 자연인 김완숙은 엄마라 불렀다. 이 비대칭적인 호칭 습관은 결코 바뀌지 않았다. 이는 정서적 애착의 차이를 드러내는 것이기도 하고, 아버지와 보낸 시간과 어머니와 보낸 시간의 극단적인 비대칭 탓이기도 하다.

1953년 삼거리로 이주했을 때 어머니는 채 스무 살이 되지 않은 나이였다. 삼거리에서 어머니는 네 명의 자녀를 낳았다. 낯선 삼거리에서 친정어머니도 없이 임신을 하고, 입덧을 견디고, 마침내 무사히 출산을 했다. 어느 사이 어머니에게는

"명우야, 저기 봐.
아버지가
사진 찍고 있잖아."

아내라는 가족 역할에, 어머니라는 책임감이 더해졌다.

창신동 산동네에 대한 기억은 점점 아련해졌다. 사람은 의외로 빨리 적응한다. 아무 연고도 없는 삼거리로 처음 이주했을 때의 걱정과 두려움은 사라졌다. 이제 삼거리에는 제법 아는 사람이 많아졌다. 삼거리의 달러는 어머니가 입는 옷을 바꾸어놓았고, 먹는 것도 PX 소비주의에 걸맞게 달라졌다. 하지만 딱 거기까지였다. 그 달러는 아버지의 발에만 날개를 달아주었다. 삼거리는 일종의 기지촌이다. 기지촌의 여염집 여자는 양색시보다 오히려 운신의 폭이 좁다. 양색시로 오인되면 어떤 취급을 받는지 너무나 잘 알고 있기 때문이다. 달러로 주머니를 두둑하게 채운 아버지의 젊은 시절 사진은 의기양양하고 자신감 넘치는 모습이지만, 어머니의 사진은 몇 장 남아 있지도 않고 그나마 있는 것들도 웃는 표정이 아니다.

아버지가 사진사였으니 마음만 먹으면 언제든 사진을 찍

을 수 있었지만, 어머니의 젊은 시절 사진은 얼마 남아 있지 않다. 이는 아버지가 어머니를 대했던 방식을 유추할 수 있는 중요한 단서다. 삼거리의 달러가 가져다준 부는 아버지와 어머니에게 달리 나타났다. 아버지에게 달러가 방랑 기질과 고급품 취향을 맘껏 발휘할 수 있는 자유를 의미했다면, 어머니에게는 좀 더 몸가짐을 단정히 해야 할 이유였고 다른 한편으로는 자식들의 뒷바라지를 위한 자원이었다. 남자와 여자의 삶 사이에 너무나 커다란 간극이 있던 시절이다. 그 시대의 남편과 아내, 남자와 여자 사이의 간극을 온건하고 자애롭게 표현한다면 영화 〈삼등과장〉의 대사와 같을 것이다.

> 여보, 가족이란 합승택시에 타고 있는 손님 같은 거야. 저마다 심리가 다른 사람들이 타고 있기 때문에 부부라는 운전수와 차장이 무사하게 운전하지 않으면 안 된단 말이야. 운전수인 내가 사고 없이 운전을 하고 또 차장인 당신이 제멋대로 탄 손님들을 적당한 자리에 태워가지고 안심하고 갈 수 있게 운전하지 않으면 안 된단 말이야. 운전수와 차장 사이가 좋지 않으면 손님이 불안할 거 아냐. 그러니까 우리 둘이는 언제나 한마음 한뜻이 되어야 해. • 영화 〈삼등과장〉

〈삼등과장〉이나 〈로맨스 빠빠〉의 아버지처럼 부드럽고 사근사근한 외양을 지녔든, 자신을 국가라는 가정의 가장으로 여긴 박정희처럼 근엄한 외양을 지녔든 그들은 모두 가부장제하의 남성일 뿐이었다. 가부장제가 유지되는 한 '여자'라

영상 66

영화 〈삼등과장〉의 마지막 장면에서 주인공 구 과장은 아내와의 모든 오해를 풀고 갖는 식사 자리에서 가족에 대한 자신의 생각을 들려주며 행복한 미래를 다짐한다.

는 사실은 인생의 궤적 자체를 수정하게 만드는 거대한 조건이었다.

〈삼등과장〉의 구 과장처럼 아내에게 자신의 생각을 살갑게 이야기하는 남편은 현실에서는 찾아보기 어려웠다. 남편과 아내가 한마음 한뜻이 되기 위해 영화에서는 자애로운 남편이 등장하지만, 현실에서는 아내의 침묵이 가장 간편하고 효과적인 방법이었다. 아내가 자신의 심정을 억누르면 가정의 '평화'가 지켜지지만, 그렇지 않을 경우 한순간에 바스라질 수도 있는 것이 바로 그 '평화'였다.

어머니는 아버지 이외에는 의지할 가족도 친구도 없었다. 한 번도 가본 적 없는 파주 삼거리로 이사할 때, 왠지 모를 불안과 두려움에 휩싸였지만 남편의 뜻을 따르는 수밖에 없었다. 결혼 전날 친정어머니가 딸에게 일러준다는 생활의 지혜 따위는 들어보지도 못한 채 결혼을 했고, 임신을 했고, 어머니가 되었다. 낯선 곳에서 작은 체구로 아이 넷을 낳으며 몸과 마음이 지쳐갔지만 그저 적응하는 수밖에 없었다. 겉으로 내색하지 않고, 자신의 심정을 속으로 억누르는 순간이 쌓이고 쌓여 어머니의 얼굴에선 어느새 웃음기가 사라졌다. 아니, 활짝 웃는 방법을 잊었는지도 모른다.

아버지는 결코 자상하지 않았다. 그 시대의 가부장적 남편과 크게 다르지 않았다. 임신을 했다고 해서 남편의 특별한 대접을 기대할 수는 없었다. 입덧이 심할 때 고기가 먹고 싶다고 하면, 아버지의 입에선 "우리한테 고기 사 먹을 돈이 어디 있느냐"는 난데없는 대답이 되돌아왔다. 레인보우 클럽에서 달러를 쓸어 담던 바로 그 시절이었는데도 말이다.

'남성 연대'를 증명하는 아버지의 사진은 차고 넘친다. 그 사진들의 분위기는 언제나 밝다. 아버지는 늘 웃고 있다. 아버지 주변엔 아버지만큼이나 밝은 표정을 짓고 있는 아버지 또래의 남자들이나 정체불명의 여자들이 있다. 어떤 구도든 어디서 찍은 사진이든 젊은 아버지가 등장하는 모든 사진에서는 공통적으로 밝은 정서가 느껴진다. 자연인 노병욱은 가족을 재건하면서 남편이자 아버지라는 가족 역할을 부여받았지만, 사진에서는 그것이 잘 느껴지지 않는다. 아버지라는 존재 조건이, 남편이라는 가족 역할이 자연인 노병욱을 압도하지 않았다. 자연인 노병욱은 가능한 범위 내에서 여전히 모던하고, 방랑기 있고, 멋스럽고, 풍류를 즐기는 본연의 자신을 지켜갔다.

어머니는 달랐다. 어머니는 1960년대 말까지도 여전히 한

어머니의 사진엔 웃음기가 없다. 오른쪽 맨 끝이 나의 어머니.

복을 입고 있다. 레인보우 클럽의 안사람이기에 당연히 어머니의 옷차림에서도 달러의 위력이 드러난다. 여름엔 일제 천으로 '깨끼 한복'을 지어 입었고, 겨울엔 윤기가 자르르 흐르는 본견 양단이나 보기만 해도 따듯하게 느껴지는 '비로도'여야 했다. 사진 속 어머니가 입고 있는 한복은 일견 화려해 보인다. 하지만 그 화려한 패턴의 옷감과 달리 어머니의 표정은 밝지 않다. 포즈 또한 자연스럽지 않다. 아마 소요산에서 찍은 것으로 추정되는, 아주 드물게 여자들끼리만 찍은 사진이다. 사진 속 아버지와 남자들은 언제나 당당하고 카메라를 겁내지 않는다. 촬영 자체를 즐기는 표정이다. 반면에 어머니를 비롯해 나란히 서서 사진을 찍은 세 여자는 모두 표정이 편안해 보이지 않는다. 남자들의 외출은 자연스러웠지만, 여염집 여자들에게는 그렇지 않은 시대였기 때문일까? 아니면, 각자의 몸에 걸치고 있는 아내이자 어머니라는 역할 옷과 가족 없는 외출이 충돌하면서 빚어낸 부자연스러움 때문일까? 가족 없이 자연인 김완숙으로 찍은 몇 안 되는 사진 가운데 하나인데 영 어색하기만 하다. 어머니가 등장하는 대부분의 사진에선 가족의 역할 옷이 감지된다.

밖에서 자유로움을 만끽하는 남편은 가족 안에서 그 역할이 줄어들기 마련이다. 부부가 함께 나누어야 할 부모의 책임은 오롯이 아내의 몫이다. 아이들은 기대처럼 자라지 않는다. 양육에 대한 고민은 전부 아내에게 맡겼기에 남편은 자유로울 수 있다. 남편이 집 밖에서 통 큰 남자라는 평판을 얻는 동안, 세세한 계산과 뒤치다꺼리는 아내 몫이 된다. 그래서일까? 아내라는 옷에 어머니라는 옷까지 더해진 자연인 김완숙의 표정은 점점 더 어두워진다. 이제 그 지긋지긋한 가난에서 벗어났는데도 얼굴에 진 그늘은 짙어만 간다.

"그럼 바로 보는 법을 알려줄까?"

'자애로움'은 당시 재건 가족의 안주인이 따라야 할 가족 역할을 표상하기에 가장 적합한 단어이다. 문화영화 〈어머니와 지만이의 하루〉에 등장하는 극장가족의 안주인 육영수는 언제나 한복을 입고 있다. 극장가족의 어머니는 내조의 표상이다. 극장가족의 아버지 박정희가 '돌격 앞으로!'를 외치는 역할을 수행한다면, 어머니 육영수는 온화함과 세심함으로 국가라는 가정의 국민이라는 식구를 돌보는 모습으로 등장한다.

> 지난 1963년 9월 18일 오후 2시에 어머니께서는 의장 공관으로 찾아오신 외국인 수녀 네 명과 접견하시고 환담을 나누셨습니다. 또한 이날 오후 4시에는 동아일보사 사회부 기자와 인터뷰도 하셨는데, 대통령에 출마하신 아버지에 대해 말씀하셨습니다. 또한 지난 1963년 9월 20일에는 일반 진정인들을 접견하시고 일일이 그들의 진정 사항을 들어주셨답니다.
>
> • 영화 〈어머니와 지만이의 하루〉

극장가족의 딸 박근령의 목소리를 통해 전달되는 안주인의 자애로운 모습은 아버지 박정희와 매우 대조적이다.

자애로운 어머니란 옆에서 남편을 보조하는 역할을 의미한다. 결코 남편의 뜻을 거스르거나 독립적인 자기 의견을 가져서는 안 된다. 집 안에서 어머니는 자기 목소리를 내기 힘들었다. 아버지는 아내 이외의 사람에게는 화통하고 친절했지만, 정작 아내에게는 그렇지 않았다. 당시 남자들이 알게 모르게 몸에 익힌 안과 밖의 희한한 구별법에서 아버지도 예외는 아니었다.

남자와 여자는 완전히 다른 인생을 살아야 한다고 간주하던 시대다. 여자의 인생은 전적으로 남자의 인생이라는 독립변수에 의해 달라지는 종속변수로 여겨졌다. 종속변수임을 거부하고 독립변수가 되려는 여자도 분명 있긴 있었다. 남자

영상 67

영화〈언니는 말괄량이〉(한형모 감독, 1961)에서 아침밥을 차리지 않는다고 아내를 때리는 장면

영상 68

영화〈울려고 내가 왔던가〉(김화랑 감독, 1960)에서 남자 주인공 태현이 말다툼 끝에 "그럼 바로 보는 법을 알려줄까?"라며 사장의 외동딸인 옥경의 뺨을 때린다.

의 보호를 거부하는 여자도 있었고, 남자를 우습게 아는 여자도 있었다. 여자가 독립변수가 되려면 결혼을 하지 말아야 하는 시대였다.

"너같이 젊고 이쁜 여자에게도 고민이 있니? 하나님도 무심하시지."

"언니는 무슨 고민이에요?"

"나? 올드미스면 누구나 걸리는 초조증이지."

"아이, 언니두. 그럼 지금이라도 결혼하시면 되잖아요?"

"지원자야 많지. 하지만 사내들이란 모두 그놈이 그놈이야. 욕심쟁이 이기주의고 실속도 없는 게 교만하고."

• 영화 〈흙〉(권영순 감독, 1960)

자기의 독립성을 지키기 위해 '올드미스'가 될 수도 있고 '말괄량이'가 될 수도 있지만, 남자들은 '말괄량이'를 용납하지 않았다. '올드미스' 역시 자신을 자조적으로 평가할 수밖에 없었다. 여자는 어느 정도 나이가 차면 짝을 만나야 하고, 결혼해서 아내의 책임과 의무를 다해야 한다고 여겨지던 시대였으니까. 여자가 남자의 뜻을 받아들이지 않을 때, 남자는 결코 논리와 대화로 여자를 설득하지 않았다. 남자의 손은 남자의 혀보다 늘 빨랐다. 여자와 남자 사이에 갈등이 생기면, 남자는 항상 혀가 아니라 손으로 그 갈등을 해소하려 했다. 당시 영화에서 무수히 반복되는 남자가 여자의 뺨을 때리는 장면은 딱 그 시대의 통념을 보여준다.

여성에 대한 폭력이 아무렇지 않게 벌어지고, 영화에서도 아무렇지 않게 재현되는 시대였다. 한 '말괄량이' 여자가 있다. 교육받은 여자다. 그래서 당당한 여자다. 그렇기에 자기 의견을 분명하게 밝힌다. 하지만 여자의 자기주장은 남자에게는 말대꾸로 보인다. 입씨름 끝에 남자는 "그럼 바로 보는 법을 알려줄까?"라며 여자의 뺨을 때린다. 밝은 대낮에 길거리에서 말이다(영화 〈울려고 내가 왔던가〉). 또 다른 장면. 결혼하고 아침밥을 차려주는 문제로 신혼부부가 싸움을 한다. 왜 여자가 아침밥을 차려야 하느냐고 항의하는 아내에게 새신랑이 응대하는 방법은 성별 가사노동 분업에 대한 대화가 아니라 손찌검이다(영화 〈언니는 말괄량이〉). 이런 장면은 끊임없이 등장한다. 영화 〈초우〉(정진우 감독, 1966)에는 가난한 처지임에도 부자 행세를 한 남자와 가정부인 주제에 "불란서 대사 집 딸" 행세를 한 여자가 나온다. 둘 다 각자의 신분에 거짓말을 덧칠했음에도 남자는 거짓말을 했다며 아무렇지도 않게 여자를 구타한다. 지금 우리의 눈으로 봤을 때 정말 심하다 싶을 만큼 여자를 사정없이 후려갈긴 뒤 남자는 홀연히 사라진다.

"괜찮아요, 전 아무렇지도 않아요"*

의견이 없는 여자, 아니 의견이 있어도 밖으로 드

* 영화 〈미워도 다시 한 번〉(정소영 감독, 1968)에서 주인공 혜영의 대사. 유부남인 줄 모르고 만났던 남자의 아이를 혼자 낳아 키우며 어렵게 살아가던 혜영은 미래를 위해 아이를 아버지 집으로 보내지만, 아이는 낯선 환경에 적응하지 못하고 외로워한다. 결국 혜영은 마음을 바꿔 다시 아이와 함께 시골로 내려간다. 혜영은 남자에게 배신당하고, 아이를 혼자 낳아 키우는 등 갖은 고생을 하지만 "괜찮아요, 전 아무렇지도 않아요"라며 모든 걸 견딜 뿐이다.

러낼 수 없는 여자는 활동 범위가 집 안으로 축소된다. 강하게 자기주장을 하면 남성의 물리적 단죄를 맞닥뜨린다는 걸 몸으로 익힌 여자는 여간해서는 속내를 내비치지 않는다.

사진 속 젊은 아버지는 지금 아들의 관점에서 봐도 당시 보통의 한국 남자와 비교할 때 외모가 평균 이상이다. 잘생긴 외모에 돈도 많았겠다, 아버지가 당시 남자들의 일반적 행보인 '로맨스 그레이'가 아니었으리란 보장은 없다. 심각한 정도는 아니었다 해도 몇 번의 외도는 있지 않았을까 추측한다. 어찌 보면 그 시절에 외도란 특별히 못된 인간에게서만 나타나는 일탈이 아니라, 남자는 당연히 그래도 된다는 통념에 의한 것이었다. 아버지가 유난스런 바람기가 있던 사람인지는 알 수 없는 노릇이다. 설사 그렇다 해도 어머니의 입장에서 이혼과 같은 선택은 상상도 할 수 없었을 것이다. 영화 〈로맨스 그레이〉에서처럼 "하는 짓이 노상 계집질이야. 당신두 사람이야?"라고 용기 내어 따져 물어도 "나무는 못 믿어도 남편은 믿어야지"라는 대답이 돌아왔을 테니까. 결혼 관계가 유지되었던 가장 큰 이유는 아버지가 가정적이라거나 두 사람의 사랑이 돈독해서가 아니라, 가정의 해체를 결심할 수 없는 어머니를 둘러싼 사회 통념 때문이었을 것이다. 설사 심각한 외도가 있었다 하더라도 그것은 자식들이 전혀 눈치 채지 못하는 방식으로 '봉인'되었을 것이다.

"여자는 여자로서의 본분이 있는 거야"라는 말이 통념이던 세상에서 보통의 여성이 자신의 심정을 드러내기란 어려운 일이다. 아내가 된 자연인 김완숙이 이 상황을 돌파할 수 있는

1
영화 〈언니는 말괄량이〉에서 주인공 안순애는 이름 그대로 '안 순한' 말괄량이다. 유도 사범의 큰 딸인 그녀는 유도밖에 몰라 아버지의 속을 썩이더니 결혼한 후에도 남편을 엎어치기로 내리꽂는 등 말썽이다. 아버지는 그런 딸을 도장으로 불러 "여자는 여자로서의 본분이 있는 거야"라며 훈계를 늘어놓는다.

영상 69

2
영화 〈또순이〉의 주제가 가사는 다음과 같다.

웃으며 살아가는 또순 또순
즐겁게 살아가는 또순 또순
가슴에 태양 안고
희망의 꽃 피우고
외로움도 슬픔도 세월도 가고
사랑만이 행복만이 꿈같이 벌어져
웃으며 살아가는 또순 또순
ⓒ지용석

영상 70

3
영화 〈하녀〉(김기영 감독, 1960)에서 아내이자 어머니인 여성이 재봉틀을 돌리는 장면.

영상 71

유일한 방법은 자신의 심정을 봉인하는 것이었다. 남편의 외도를 목격하고도 혹은 마음속으로 남편이 또 한 명의 '로맨스그레이'가 아닐까 의심이 되더라도 당시의 아내들에게는 그런 배신감이나 의심을 표출할 권리가 없었다. 남자로 태어났다는 이유 하나만으로 우월감을 느끼고, 단지 여자이기 때문에 문제 있는 인간으로 취급받던 시대에 여자들이 익혀야 할 생존 기술은 '감정의 봉인' 이외에는 없었다. 그래서일까? 당시 영화 속의 여자 주인공들은 유독 "전 괜찮아요" 혹은 "전 아무렇지도 않아요"라는 대사를 반복한다.

어머니가 되기 위해서는 다른 능력이 필요했다. 여자는 허약해도 어머니는 절대 그래서는 안 된다는 통념에 따라, 어머니는 아이를 하나 더 낳을수록 마음을 굳게 먹었다. 아내-여자와 어머니-여자는 달라야 했다. 어머니-여자에게 강한 생활력은 필수 조건이었다. 라디오 드라마로 선풍적 인기를 끌었고, 영화로까지 만들어진 〈또순이〉의 주인공은 어머니가 참조해야 하는 그 시대의 가장 모범적인 여성상이었다. 고유명사 '또순이'가 당대의 보통명사가 되어가는 흐름 속에서 어머니도 자유로울 수 없었다. 생활력이 강한 여자, 책임감이 강한 여자, 아내와 어머니로서의 본분에 충실한 모든 여자의 이름은 '또순이'였다. '또순이'는 무책임한 '자유부인'의 정반대쪽 극단에 있는 여자였다. 어머니-여자는 '또순이'가 되어야만 자식을 훌륭하게 키운 '장한 어머니'가 될 수 있다고 생각했다. '장한 어머니'는 교육받지 못해 독립성을 지킬 수 없었던 어머니 같은 보통 여자가 최종적으로 획득할 수 있는 인생의 훈장과도 같은 것이었다.

1962년 11월 12일자 〈동아일보〉의 기사에 따르면 당시 여성의 취업 상태로 1위가 식모, 2위가 창녀, 3위가 여공, 4위가 미용사, 5위가 국민학교 교사였다. 여성이 가질 수 있는 직업이 이렇게 제한적이었던 시대에 '직업여성'이라는 표현은 당당한 엘리트 여성이라는 의미보다는 부정적인 뉘앙스로 사용되었다. '직업여성'이 아닌 '그저 그런' 여성은 대개 어머니의 길을 걸었다. 한 가족의 어머니는 가족을 구성하지 않은 여자 혹은 가족 외부의 여자와는 다른 삶을 보여줘야 했다.

영화 〈하녀〉는 중산층 가족을 배경으로 한다. 가장이 있고, 아내와 아이들이 있고, 식모가 있다. 남편은 가족을 책임질 만큼의 경제력이 없지만 아내와 아이들은 그에게 함부로 할 수 없다. 어디까지나 남편이자 아버지이기 때문이다. 남자가 생활력이 없었기 때문에 아내이자 어머니인 여자는 자기라도 나서서 먹고살 길을 찾아야 했다. 영화 속 아내는 억척스럽다. 중산층 가족의 삶을 유지하기 위해 부업을 한다. 영화가 진행되는 내내 잠시도 쉬지 않고 재봉틀을 돌린다. 이 가족이 누리는 삶은 아내이자 어머니인 이 여성으로 인해 유지되고 있음을 보여주는 장면이다.

아버지는 오로지 자신을 위해 삼거리의 달러를 주저 없이 썼지만, 어머니는 그럴 수 없었다. 현명한 아내이자 좋은 어머니가 되는 것이 유일하게 가능한 인생 설계였던 여자-김완숙은 자식을 위한 일로 달러의 쓰임을 한정했다. 여자-김완숙이 '또순이'가 되어야 하는 이유는 어디까지나 자식 때문이었다.

"닥터 리는 스탠포드대학에서
AB학위를 받으셨다죠? 참 훌륭하십니다"

어머니는 자신의 못다 이룬 꿈, 가슴속에 봉인한 '심정'을 투사하거나 대리할 누군가가 필요했다. 그런 심정을 절대로 이해하지 못하는 남편은 어머니 인생의 보완책이 될 수 없었다. 남편이 자신의 보호자가 되지 못한다는 걸 잘 알고 있던 아내-김완숙은 '어머니-김완숙'에게서 탈출구를 발견했다. 어머니의 지극한 자식 사랑은 이렇게 형성된 것이다.

첫째 아이를 낳았을 때 어머니-김완숙은 낯설었다. 참조할 만한 독본도 모델도 없었다. 그래도 막연하게나마 방향성은 있었다. 가난한 집에서 늦둥이 막내로 태어나 자란 자신의 경험 정반대쪽에 실현해야 할 모델이 있을 거라 생각했다. 어머니는 자신의 삶에 부재한 모든 요소들을 꺼내놓고, 아이들은 그 반대편에서 자신과는 완전히 다른 경험을 하도록 돕는 사람이 되고자 했다.

어머니는 삼거리는 아이들의 양육에 적합한 곳이 아니라 여겼다. 어떤 일에서도 자신의 뜻을 드러내지 않던 아내-김완숙은 자식 교육 문제에서만큼은 의지를 굽히지 않았다. 다른 일에서는 아내의 뜻을 귀담아 듣지 않던 남편도 자식 교육 문제에서는 다른 태도를 보였다. 어머니는 아버지의 동의를 얻어 아이들을 서울로 유학 보냈다. 다행히 레인보우 클럽은 아이들을 서울로 보내는 데 충분하고도 남을 자금을 제공했다.

어머니의 기대는 생각만큼 쉽게 이루어지지 않았다. 어쩐

아들 사회학자는
'젊은 엄마'가
'장한 어머니'가 될 수 있는
마지막 희망이었다.
공부를 꽤나 잘해서 학교
대표들이 참가해 겨루는
학력경시대회에서
상을 받기도 했다.

일인지 서울로 간 아이들은 공부에 열의를 보이지 않았다. 가정교사 독선생獨先生을 붙여줘도 첫째와 둘째는 공부에 전혀 관심이 없었다. '젊은 엄마', '신식 엄마'가 되고 싶었던 어머니는 그 바람이 기대처럼 되지 않자 조바심이 났다. 그러는 사이 셋째가 태어났다. 그 셋째 아이가 네 살이 되었을 무렵, 혼자 밖으로 나갔다가 교통사고를 당하고 말았다. 어머니는 그 사고가 온전히 자신의 책임이라고 생각했다.

'젊은 엄마'가 되고자 했던 꿈은 셋째의 교통사고 앞에서 완전히 무너지는 듯 보였다. 다리의 일부를 잘라내고 몇 번의 대수술을 받는 기나긴 과정 속에서 넷째이자 막내가 태어났다. 갓난아이를 등에 업고 셋째의 병간호를 하는 동안 어머니는 몇 가지 결심을 했다. '젊은 엄마'의 꿈을 실현할 마지막 기회인 막내만큼은 너무 일찍 서울로 보내 오히려 공부와 멀어지게 하는 실수를 되풀이하지 않으리라, 방심한 틈을 파고든

셋째의 교통사고 같은 불행이 넷째에겐 찾아오지 못하게 하리라.

그 넷째 아이가 바로 지금 자연인 노병욱과 자연인 김완숙의 삶을 글로 쓰고 있는 나, 사회학자 노명우이다. 지금도 그렇지만 당시에도 자식의 교육 문제에 노골적이고 지나친 관심을 보이는 부모도 있었고, 학교 교육을 맹목적으로 신뢰하며 교사에게 모든 걸 맡기는 부모도 있었다. 어머니도 그런 부모들 사이 어딘가에 서 있었고, 나 역시 부모의 못다 이룬 꿈을 넘겨받은 아이 중 하나였다. 내가 태어났을 무렵엔 어머니가 '젊은 엄마'의 꿈을 이룰 만한 경제적 여유가 있었다. 삼거리에는 변변한 가게가 없었지만, 삼거리보다 규모가 큰 용주골에 가면 제법 근사한 양장점과 양품점이 있었다. 막내아들에겐 아무 옷이나 입히지 않으리라 결심한 어머니는 용주골 '베이비 양행'의 단골이 되었다. 막내아들만큼은 삼거리에 오래 데리고 있겠다는 어머니의 결심에 따라 아들 사회학자는 어머니의 자녀들 중에서 가장 오랜 기간을 삼거리에서 보냈다. 덕분에 어머니가 품고 있던 '젊은 엄마'의 꿈과 기대를 누구보다 빨리 눈치채고, 어머니의 편에 서주었다.

어머니는 적어도 자식 중 한 명은 미국에 보내겠다는 다짐으로 삼거리에서의 서러운 시간을 견뎠다. 어머니가 강요한 것도 아닌데, 막내아들은 언젠가는 꼭 미국 유학을 갈 거라고 아주 일찍부터 어머니에게 약속을 했다. 자신이 낳은 아이가 영화에서나 나오던 미국 유학생이 되고, 미국 박사가 된다는 것은 어머니에게 생각만 해도 가슴이 벅차오르는 일이었을

And I took my M.A.
and Ph.D. at Princeton.

1
영화 〈흙〉에서 미국 유학파 지식인으로 등장하는 이건영이
자신의 학위를 자랑스레 말하는 장면.

영상 72

2·3
영화 〈울려고 내가 왔던가〉에서 아들 부부가
미국 가는 비행기에 오르는 모습을 바라보며 손을 흔드는 어머니의 모습.

영상 73

4
영화 〈마부〉의 마지막 장면. 큰아들이 고시에 합격하고
모든 갈등이 해소되며 행복한 결말을 맺는다.

영상 74

것이다. 영화 속에서 미국 박사가 되어 귀국한 사람은 언제나 은연중에 자기 자랑을 했고, 그 자랑이 다른 사람 눈에는 부럽게만 비치던 시절이다. 자식 중의 하나가 미국 박사가 된다면 창신동 시절의 좌절된 꿈이 자식을 통해 더 화려하게 펼쳐지는 것 아니겠는가? 게다가 그 막내는 미국 유학을 마치고 돌아오는 날 어머니가 한복에 훈장처럼 달 수 있도록 아주 커다란 미제 '뻬로치'를 사 가지고 오겠다고 약속까지 했으니 말이다.

"아참, 저…… 닥터 리는 스탠포드대학에서 AB 학위를 받으셨다죠? 참 훌륭하십니다."

"아, 프린스턴대학에서 M.A와 Ph.D 학위를 받았습니다. 이번 새 학기부터 모교에서 교편을 잡게 되었습니다."

"아…… 미스 윤은 졸업 후 미국에 가신다구요?"

"이 사람이 줄리아드음악대학에 소개해드리겠습니다."

• 영화 〈흙〉

아내-김완숙으로는 결코 행복했다고 할 수 없지만, 어머니-김완숙은 자식이 언젠가 미국 가는 비행기에 오르는 모습을 상상할 때면 입가에 웃음꽃이 절로 피어올랐다. 혹은 미국 박사까지는 못 돼도 최소한 고시에라도 합격하는 아들을 상상하면 구름 위를 거니는 느낌이었다.

4장 나, 어린이의 삼거리 목격담

광탄 삼거리, 아마도 1960년대 후반으로 추정된다. 레인보우 클럽 부근이다. 아직 도로는 포장되지 않았다. 삼거리를 이루는 길 중에서 신산리와 새술막, 용주골의 미군 부대를 연결하는 도로는 일찌감치 포장되었다. 당연히 포장은 미군들이 했다. 반면 레인보우 클럽이 있던 삼거리에서 용미리를 거쳐 서울로 가는 길, 즉 미군 부대가 들어서지 않은 농촌 마을이 모여 있는 길은 여전히 비포장이다. 자동차는 보이지 않는다. 아직 자가용 승용차가 보급되기 이전이다. 자전거를 타고 가는 사람과 리어카를 끌고 가는 사람이 보인다. 사진의 한가운데 가슴에 턱받이를 한 채 누군가를 향해 달려가는 아이가 아버지와 어머니의 넷째이자 지금 이 글을 쓰고 있는 '나'다. 사진상으로도 걸음걸이가 서툴러 보인다. 아직 하체 발육이 완전하지 않은 어린아이 특유의 뒤뚱뒤뚱 걸음마가 느껴진다. 하지만 아이들의 성장 속도는 의외로 빠르다. 뒤뚱뒤뚱 걷던 아이는 머지않아 삼거리에서 일어나는 여러 가지 변화의 목격자가 된다.

1968년 무렵 광탄 삼거리의 아들 사회학자.

레인보우 클럽에서 무지개 다방으로

넷째가 태어난 지 얼마 되지 않았을 때인 1969년 7월 24일 미국의 닉슨 대통령이 아시아의 방위는 아시아인의 힘으로 해야 한다는, 이른바 닉슨 독트린을 발표했다. 당시 발표된 '아시아 주둔 미군 축소 계획'에 따라 1971년 말까지 주한 미군이 2만 명가량 축소될 예정이었다. 1955년 이후 한국에 주둔한 2개의 보병 사단 가운데 하나인 7사단과 3개의 공군 전투 중대를 철수시켜 전군을 6만 4000명에서 4만 3000명으로 축소한다는 계획이었다.

닉슨 독트린이 발표된 후 주한 미군 철수가 시작되고, 1971년 문산에 있던 미 2사단이 동두천으로 옮겨 가면서 용주골을 비롯한 파주의 기지촌도 대변화를 맞이하기 시작했다. 삼거리도 예외는 아니었다. 동두천이나 의정부로 미군 부대가 이전될 무렵, 삼거리의 아이들은 아직 한참 어렸다. 미군의 달러를 벌어들여 자식을 대학에 보내고, 이후에는 미국 유학까지 보내려던 어머니의 계산에도 차질이 생겼다.

삼거리를 떠나는 사람들이 하나둘씩 생겨났다. 이제 더 이상 삼거리의 달러 경제가 제대로 작동하지 않으리라는 판단이었다. 그러나 아버지와 어머니에게 다른 곳으로 이주하겠다는 결심은 생각만큼 간단하지 않았다. 아버지는 고향 송곡리를 이미 오래전에 떠났고 거의 찾아가는 일도 없었다. 그저 명목상의 고향일 뿐이었다. 그렇다고 서울로 가자니 아버지에게 서울은 너무나 낯선 곳이었다. 어머니 역시 마찬가지였다. 서울 창신동에 친정이 있다고는 하나 부모도 없고, 여자 형제들은 그 사이 다 결혼해서 뿔뿔이 흩어진 뒤였다. 오빠와 성격 강한 올케만 있는 그곳은 이미 친정이 아니었다. 게다가 삼거리로 들어올 때는 갓 결혼한 신혼부부였지만, 그 사이 삼거리 노씨네 가족은 여섯 명으로 불어났다. 결국 그들은 삼거리를 떠나지 않고 변화에 적응하는 길을 택했다.

삼거리에서 더 이상 미군의 달러를 기대할 수 없게 된 양색시들은 서둘러 미군이 잔류하기로 한 법원리와 용주골로 거처를 옮겼다. 양색시라는 달러의 파이프라인이 사라지자 레인보우 클럽은 졸지에 막이 내리고 배우들도 떠난 무대처럼 공허한 곳이 되었다. 아버지와 어머니는 삼거리에 남기로 결심하긴 했지만, 레인보우 클럽을 예전처럼 운영할 수 있으리라는 기대는 포기해야 했다. 아버지는 미군이 떠난 자리에 한국군이 주둔하게 되면, 그들 역시 유흥에 대한 수요가 있으리라는 판단으로 레인보우 클럽을 다방과 비어홀로 개조했다. 그리고 주요 손님이 더 이상 미군이 아니기에 상호를 우리말 '무지개 다방'과 '무지개 홀'로 바꿨다.

미군 부대가 있던 자리에 한국군 1사단 본부가 자리 잡자, 삼거리는 미군의 기지촌에서 한국군의 배후 마을로 바뀌었다. 군인은 당시 파주와 같은 시골에서는 쉽게 찾아볼 수 없는 월급쟁이 집단이었다. 특히 장교들의 경우 당시의 국민소득을 고려했을 때 결코 저소득 집단이 아니었다. 한 달에 월급이라는 명목으로 적지 않은 돈이 따박따박 들어오는 월급쟁이는 다른 어떤 집단보다도 선망의 대상이었다. 시대에 자신의 이름을 새기려던 박정희가 군인 출신이었기 때문에 군복을 입은 한국군 장교는 시골 사람의 눈에 넘볼 수 없는 아우라를 지닌 이들로 보였다.

1사단 본부가 들어오면서 삼거리 인근에도 1사단 예하의 여러 부대가 들어왔다. 그 부대들은 전국 각지에서 온 사병들로 가득 차기 시작했다. 사병들의 숫자만큼 전국 각지에서 군에 간 아들을 면회하러 오는 사람들이 있었고, 그들을 따라 외출하거나 외박을 나오는 사병들이 있었다. 그들이 머물 수 있는 곳은 삼거리뿐이었다. 면회객들이 앉아 기다릴 만한 곳, 또 면회객을 따라 밖으로 나온 군인들이 있을 곳이 필요했다. 무지개 다방은 바로 그런 사람들을 위한 공간이었다. 레인보우 클럽이 무지개 다방으로 변화하는 동안 삼거리에서 뒤뚱뒤뚱 걷던 넷째는 어느새 국민학생이 되었다.

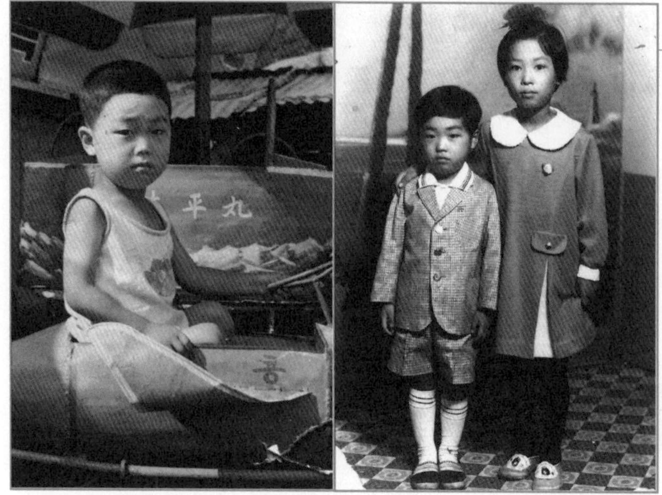

잘 웃지 않았던
유년의 아들 사회학자.

어머니의 눈에 막내아들은 가장 자기를 닮은 듯했다. 예민하고 수줍음이 많았지만, 세상에 대해 늘 호기심을 보였고 사물을 관찰하는 힘이 남달랐다. 궁금한 것은 꼭 풀어야 하는 성격이었고, 남의 말을 다 듣고 한참을 생각한 후에야 입을 떼는 신중한 아이였다. 교통사고를 당한 셋째 때문에 어머니는 막내에게는 그런 사고가 일어나서는 안 된다는 생각으로 막내를 가능한 한 바깥출입을 하지 않는 아이로 키웠다. 그래서인지 일찌감치 한글을 가르쳐놓았더니 글자로 된 건 무엇이든 가리지 않고 읽었고, 동화책 한 권만 쥐여주면 방 안에서 몇 시간이고 혼자 얌전히 앉아 책을 읽었다. 보통 사내아이들이 밖에 나가 뜀박질을 하다가 사고를 치기도 하는데, 이 아이는 밖에서 노는 것 이상으로 책을 끼고 앉아 있는 걸 좋아했다. 어머니는 공부를 좋아하는 데다가 성격까지 자신을 쏙 빼닮은 막내아들을 통해 '젊은 엄마'와 '장한 어머니'의 꿈을 이룰 수 있을 거라고 확신했다.

그런데 이 아이는 사진을 찍을 때면 미간을 찌푸리곤 했다. 웃는 모습을 사진에 담기 위해 아이를 웃기는 일은 쉽지 않았다. 사진 속 꼬마가 세상을 바라보는 눈빛에는 무언가 알 수 없는 의심과 두려움이 담겨 있다. 잔뜩 찡그린 이마, 살짝 치켜 올라간 눈썹. 카메라를 바라보는 아이의 시선은 결코 편안해 보이지 않는다. 이런 시선은 아마 어머니를 따라다니며 어머니의 시선을 닮아갔던 것이 아닐까. 첫째와 둘째를 유학 보낸 어머니는 넷째와 많은 시간을 보냈다. 어딜 가든 넷째를 데리고 다녔다. 꼬마인 넷째가 집을 나서는 거의 유일한 기회는 어머니가 외출할 때였다. 레인보우 클럽이 무지개 다방과 무지개 홀로 쪼개지면서 아버지와 어머니의 공간도 함께 분리되었다. 술을 팔기 때문에 취객들의 시비가 벌어지기도 했던 무지개 홀은 아버지가 담당했고, 무지개 다방은 자연스레 어머니의 공간이 되었다. 자신의 마지막 희망일지도 모르는 막내를 어머니는 늘 옆에 끼고 있었다. 자연히 막내는 언제나 어머니의 공간인 무지개 다방에 머물렀다.

아내로서 해야 할 일과 어머니로서 해야 할 일은 서로 달랐다. 아내로서는 남편을 도와 무지개 다방을 맡아야 했지만, 자식을 미국으로 유학 보낼 날을 꿈꾸는 어머니의 입장에서는 다방에서 아들과 함께 있어야 한다는 것이 염려스러웠다. 어머니가 보기에 다방은 장차 미국 유학을 가야 할 어린 아들이 굳이 알 필요가 없는 일들이 매일같이 일어나는 곳이었기 때문이다. 아내의 역할과 어머니의 역할이 충돌을 일으켰던 것처럼, 무지개 다방에서 시간을 보내는 아들 역시 비슷한 처지에 놓였다. 과잉보호라고 해도 좋을 만큼 어머니의 극진한 보호 아래서 바깥세상을 잘 모르는 채 지냈던 아들은 다방에 앉아 다른 아이들보다 일찍 인생살이의 희로애락을 목격했다. 전혀 의도한 건 아니었지만, 어머니와 함께 다방이라는 공간에 있던 어린아이는 사회학적 참여관찰을 조기교육 받은 셈이다. 그 어린아이가 자라 훗날 사회학자가 된 것은 어쩌면 그 조기교육의 결과가 아닐까.

아들의 작은 전후 사회, 신산국민학교

삼거리 사람들은 대개 미군을 상대로 번 달러를 자녀 교육에 쏟아 붓겠다는 인생 계획을 세웠다. 그래서 삼거리는 매우 이중적인 도덕 기준이 작용하는 곳이었다. 레인보우 클럽은 도덕적 판단에서 예외인 공간이었다. 그곳은 달러라는 자원을 캐기 위한 보고였지만, 아이들에게까지 개방하거나 공개할 만한 곳은 아니었다. 그 비밀의 공간 혹은 금지된 영역이었던 레인보우 클럽이 사라지고 무지개 다방이 들어섰다. 다방은 클럽처럼 완전히 출입 금지된 공간은 아니었다. 어머니는 다방을 운영하면서 아이들을 키워야 했으니 출입 금지를 하려야 할 수도 없었다. 그렇다고 다방이 교육적으로 좋은 공간인 것도 아니었기에 어머니는 늘 두려운 마음과 조마조마한 심정으로 지낼 수밖에 없었다.

막내가 자라 국민학교에 입학하면서 어머니는 어느 정도 안심할 수 있게 되었다. 한편으로는 남모를 벅찬 감정을 느끼기도 했다. 자신을 가장 닮은 아이가 자신이 가난 때문에 마치지 못한 국민학교에 입학했으니 말이다. 그 벅찬 감정 속에서 어머니는 나지막이 다짐했다. 이제 진짜 제대로 '젊고 좋은 엄마'가 되리라고, 학교와 관련된 일이라면 무엇이든 적극적으로 지원해주리라고.

막내는 다행스럽게 공부를 좋아했다. 동네에서 같이 놀던 형과 누나들이 국민학교에 들어가자, 혼자 삼거리에 남게 된 막내는 학교에 보내달라고 조르기 시작했다. 학교 가기 싫다고 보채던 다른 형제들과 달리 학교에 가겠다고 떼쓰는 막내가 어머니의 마음에 쏙 들었다. 어머니는 행정 절차상 나올 수 없는 취학 통지서를 면서기에게 담뱃값을 쥐여주고 받아냈다. 그렇게 해서 막내는 다른 아이들보다 두 살이나 어린 나이로 국민학교에 입학했다. 처음 학교에 보내던 날, 어머니는 용주골 '베이비 양행'에서 적지 않은 돈을 주고 산 멋진 옷을 막내에게 입혔다. 그리고 다짐했다. 이 아이만은 효제국민학교에서 자신이 느꼈던 수치심 같은 건 느끼지 않게 하겠다고.

두 살이나 일찍 학교에 들어간 막내는 다른 아이들보다 키가 작기도 했지만 선생님을 잘 따라서 귀여움을 받았다. 학교가 파하면 집에 돌아와 영화 〈수업료〉의 영달이처럼 혼자서 공부도 하고 숙제도 게을리하는 법이 없었다. 아이가 다니는 학교는 희망의 공간이었다. 재건의 공간이자 미래의 공간이기도 했다. 학교에선 미래를 가르쳤다. 아이들은 무럭무럭 자라나 이 나라를 부강하게 만드는 인재로 성장할 것이다. 학교는 절망도 어두움도 없는 건설과 전진의 세계로 아이들을 안내했다. 어머니는 모범생인 막내가 자라서 국가가 원하는 인재가 되리라는 걸 조금도 의심하지 않았다. 어머니의 마음속 근심은 이제 완전히 사라졌다. 아이를 학교에 맡기고, 뒤에서 묵묵히 지원을 한다면 이 아이가 자라 미국 박사가 되는 날이 반드시 오리라 확신했다.

시골이었기에 삼거리의 아이들은 모두 같은 학교에 다녔다. 삼거리에서 어린아이 걸음으로 20여 분을 걸어가면 반대편에 신산국민학교가 있었다. 학교 운동장 뒤편에 있는 나지막한 산의 이름이 신산新山, 즉 새로운 산이다. 여기서 신산리라는 명칭이 유래했다고 하는데, 누구도 정확한 사실은 알지 못했다. 광탄면에 살던 아이들은 모두 신산국민학교에 진학했다. 대중교통이 제대로 갖춰지지 않은 시골이었기에 신산국민학교는 용미리의 용미국민학교와 창만리의 도마산국민학교를 분교로 두고 있었다.

신산국민학교에 다니는 아이들은 광탄면에 산다는 공통점이 있었지만, 부모의 사회경제적 배경은 각양각색이었다. 농사꾼의 자녀들이 가장 많은 수를 차지했다. 그 아이들은 책가방 대신 보자기로 책보를 만들어 메고 다니기도 했고, 비 오는 날에는 우산 대신 비료 부대로 만든 우비를 입고 오기도 했다. 삼거리 미군 부대를 배경으로 자란 아이들은 사뭇 다른 분위기를 냈다. 삼거리 출신 아이들은 옷차림부터 달랐다. 전후 달러 경제의 혜택을 받고 자란 아이들이라 차림새가 거의 서울

아이들이나 다름없었다. 신산국민학교는 산업화 이전의 모습과 미군 달러 경제의 효과가 동시에 나타나는 곳이었다.

앞집에 살던 미라도 당연히 신산국민학교에 다녔다. 미라는 한국인과 백인 사이에서 태어난 혼혈아*였다. 미라 말고도 삼거리에는 전후 기지촌 사회의 모습을 보여주는 아이들이 몇몇 있었다. 새술막에는 전쟁고아를 수용했던 고아원이 있었는데, 그곳 아이들도 신산국민학교에 다녔다. 또 미군이 철수하고 난 뒤에 들어온 한국군 장교들의 자녀도 함께 다녔다. 수시로 전학을 왔다가 금세 떠나기도 하는 군인 가족의 아이들은 삼거리 아이들과도, 고아원 아이들과도 다른 분위기였다.

이렇게 서로 다른 배경을 지닌 아이들 사이에는 눈에 보이지 않는 신경전이 벌어지곤 했다. 삼거리 아이들이 농촌 아이들을 촌놈이라고 놀리면, 농촌 아이들은 삼거리가 양갈보 동네라며 응수했다. 이렇게 싸움이 벌어지면 미라 같은 아이는 난처한 처지에 놓였다. 아이들은 심통을 부릴 때면 자기보다 약해 보이는 누군가를 골라서 표적으로 삼았다. 똥지게 집 아이, 고아원 아이, 미라 같은 아이들이 단골 표적이 되었다. 삼거리에는 미군과의 사이에서 태어난 혼혈아가 몇 있었기 때문에 삼거리 아이들은 미라의 존재가 낯설지 않았다. 하지만

* 당시 매우 인기를 끌었던 혼혈아의 수기에는 이런 구절이 있다. "어머니는 불행의 씨를 낳고야 말았답니다. 여염집 부인이 검둥이 계집아이를 낳았던 것이었습니다. …… 아이들은 엄마에게 맞서서 욕을 했습니다. 양갈보 똥갈보 양갈보 똥갈보."

• 김순덕, 1965, 『엄마 왜 나만 검어요』, 정음사, 23쪽.

농촌에서 온 아이들은 처음으로 혼혈아를 보고는 눈이 똥그래졌다. 그 아이들의 눈에는 혼혈아가 매우 이질적으로 보였을 것이다. 나는 미라와 동네에서 같이 놀던 사이였기 때문에 국민학교에 입학해서도 늘 함께 다녔다. 아이들은 미라 옆의 나는 내버려두었지만, 미라에게는 '아이노코'니 '튀기'니 하는 경멸적인 용어를 쓰면서 놀려대곤 했다. 흑인 혼혈아는 더 심한 놀림감이 되었다.

앞집 사는 친구였기에 미라와 각별했던 나는 그 아이를 옹호할 만한 어떤 근거도 구실도 찾아내지 못했다. 머릿속에는 '이게 아니야'라는 생각이 뱅뱅 돌았지만, 아이들의 잘못을 지적할 말은 도통 떠오르지 않았다. 적당한 말을 찾지 못하는 안타까움 속에서 어렴풋하게 삼거리에서 통용되는 상식이 신산국민학교에서도 그대로 통하는 것은 아니구나 하는 걸 깨달았다. 신산국민학교는 삼거리보다 더 많고 다양한 사람들이 모인 곳이었다. 내가 신산국민학교에서 맞닥뜨린 현실이 전후 한국 사회의 축소판과도 같았다는 걸 나는 나중에서야 깨달았다.

기지촌의 흔적은 1970년대에 접어들면서 거의 사라졌지만, 미국이라는 나라의 막강한 영향력은 신산국민학교의 여기저기에서 감지되었다. 목조 건물로 지어졌던 학교 건물을 시멘트로 재건축해준 것도 미군이었고, 버려진 들판을 스탠드까지 갖춘 제법 큰 운동장으로 바꿔준 것도 미군의 덤프트럭과 불도저였다. 마침내 운동장을 완성해 개방하던 날, 전교생이 모여서 미군 대표에게 꽃다발을 건네주며 감사 표시를

신산국민학교에는 다양한 배경의 아이들이 함께 다녔다.

동네 친구였던 미라와 나는
국민학교에 들어가서도 단짝이었다.
혼혈아라고 놀림 당하는 미라를
도와주지 못했던 것이 나는
아주 먼 훗날까지 내내 마음에 걸렸다.

2010년 기준 서울시민 각 세대의 교육 정도별 분포(『e-서울통계 80호』) ■ 전체 ■ 남성 ■ 여성(단위: %)

베이비붐 부모 세대(1940년 이전 출생) 베이비붐 세대(1955~63년생) 베이비붐 자녀 세대(1979~92년생)

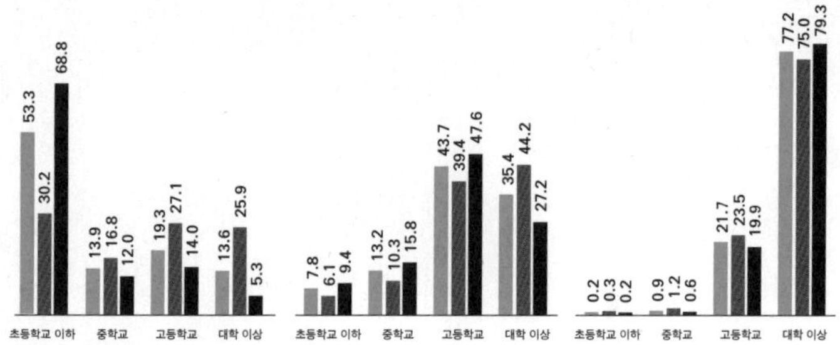

하기도 했다. 점심시간엔 미군 부대에서 지원한 가루 우유를 전교생이 한 줄로 서서 컵에 받아 마셨다. 담임 선생님은 큰 주전자에 받아온 더운물에 우유 가루를 탄 다음 휘휘 저어 희한한 맛이 나는 우유를 제조했다. 우리는 한 줄로 서서 그 우유를 받아 마셨다. 미국은 언제나 양가적인 감정을 불러일으켰다. 아이들은 미군의 아이인 혼혈아는 놀림감으로 삼았지만, 뚝딱 교실도 지어주고 운동장도 만들어줄 뿐 아니라 우유까지 주는 미국에 대해서는 뭔지 모를 선망과 부러움의 감정을 가졌다.

신산국민학교 아이들은 이질적인 배경에서 자라긴 했지만, 한 가지 공통점이 있었다. 바로 아이들의 부모 중에는 제대로 배운 사람이 없었다는 것이다. 새 학년이 시작되고, 새 학급이 편성되면 담임 선생님은 생활 실태 조사를 했다. 선생님이 나누어준 종이에는 부모의 이름을 비롯해 여러 가지 사항을 기입해야 했는데, 이 종이를 집에 가져가면 아버지와 어머니는 다소 난처한 표정을 짓곤 했다. 부모의 학력 사항 부분 때문이었다. 어머니는 한참을 생각하시다가 "나는 국민학교 졸업, 아버지는 중학교 졸업으로 하자"라고 말씀하셨다. 자식과 부모 사이에 이루어진 첫 번째 거짓말 공모였다. 그 이유를 어렴풋이 알았기에 나는 되묻지 않았다.

그러나 정작 학교에 가면 어머니의 고민이 쓸데없는 일이었음이 드러났다. 다음 날 선생님은 집계를 위해서 각자 집에서 조사한 대로 해당되는 사람은 손을 들라고 했다. 신산국민학교에서는 부모의 최종 학력이 무학이라 해도 결코 창피한 일이 아니었다. 선생님은 제일 먼저 '무학'부터 조사를 시작했는데, '무학'에서 이미 대부분의 아이들이 손을 들었다. '국민학교 졸업'으로 넘어오면 반에서 손을 들지 않은 아이가 거의 없을 정도가 된다. 중간에 전학 온 군인 가족의 아이들 몇몇만이 나중에 손을 들었고, 그런 아이들은 유독 손을 번쩍 드는 것처럼 보였다. 나는 언제나 눈을 저 아래로 내리깔고 어머니는 국민학교 졸업, 아버지는 중학교 졸업에 손을 들었다. 내가 기억하는 첫 번째 거짓말이다.

부모들은 대부분 무학이었지만, 아이들의 교육에는 적극적이었다. "애비가 못 배웠으면 자식들이라도 가르쳐야지"라는 그 시절의 표준 감정을 모두가 공유했다. 대부분의 부모가 학교 교육을 받은 적이 없었기에 학교에 대한 그들의 신뢰는 절대적이었다. 학교에 찾아가는 부모는 거의 없었지만, 어쩌다가 한 번 방문하기라도 하면 대개는 자신은 교육에 대해 아무것도 모르니 "전적으로 선생님만 믿겠습니다"라는 말을 되

1

영화 〈수학여행〉(유현목 감독, 1969)에서 작은 섬마을에 부임한 김 선생은 가난에 찌든 섬 사람들의 삶을 안타까워하며 아이들을 성심성의껏 가르친다. ⓒ이응종

2

송병심 선생님과 당시 우리 반 아이들.

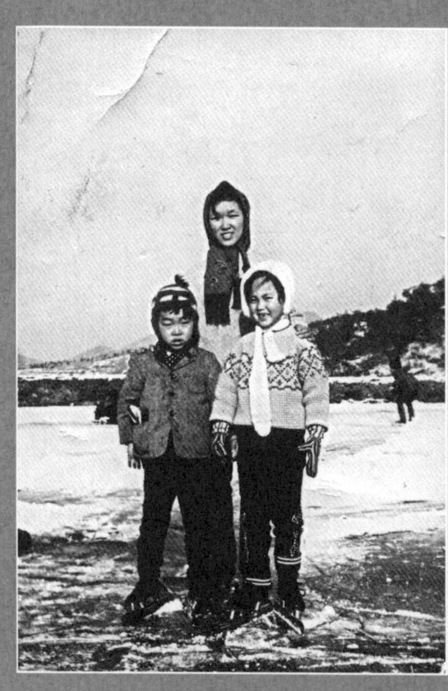

1 3
2 4

3
교정에서 송병심 선생님과 아이들.

4
홍기순 선생님, 미라, 그리고 나

풀이하곤 했다. 어머니 역시 마찬가지였다.

당시 신산국민학교에 갓 부임한 담임 송병심 선생님은 무서우면서도 자상했다. 그리고 담임 선생님은 아니었지만 송병심 선생님과 단짝이었던 홍기순 선생님도 아이들을 사랑으로 대했다. 어머니는 두 선생님을 절대적으로 신뢰했다. 어쩌면 두 분을 그 옛날 자신에게 잊지 못할 상처를 주었던 효제국민학교의 담임 선생님과 비교하고 있었는지도 모르겠다.

어머니는 아들이 자신과 같은 설움을 당하지 않도록 든든한 배경이 되어줄 수는 있었지만, 교육 내용에 깊이 개입할 수는 없었다. 어느 누구도 학교에서 무엇을 배우는지 문제 삼지 않았다. 아니, 알려고도 하지 않았다. 아이들은 그 교육의 함의를 파악하기에는 아직 어렸고, 부모들은 무지했다. 아이나 부모나 백지상태였던 것이다. 그랬기 때문에 박정희의 시대는 광탄에서 아무런 동요 없이 슬그머니 찾아와 뿌리를 내렸다. 삼거리에서는 유신 개헌의 의미를 아는 사람이 하나도 없었다. 물론 대학생도 없었다.

어른들의 숨겨진 학교, 대한뉴스

이른바 베이비붐 세대(1955~63년 출생)의 부모 세대는 식민지 시대에 태어났다. 이들은 자녀 교육에는 열성적이었지만 정작 본인들의 실질 문해율은 매우 낮았다. 그들 중에서 독서 공중은 극히 드물었다. 신문이나 책과 같은 인쇄 미디어보다는 영화가 더 친숙했다. 『사상계』 같은 잡지는 소수의 교육받은 독서 공중에게는 큰 영향력을 지녔으나, 대부분의 부모는 인쇄 미디어의 영향권 밖에 있었다. 『사상계』보다는 〈대한뉴스〉의 영향력이 훨씬 더 컸다.

삼거리에는 신문을 보는 사람도 많지 않았다. 아직 텔레비전도 본격적으로 보급되기 이전이라 있는 집보다 없는 집이 더 많았다. 당시 무지개 다방에는 알시에이 텔레비전이 있었다. 중요한 이벤트가 있는 날이면 동네 사랑방처럼 사람들이 모여서 텔레비전을 보았다. 군대에 면회 와서 하염없이 기다리는 손님이 많았기에 신문도 비치되어 있긴 했지만 읽는 사람은 많지 않았다.

사람들은 떠도는 소문으로 바깥소식을 접하고 해석했다. 혹은 〈대한뉴스〉나 문화영화를 통해 세상 돌아가는 이야기를 전해 들었다. 삼거리에는 상설 극장이 없었지만, 용주골 시장 입구에 제법 큰 2층짜리 영화관이 있었다. 미군들이 만들어준 다리 '광신교' 옆 공터에 심심찮게 가설극장이 들어오기도 했다. 본 영화가 시작되기 전 모든 관객은 애국가를 부른 뒤 〈대한뉴스〉와 문화영화를 봐야 했고, 거기서 나오는 이야기를 그대로 믿었다. 영화를 정권의 이데올로기를 '대중화'하는 창구로 이용하려는 시도는 일제강점기에 시작되어 해방 이후에도 그대로 유지되었다.

아이들이 학교에서 국민이 되는 방법을 배우고 상식을 익혔다면, 학교를 다니지 않는 어른들은 영화관의 〈대한뉴스〉를 통해 세상을 배웠다. 〈대한뉴스〉는 마치 전 국민을 대한민국이라는 학교에 다니는 학생처럼 대했다. 근엄한 교장 선생님을 연상시키는 아나운서의 목소리가 사람들에게 무엇을 해야 하는지를 알려줬다. "퇴폐풍조 뿌리 뽑아 명랑사회 이룩하자"와 같은 계몽적인 표어부터 "5월 15일은 쥐 잡는 날. 다 같이 쥐약을 놓자"와 "모기를 잡자"와 같은 살림살이에 대한 시시콜콜한 참견, "총력안보 더욱 굳혀 자주 평화 통일의 기반 다지자"와 같은 다소 근엄하고 비장한 다짐까지 〈대한뉴스〉의 보살핌은 세심하고 자상했다. 마치 학교 선생님처럼 해야 하는 일과 해서는 안 되는 일을 명쾌한 구호로 알려주었다. 아이들은 학교에서 교과서를 통해 '10월 유신'은 100억불 수출과 1000불 국민소득을 앞당기는 길임을 배우고, 어른들은 같은 내용을 〈대한뉴스〉를 통해 알게 되었다.

1972년 10월 17일 대통령 특별선언에 따라 국회 해산 후 전국에 비상계엄령이 내려졌다. 10월 27일 김기춘 등 젊은 검사들이 만든 헌법 개정안(이른바 유신헌법)이 비상국무회의에서 의결 공고, 11월 21일 국민투표 실시 결과 투표율 91.9퍼센트에 찬성 91.5퍼센트로 확정되어 12월 27일 공포되었다. 지식인들은 유신 헌법을 비판했지만, 삼거리 사람들은 그렇지 않았다. 삼거리 사람들은 유신헌법은 독재를 위해서가 아니라 조국의 통일과 근대화를 위해 마땅히 있어야 하는 법이라고 생각했다. 학교에서 그렇게 가르쳤고, 〈대한뉴스〉에서 그렇게 설명했기 때문이다.

1975년 1월 22일 박정희는 유신 체제에 대한 논란이 가열되자 유신헌법에 대한 찬반 국민투표를 실시하겠다고 발표했다. 1975년 2월 12일 투표가 실시되었다. 당시 최고 인기

스타였던 여배우가 〈대한뉴스〉에 등장해 선거를 독려한다. 연예인이 등장하여 투표를 독려하는 것은 지금도 마찬가지이지만, 이 여배우는 투표를 독려할 뿐만 아니라 국가가 정의한 투표의 의미를 사람들에게 전달한다.

> 2월 12일은 국민투표를 하는 날입니다. 투표는 주권자인 국민 여러분이 직접 국정에 참여하는 소중한 권리 행사라고 생각합니다. 특히 이번에 실시되는 국민투표는 북한 공산 침략자와 맞서고 있는 우리 겨레가 어떻게 하면 그들의 흉계를 막아내고 평화롭게 살아갈 수 있느냐 하는 것을 판가름하는 국론 통일의 기회라고 생각합니다. 현명하신 유권자 여러분, 이 중요한 나라 일에 한 사람의 기권자나 방관자가 있어서는 안 되겠습니다. 우리 모두 한 사람도 빠짐없이 국민투표에 참여하여 국론을 통일해야 하겠습니다. • 〈대한뉴스〉 1019호(1975년 2월 8일) 영상 75

박정희의 반대자들은 긴급조치를 대통령의 초법적 행동, 즉 독재 행위라고 해석했지만 〈대한뉴스〉의 해석은 달랐다. 〈대한뉴스〉만 그랬던 것은 아니다. 상당수의 흥행영화에도 국가의 가르침이 스며들어 있었다. 1970년대 최고 인기를 얻었던 하이틴 영화에도 난데없이 10월 유신의 의미를 배우는 장면이 등장한다. 다음은 영화 〈진짜 진짜 미안해〉(문여송 감독, 1976)의 한 장면이다. 선생님이 교실에서 책을 낭독한다.

대한민국 정부는 1972년 10월 급변하는 국제 정세에 대처하

①
퇴폐풍조 뿌리뽑아
명랑사회 이룩하자

②
모기를 잡자

③
총력안보 더욱굳혀
자주 평화 통일의 기반 다지자

④
5.15은 쥐잡는 날
다같이 쥐약을 놓자

1
〈대한뉴스〉의 구호들(❶898호 ❷535호 ❸888호 ❹772호).
한국정책방송KTV 제공
영상 76~79

2
10월 유신을 홍보하는 포스터.
민족문제연구소 제공

3
10월 유신의 결과로 '100억 불 수출, 1000불 소득'을 달성할 수 있다고 선전한 홍보물.
서울역사박물관 소장

밝아지는 농어촌
더 잘사는 농어민

우리 살림은 10년안에 4배로 불어난다.

새마을운동이 본격화되고 1970년대 말까지 농촌의 전화(電化)사업, 경지정리, 수리, 주택개량, 수도 시설, 농로 확장, 전화 가설, 의료시설, 문화시설 등 일련의 사업이 대부분 완료된다.

공장이 지방으로 분산되고 일자리가 늘어난다.

이렇게 되면 우리의 농어민은 도시의 근로자보다 더 높은 소득을 얻게되며 도시보다 농어촌이 더 살기 좋은 곳으로 바뀌게 된다.

수도가 있는 아담한 주택에서 텔레비전을 시청하며 주부들은 전기 다리미, 전기 냉장고를 사용하는 편리한 생활을 할 수 있게 된다.

집앞까지 들어오는 넓은 길은 고속도로와 연결되어 부지런한 농어민은 자기차로 일을 볼 수 있게 된다.

우리 농민들이 이런 생활을 하게 될 날도 10년안에 다가오게 되는 것이다.

풍족한 살림으로
즐기는 문화생활

국민소득 1,000불, 수출 100억불이 달성될 때 우리 국민의 살림은 풍족하게 되고 누구나 문화생활을 즐기게 된다.

1976년부터 쌀과 보리 등 식량은 자급자족되어 우선 쌀걱정은 없어지게 된다.

전기, 비료, 시멘트, 유류… 이런 물건들은 현재보다 3배 이상씩 생산된다.

생활필수품이 대량으로 생산되고 공급된다.

집집마다 라디오, 텔레비젼, 냉장고를 갖게 되고 주말이면 자기차로 여행을 떠나는 시대가 머지않아 다가 오게 된다.

『살림을 어떻게 꾸려 나갈 것인가』를 걱정하던 사람들이 『어떻게 하면 즐겁게 살 수 있는가』를 생각하게 된다.

이와같은 복지사회가 눈앞에 다가오고 있다.

너와 내가 다함께 **10월유신**의 대열에 뛰어들어 복지사회가 이룩되는 그날을 위해 힘차게 전진하자.

누구든지 내집갖고
일자리는 얼마든지

1970년대말에 이르면 완전고용이 실현되어 실업자는 없어지고 누구든지 일하고 싶으면 언제든지 일자리를 얻을 수 있는 사회가 된다.

취직하지 못해 애쓰는 사회에서 일할 사람을 구하지 못해 쩔쩔매는 사회로 바뀌게 된다.

뿐만아니라 부지런만하면 누구나 내집을 가지고 단란하게 살 수 있는 세상이 된다.

좋은 집을 갖고 잘사는 사람을 부러워하면서 집없는 슬픔을 달래야하는 서민들의 걱정이 없어지게 되는 것이다.

의료보험제도가 발달되어 돈없는 사람이 병이 났을때 무료로 치료받게 되고 중학교 3학년까지 돈안내고 학교에 다닐 수 있게 된다.

사회생활에 불편이 없도록 우리 현실에 알맞는 학문과 기술을 배우게 된다.

온 국민이 **10월유신**의 대열에 뛰어들어 열심히 일할때 이와같은 복지사회는 10년안에 실현될 것이다.

번영과 통일의 길

10월유신

탁월한 영도력에 이룩되는 조국번영

너도나도 유신주체 번영위해 앞장서자

100억불의 수출로 이룩되는 공업한국

국민소득 1,000불로 이룩되는 선진국가

외환보유고

산업구조

물가안정

인구증가

실업률

국민총생산

통일 안정 번영

國力培養

총회전진

식량생산

고속도로

전력증가

유류생산

자동차

총화전진의 시대

풍요한 금수강산

실업자 없는 사회

살기좋은 복지사회

밝고 명랑한 사회

안정된 사회건설

더 잘사는 농·어민

이웃을 돕는 나라

저축

객·화차

농어촌 전화

전화증가

어업생산

국정개혁

- 남북대화의 계속 확대
- 생산적인 민주주의 육성
- 모든 국민에게 일터보장
- 사회 보장 제도의 확충
- 복지의 균점 기풍 진작
- 문화 계발·문예 중흥

유신의 영도아래 이룩하자 민족번영

한국적 민주주의 우리 땅에 뿌리박자

우리 모두 불굴의 투지와 굳은 단결로써 조국의 안정과 번영, 그리고 평화통일을 위해 전진합시다.

도움받던 나라에서 도와주는 나라로

10월유신의 역사적 과업은 시작되었다.

수출 100억불, 1인당 국민소득 1,000불, 이 벅찬 꿈이 실현될 내일의 설계는 완성되었다.

안정된 정치, 믿음의 사회, 아름답고 편리하게 가꾸어진 자연환경 속에서 가난을 모르고, 질병을 잊고 다 함께 잘 사는 내일을 향해 겨레의 전진은 시작되었다.

오늘의 이 고비만 넘기고, 이 시련만 극복하고, 오늘을 슬기롭게 판단해서 60년대의 발전을 이끈 박정희 대통령을 중심으로 다 함께 전진할 때 잘 사는 내일, 평화통일의 내일은 이룩될 수 있다.

앞으로 10년안에 우리는 남으로부터 「도움받던 나라」에서 남을 「도와주는 나라」로 된다.

다 함께 이 보람찬 내일을 향해 힘모아 전진 하자.

다함께 10월유신에 앞장서자.

고 민족중흥의 역사적 사명을 달성하고자 헌법을 개정하고 10월 유신을 단행하였습니다. 대한민국은 1968년에 국민교육헌장을 반포하여 국민정신의 지표를 정하여 민족자주 의식을 높였습니다. 그리하여 자주 국방력과 자립 경제력을 배양하고 범람하는 외래문화를 가려 섭취하고 민족문화의 계승 발전을 통하여 남북의 동질성을 회복하고 국민 생활의 과학화를 추진하여 민족의 중흥을 기약해야 하겠습니다.

• 영화 〈진짜 진짜 미안해〉

상업영화의 한 장면이지만 〈대한뉴스〉와 거의 구별되지 않을 정도로 국가의 이데올로기를 전달하고 있다. 신산국민학교의 학부모들은 학교에 다니지 않았지만 영화관이라는 숨겨진 어른들의 학교를 통해 박정희 시대에 국가가 원하는 상식을 익혔다.

아이들의 유신학교

아버지의 보통학교, 어머니의 국민학교와 나의 국민학교 사이에는 큰 시간차가 있지만, 그 차이가 무색할 정도로 공통점이 적지 않다. 아버지가 호안덴에 최경례를 하고 '황국신민서사'를 제창했던 것처럼, 나는 학교에서 '황국신민서사'를 매우 닮은 '국기에 대한 맹세'를 배우고 '국민교육헌장'을 암송해야 했다. '국민교육헌장'은 아이들에게는 공부해야 하는 이유를, 부모들에게는 자녀를 학교에 보내야 하는 이유를 설명해주었다. 학교에 다니지 않는 어른들도 '국민교육헌장'에서 자유롭지 못했다. 어른들을 위한 은밀한 학교인 영화관에 가면 장엄한 음악과 함께 '국민교육헌장'의 의미를 설명하는 아나운서의 목소리를 들어야 했기 때문이다.

> 1968년 12월 5일 역사적인 우리 국민교육헌장이 선포되었습니다. …… 오래전부터 우리 국민 모두가 다 같이 그 필요성을 절실히 느껴온 국민 윤리의 기둥이며 우리가 힘써 닦아 나가야 할 국민 교화의 지표라고 하겠습니다. 그리고 이 헌장은 결코 누가 누구에게 강요하는 강제 규범이 아니라 국민 속에서 우러나고 국민의 중지가 옮겨서 이룩된 자율적인 국민 윤리의 대강이라는 데 보다 큰 뜻이 있는 것입니다. 영상 80
>
> • 문화영화 〈국민교육헌장〉(국립영화제작소, 1968)

배운 사람이 아니고는 이해할 수 없는 어려운 단어가 사용된다. 삼거리 사람들에게 그 내용을 이해시켜야겠다는 목적은 없는 듯하다. 문화영화는 그저 해석된 결론만을 전달하고 싶어 한다. 모든 아이가 국민교육헌장을 외워야 했고, 외우지 못하는 아이들은 방과 후에 따로 남아서 다 외울 때까지 몇 번이고 반복해야 했다.

어느 날 담임 선생님이 잔뜩 긴장한 표정으로 국민교육헌장에 대해서 말씀하셨다. 너무나 중요한 내용이기 때문에 모두가 반드시 암송할 수 있도록 연습해야 한다고 말이다. 처음 접한 국민교육헌장엔 이해할 수 없는 어려운 단어가 너무 많았다.

1968년 12월 5일 국민교육헌장 선포식.
e영상역사관 제공

하지만 아이들은 선생님이 반드시 외워야 한다고 하셨기 때문에 열심히 외웠다. 다 외우지 못한 아이는 집에 가지 못했다. 매일의 청소 당번은 국민교육헌장 암기 여부에 따라 정해졌다. 아이들은 청소를 하지 않으려고 악착같이 외웠다. 얼마 지나지 않아 반 아이들 모두가 국민교육헌장을 외우게 되었다.

아버지가 다니던 보통학교에 교육칙어를 담은 호안덴이 있었다면, 신산국민학교 국기봉 옆에는 "나는 자랑스러운 태극기 앞에 조국과 민족의 무궁한 영광을 위하여 몸과 마음을 바쳐 충성을 다할 것을 굳게 다짐합니다"라는 내용의 '국기에 대한 맹세'를 담은 나무함이 있었다. 또 아버지의 보통학교에 책 읽는 소년 니노미야 긴지로 상이 있었다면, 신산국민학교에는 책 읽는 소녀상과 함께 이승복 어린이상이 있었다. 선생님은 비장한 표정으로 이승복 어린이에 대해 자주 말씀하셨다. 무장공비에게 "나는 공산당이 싫어요"라고 외친 이승복 어린이처럼 용감하게 불의에 맞서야 한다고 일러주셨다. 그러면서 같은 시기 "편지를 배달하던 중 산길에서 공비와 마주쳐 칼로 찔리우고 돌로 으깨어져 무참히 숨을 거둔"(〈대한뉴스〉 702호, 1968년 11월 23일) 우편배달부 강태희 아저씨도 잊지 말아야 한다고 당부하셨다. 아이들은 무서운 마음이 들었지만, 그래도 이승복 어린이를 닮아야 한다고 생각했다. 그런 다짐을 공유하기 위한 반공웅변대회는 빠지지 않는 학교 행사였다. 학생들이 "형식적이고 맹목적인 반공을 지양하고 자주적이고 실질적인 반공운동을 하자고"(〈대한뉴스〉 304호, 1961년 3월 10일) 외치면 어른들은 기특하다고 칭찬해줬다. '진짜 진짜 시리즈'*와 더불어 최고의 인기 영화였던 〈고교 얄개〉(석래명 감독, 1976)에 등장하는 고등학생 호철이처럼 작문을 하면 우리는 어른들에게서 칭찬을 받았다.

호철 우리는 전쟁을 체험하지 못했다. 그러나 교과서나 전기를 통해 전쟁의 참혹함을 안다. 인간의 마음속에 도사린 전쟁 도발 의욕이 강물에 씻기듯 지워질 수는 없는 것일까?

백선생 음, 좋다! 우리는 언제나 북괴 야욕에 대처하기 위해서 우선해야 할 일은 학생 시절에 열심히 공부를 해야

* 문여송 감독의 〈진짜 진짜 잊지마〉(1976), 〈진짜 진짜 미안해〉(1976), 〈진짜 진짜 좋아해〉(1977)

영화〈고교 얄개〉에서 호철이 반공 작문을 발표하는 모습.
한국영상자료원 제공

되는 것이다. • 영화 〈고교 얄개〉

삼거리에서 학교는 삶을 전과 후로 바꾸어놓는 마법을 기대하는 인내의 공간이었고, 자신의 세대가 기억하는 절대 가난에서 벗어날 기회를 줄 믿음의 공간이었다. 모든 것이 파괴된 사회, 전통이 붕괴된 사회, 시민 혁명을 거치지 않고도 신분이 사라져버린 특이한 사회, 모두가 밑바닥에서 새롭게 출발하게 된 사회에서 누구나 노력하면 가난에서 벗어날 수 있다는 '신화'를 학교는 수용했다. 우리는 학교에서 '하면 된다'를 배웠다. 학교에서 배운 미래는 언제나 밝았다. 수출 100억불과 국민소득 1000불을 이룩한 선진국 한국이라는 밝은 미래는 교과서에도 있었고 영화 속에도 있었다.

"잘살고 못사는 게 팔자만은 아니더라"

어머니는 아버지처럼 바깥 외출이 잦은 분이 아니었다. 어머니의 외출은 집안일을 해결하기 위한 경우에 국한되었다. 당시 대부분의 가정주부가 그랬듯이 "바람 쐰다"와 같은 목적 없는 외출은 드문 일이었다. 영화를 보려면 용주골이나 금촌까지 나가야 했기 때문에 어머니의 입장에서 영화관에 갈 수 있는 기회는 그리 흔치 않았다. 텔레비전 드라마는 영화관에 갈 기회를 자주 갖지 못했던 어머니에게 아주 좋은 대안이었다.

어머니와 무지개 다방에 함께 앉아 아주 몰입해서 보았던 두 편의 드라마가 있다. 1972년 KBS에서 방송되었던 〈여로〉와 1974~75년에 방송된 〈꽃피는 팔도강산〉이다. 어머니는 〈여로〉의 여자 주인공이 걷는 고생길에서 자신의 인생을 발견했다. 자신만큼 고통받는 또 다른 여자의 삶을 구경하면서 나만 힘겹게 살고 있는 건 아니구나 하는 위로를 얻었다. 한편 〈꽃피는 팔도강산〉은 어머니로 하여금 꿈을 꾸게 하는 드라마였다. 〈꽃피는 팔도강산〉에서 꿈을 발견한 건 어머니만이 아니었다. 이 작품은 드라마로 방영되기 전 영화 〈팔도강산〉(배석인 감독, 1967)으로 제작되어 서울 국도극장에서만 32만 5904명의 관객을 동원해 그해 한국 영화 흥행 1위를 기록했다. 급기야 '팔도강산'은 시리즈로 제작되었다. 두 번째로 제작된 〈속 팔도강산 – 세계를 간다〉(양종해 감독, 1968) 역시 국도극장에서 21만 7250명의 관객을 동원하여 〈미워도

1960년대 파주 금촌극장.
ⓒ현장사진연구소

영화〈팔도강산〉을 보기 위해 국제극장 앞에 줄을 선 사람들.
e영상역사관 제공

다시 한 번〉에 이어 그해 한국 영화 흥행 2위를 기록했다. 세 번째 영화인 〈내일의 팔도강산〉(강대철 감독, 1971) 또한 국제극장에서 15만 9972명의 관객을 동원하여 1971년 한국 영화 관객 동원 1위의 기록을 세웠다.

'팔도강산 시리즈'는 김희갑·황정순 부부가 전국과 세계에 흩어져 살고 있는 자식들을 방문하는 로드 무비 형식의 영화다. 노부부는 전국을 여행한다. 서울을 출발해 청주, 부여, 보은 등 충청도를 거쳐 광주, 남원, 부안의 전라도를 구경하고, 목포에서 배를 타고 국토의 끝 제주도까지 갔다가 딸이 사는 부산으로 올라온다. 그런 다음 울산과 경주의 경상도, 태백과 속초의 강원도를 거쳐 다시 서울로 돌아온다.

이 시리즈는 박정희 정권이 주도했던 제2차 경제개발5개년계획 기간(1967~71)에 인기를 끌었다. 1967년 제6대 대통령 선거에서 윤보선을, 1971년 제7대 대통령 선거에서는 김대중을 상대로 승리한 박정희는 두 번의 선거에서 이른바 '조국 근대화'라는 이데올로기를 가장 중요한 공약으로 내세웠다. 군사 쿠데타로 정권을 잡은 박정희는 취약한 정당성을 보완할 무엇인가가 필요했는데, 그것이 바로 '조국 근대화'라는 슬로건이었다. 당시 정부에서는 이 슬로건의 대중적 지지를 획득하는 데 사활을 걸었다. '팔도강산 시리즈'는 '조국 근대화'의 성과를 선전하는 시각적 증거물이었던 셈이다.

'팔도강산 시리즈'는 국립영화제작소가 1960년대에 제작한 영화의 총결산이라 할 수 있을 정도로 국책 문화영화가 단편적으로 다루던 주제와 기법을 한 편의 극영화 속에 모두 담아냈다. '팔도강산 시리즈'에는 노부부가 전국을 유람하는 중간중간 마치 인도 볼리우드 영화처럼 당대의 최고 인기가수가 등장하여 히트곡을 부르는 장면이 수시로 나온다. 뮤직 비디오도 없고 텔레비전도 대중화되기 이전, 대형 화면으로 당대 최고의 가수들이 노래하는 장면을 구경하는 것만으로도 관객들은 화면 속으로 빨려 들어갔다. 관객들은 〈목포의 눈물〉을 부르는 은방울 자매, 해녀 분장을 하고 제주도를 배경으로 〈삼다도 소식〉을 부르는 최숙자의 모습, 그리고 당시 최고의 인기를 구가하던 펄시스터즈의 춤과 노래도 볼 수 있었다.

그뿐이 아니다. '조국 근대화'의 증거를 스펙터클로 구경할 수 있었다. '팔도강산 시리즈'는 엄청난 제작비를 투입해 당시로서는 아주 드문 총천연색 70밀리미터 시네마스코프로 제작되었다. 게다가 전국 각지와 세계로 로케이션 촬영을 떠나 현장감 넘치는 화면을 담았고, 후반 작업에도 공을 들였다. 관객들은 대형 화면으로 울산의 비료 공장과 삼척의 시멘트 공장, 서해안의 간척사업 현장과 국제 항구로 발돋움한 부산의 발전상을 구경하며 경탄했다.

텔레비전 드라마로 제작된 〈꽃피는 팔도강산〉을 볼 때마다 어머니는 나에게 미래의 꿈을 묻곤 했다. 제주도 장면이 나오면 항공기 파일럿이 되면 어떻겠느냐고 물었고, 금산위성통신지구국을 통해 원거리 전화가 가능해진 장면이 나오면 과학자를 언급했다. 카이스트나 대한항공에 대해서도 말씀하셨다. 어머니는 '팔도강산 시리즈'에 매료되었던 다른 사람들처럼 자녀 교육에 투자하면 꿈같은 밝은 미래가 펼쳐질 것이라 여겼다. 자식을 통해서 그런 밝은 미래를 성취할 수 있다면야 〈여로〉의 여자 주인공이 걷는 고단한 길쯤이야 얼마든지 참을 수 있다고 생각했던 것이다.

영화 〈팔도강산〉에서 보여주는 조국 근대화의 현장.
위부터 울산의 비료 공장, 삼척의 시멘트 공장, 서해안의 간척사업 현장, 부산의 발전상.
국가기록원 제공
영상 81~84

삼거리 무지개 다방의 어린 주방장

밝고 명랑한 〈팔도강산〉처럼 학교의 분위기는 늘 밝았다. 학교는 미래를 기대하게 했고, 성장의 의미를 가르쳤다. 우리의 성장과 함께 한국은 성장할 것이고, 우리가 마침내 어른이 되어 마주할 한국은 지금과는 전혀 다른 나라가 되어 있을 거라고 담임 선생님은 늘 힘주어 이야기했다. 그래서 나는 빨리 성장하고 싶었다. 매해 기록을 갱신하는 한국 경제의 성장률처럼 내 키도 고속 성장하여 빨리 어른의 세계에 접어들고 싶었다.

학교가 끝나면 나는 어머니가 있는 무지개 다방으로 갔다. 무지개 다방에서 어머니에게 그날 학교에서 있었던 일들을 다 이야기한 후에야 집으로 갔다. 학년이 올라갈수록 무지개 다방에 머무는 시간이 길어졌고, 중학생이 되었을 무렵에는 다방 안에서 내가 할 수 있는 일들을 찾아냈다.

무지개 다방은 다양한 행위자들의 상호작용이 일어나는 무대였다. 다방에는 총 매니저 격인 마담이 있었다. 마담은 단골손님을 관리하면서, 처음 온 손님에게는 적절한 서비스를 제공하는 매우 중요한 사람이었다. 군인을 면회하러 온 사람이 많았기에 부대의 위치라든가 찾아가는 방법, 군인이 외박을 나오면 머물 수 있는 장소 등에 관한 정보를 제공하는 것도 마담의 임무였다.

마담이 다방 업무를 총괄하는 역할이었다면, 손님들에게 직접적인 서비스를 제공하는 사람은 '레지'였다. 레이디lady의 일본식 발음에서 나온 호칭이라고 알려진 '레지'는 다방 매상을 올리는 데 매우 중요한 사람이었다. 손님들에게 차를 나르고 손님이 가고 난 후에는 빈 찻잔을 치우는 기능적인 역할을 수행하기도 했지만, '레지'가 하는 가장 중요한 일은 동반한 여성 없이 혼자 온 남자 손님을 접대하는 것이었다. 홀로 다방에 나타나는 남자는 독신자 숙소에 살면서 자유롭게 부대 밖으로 외출하는 군인 장교이거나 어설프게 '로맨스 그레이'를 흉내 내려는 농촌 출신 남자들이었다.

어머니가 무지개 다방에서 할 일은 딱히 없었다. 피고용인인 마담과 레지가 각자 맡은 일을 하는 것이니 어머니는 주인의 입장에서 그들만 다방에 남겨두었을 때 벌어질 수 있는 나태함을 감시하는 게 할 일의 전부였다. 감시라고밖에 할 수 없는 이 모호한 일을 하기 위해 어머니는 다방에 묶여 있는 신세였다. 주인이 자리를 비우면 다방 분위기가 달라진다는 것을 알고 있었기에 어머니는 지루한 감시자 역할을 계속하는 수밖에 없었다. 다방에는 주방장이 없었다. 별도의 주방 인력을 둘 만큼 손님 회전이 많지 않았기에 주방 일은 마담과 레지가 돌아가면서 맡았고, 그들이 바쁠 때는 어머니가 했다.

당시 나는 어머니를 졸졸 따라다니는 어린아이였기에 어머니가 다방 구석에 앉아 있을 때면 나도 그 곁에 있었고, 마담과 레지가 바빠 어머니가 주방 일을 해야 할 때는 나도 주방에 따라 들어갔다. 주방은 개방형이었고, 바닥이 홀보다 높았다. 주방에 있으면 다방 어디든 구석구석 지켜볼 수 있었다. 내가 자라면서 주방은 자연스레 내 차지가 되었다. 처음엔 어

영상 85

영화 〈서울의 지붕 밑〉(이형표 감독, 1961)에서 볼 수 있는 1960년대 다방 풍경.

머니를 거든다고 시작한 일이지만, 어느새 나는 이런저런 할 일을 찾아 거기 꼭 필요한 사람이 되었다. 무지개 다방 손님들은 나를 두고 세계에서 가장 어린 주방장이라며 칭찬했다. 거기에 신이 나서 나는 학교에서 보내는 시간보다 더 많은 시간을 무지개 다방의 주방에서 보냈다.

DJ 박스가 있었지만, 따로 DJ가 없는 시골 다방이었기에 나는 주방장 겸 DJ를 하면서 다방에서 시간을 보냈다. 그 시절 다방에서는 '모닝커피'라는 메뉴를 팔았다. 아버지의 나고야 시절 '모닝구'를 연상시키는 메뉴다. 식빵에 마가린을 발라 살짝 구운 것과 무지개 다방에서는 '반숙'이라 불렀던 수란을 곁들인 음식이다. 중학생이 되었을 무렵 나는 주방에서 주문이 들어오면 커피를 끓여 잔에 붓고 수란을 만들어 내고, 손님이 가고 난 후에는 되돌아온 커피잔을 설거지하는 일을 척척 해내곤 했다.

주방에서 나는 기능적인 일만 한 것이 아니다. 주방의 위치상 자연스레 다방에서 벌어지는 만화경 같은 세상일을 구경하는 기회를 얻었다. 학교에서는 절대 배울 수 없는, 교과서 이면의 '실제 그대로의 사회'를 관찰할 수 있는 곳이 주방이었다. 대학에 들어가기도 전에 나는 이미 사회학 실습에 참여하고 있었던 셈이다.

삼거리의 이중성

월남전의 영웅 백마부대는 용미리에 있었다. 백마부대의 면회객들도 광탄 삼거리로 외출을 했고, 광탄 삼거리에 살면서 백마부대로 출퇴근하는 직업군인도 적지 않았다. 이전에 미군이 그랬던 것처럼 삼거리는 군인들이 우위를 점하는 공간이었다. 농사꾼들은 1년에 한 번 추수가 끝날 때쯤에야 돈을 만질 수 있었지만, 군인들은 월급쟁이였기에 크든 작든 매달 손에 돈을 쥘 수가 있었다. 월급쟁이가 드물었던 삼거리의 경제는 군인들에 의해 유지될 수밖에 없었다. 월남으로 한국군 파병*이 시작되고 백마부대도 월남에 가게 되면서 삼거리에서 군인 및 군인 가족의 위세는 더 당당해졌다.

* 1964년 의료부대 130명, 태권도 교관단 10명으로 시작된 파월은 1965년 3월 건설지원단인 비둘기부대, 10월엔 전투부대인 청룡맹호부대, 1966년 8월 백마부대의 추가 파병으로 이어지면서 1973년 3월 베트남에서 철수할 때까지 연병력 32만 4864명의 한국군이 베트남 전쟁에 참전했고, 사망자 및 실종자는 총 5099명에 달했다.

학교에서 배우는 군인의 이미지는 이 충무공의 후예이자 월남에서 베트콩을 잡는 용사였고, 북한 공산당으로부터 우리를 지켜주는 대한민국의 영웅이었다. 그러나 어린 주방장이 무지개 다방의 주방에서 내려다보는 군인은 영화 〈빨간 마후라〉(신상옥 감독, 1964), 〈소령 강재구〉(고영남 감독, 1966), 〈월남에서 돌아온 김상사〉(이성구 감독, 1971), 특별수사본부 시리즈*에 나오는 군인 혹은 연말에 위문편지를 보내는 '국군 장병 아저씨'와는 너무나도 달랐다.

무지개 홀에 술을 마시러 오는 군인들은 나라를 지키는 용사라기보다는 술주정을 늘어놓고, 외상값을 치르지 않고도 당당한 그다지 바람직하지 않은 손님이었다. 무지개 홀은 밤에 장사를 하는 곳이었기에 낮시간에 꼬마 주방장은 무지개 다방 테이블에 앉아 옆에서 아버지가 뭔가 열심히 문서 작업을 하는 것을 구경할 수 있었다. 아버지는 하루가 멀다 하고 "친애하는 ○○부대 인사과 귀하"로 시작하는 탄원서이자 민원 진정서를 쓰곤 했다. 탄원서를 쓰는 테이블 위에는 항상 두툼한 서류 뭉치가 있었는데, 바로 손님들의 외상 내역을 상세하게 기록한 장부였다. 아버지는 편지를 쓰면서 가끔 혼잣말로 이 외상값만 다 받아도 빌딩 하나는 짓겠다고 말하곤 했다.

* 〈특별수사본부 배태옥 사건〉(이원세 감독, 1973), 〈특별수사본부 기생 김소산〉(설태호 감독, 1973), 〈특별수사본부 제2탄 여대생 이난희 사건〉(설태호 감독, 1973), 〈특별수사본부 김수임의 일생〉(이원세 감독, 1974), 〈특별수사본부 외팔이 김종원〉(이원세 감독, 1975)

무지개 홀 옆 무지개 다방에서 지켜보는 군인들의 모습도 그와 크게 다르지 않았다. 행랑 가방을 메고 나타나 황급히 커피 한 잔을 마시고는 시외전화로 누군가에게 전화를 걸고 사라지는 이들이 많았다. 사병들은 면회객이 와서 공식 외출을 한 경우가 아니고서는 다방에 오래 머무르지 않았다. 그들은 그저 군부대 밖의 향기를 느끼고 싶었는지도 모른다. 하지만 외출이 자유롭고 부대 외부에 살던 장교들, 특히 독신 장교들은 밤만 되면 다방에 와서 한참 시간을 보내곤 했다. 혼자 하는 타향살이에, 집에 텔레비전이 있는 것도 아니니 다방에 앉아 시간을 보내는 것도 이해가 안 가는 것은 아니었다.

무지개 다방은 연인들이 데이트를 하는 다방이 아니었다. 어디까지나 군 주둔 지역의 남자들을 위한 공간이었다. 여자 손님은 어쩌다 오는 면회객을 제외하면 전혀 없었다. 다방은 여자 혼자 오는 곳이 아니었다. 여자 손님이 없어도 다방에는 늘 마담과 레지가 있었기에 혼자 오는 남자 손님은 심심할 틈이 없었다. 남자 손님이 혼자 오면, 매상을 올린다는 이유로 마담이나 레지가 그 테이블에 앉았다. 그렇게 하면 남자 손님은 혼자 왔더라도 차를 한 잔만 주문하지 않기 때문이다. 레지의 숫자만큼 다방의 수익이 올라가기 마련이니 무지개 다방에는 적지 않은 수의 레지가 있었다.

레지들은 팔도강산 다양한 곳에서 왔지만 모두 가난한 농촌 출신이라는 공통점이 있었다. 다방 레지를 한다는 게 떳떳하게 내세울 일이 아니다 보니 그들이 쓰는 이름이 본명인지는 분명하지 않았다. 물론 아예 다방 레지가 되겠다고 작정을

1
영화〈특별수사본부 김수임의 일생〉은 "이 영화는 남로당 범죄 행위에 대한 검·군·경찰의 수사 기록과 법원의 판결 및 증언을 토대로 한 반공 수사 실록이다"라는 내레이션으로 시작된다.
ⓒ동국대학교

2
영화〈월남에서 돌아온 김상사〉포스터.
이 영화는 월남에서 돌아온 제대 군인들이 사회에 적응해나가는 과정을 그렸다.
한국영상자료원 제공

3
영화〈소령 강재구〉포스터.
이 영화는 월남 파병을 위해 훈련을 받던 중 부하가 잘못 던진 수류탄에 전 소대원이 위기에 처하자 몸을 던져 부하들을 구한 강재구 소령의 일대기를 그렸다.
ⓒ양해남 컬렉션

4
영화〈빨간 마후라〉포스터. 한국전쟁 당시 공군 조종사들의 활약과 전우애를 그린 영화다.
ⓒ양해남 컬렉션

목숨을 걸고 靑春의 년령을 희생으로 바친 아—이 姜在求 少領!
製作 鄭鎭煥
高英男 監督作品
CINEMASCOPE
原作 在求記念事業委員會
脚本 辛奉承
少領
姜在求
企劃 姜大彬 康仁玉

製作·監督
申相玉
一九六四年의 자랑 빨간마후라
빨간 마후라
하늘에 꿈을 띄우고 하늘에 젊음을 던진
SHINSCOPE
總天然色
R.O.K. AIR
R.O.K. AIR FORCE

영화 〈수학여행〉에서 서울로 누나를 만나러 갈 여비를 벌기 위해 갯벌에서 일하는 아이의 모습. 아이의 누나는 서울에서 식모살이를 하고 있다. ⓒ이응종

하고 시골에서 올라온 사람도 있었을 것이다. 영화 〈화녀〉(김기영 감독, 1971)를 보면 시골에서 서울로 도망치는 여자 둘이 이런 대화를 나눈다. 한 명은 아예 처음부터 다방 레지나 바걸이 되어 돈을 벌겠다고 작정한 경우이다. "난 결심했다. 이왕 촌을 쫓겨나온 이상 남자 털어먹는 직업을 갖는다. 다방, 바. 돈벌이라면 뭐든지." 하지만 또 다른 여자의 생각은 다르다. "난 옳게 사는 집 식모살이를 할 테야. 잘사는 법을 지켜보고 배운단 말이야."

학교에서는 새마을운동으로 농촌도 이제 잘살게 되었다고 가르쳤지만, 농촌은 여전히 잘사는 곳이 아니었다. 경제성장의 과실은 도시에 집중되었고, 농촌은 사실상 대한민국의 내부 식민지나 마찬가지였다. 농촌의 여자들은 가난에서 벗어나기 위해 여공이 되거나 식모살이를 하러 서울로 향했다.

영화 〈수학여행〉을 보자. 낙도에서 힘겹게 서울로 수학여행을 온 아이의 누이 역시 서울에서 식모살이를 하고 있다. 낙도의 아이가 꼭 서울로 수학여행을 가고 싶다 했던 이유는 서울 구경을 하고 싶어서이기도 했지만, 무엇보다 누이를 만나기 위해서였다. 아이는 누이를 만나러 갈 경비를 벌기 위해 학교만 파하면 갯벌에 가서 일을 한다.

"아, 저게 서울 간 지 누나를 만나러 간다면서 노자를 마련한다고 학교만 파하면 여기 나와서 굴을 따는 게 일이랑게요."

영화 〈돈〉에서 제대 후 시골로 돌아왔으나 아무런 희망도 찾을 수 없었던 영호에게도, 의지할 가족 없이 동네 남자들의 육욕의 대상이 되어 견딜 수 없던 옥경에게도 마지막 희망은 서울로의 탈출뿐이었다.

> "영호 씨, 난 더 이상 참고 그 집에서 있을 수 없어요. 날이 새는 대로 서울로 떠나겠어요."
>
> "옥경이, 기어코 떠나겠소?"
>
> "네, 지금과 같은 경우에 공장에 가는 거밖에 무슨 도리가 있겠어요. 영호 씨도 곧 올라오세요. 손꼽아 기다리겠어요."
>
> "허긴, 나도 서울 가서 농사 밑천이라도 좀 벌어볼 생각이지만."
>
> "영호 씨!"
>
> • 영화 〈돈〉

서울은 성장의 과실이 가장 많이 집결되는 곳이다. 오직 서울에만 대한민국에서 제일 높은 빌딩이 있다. 시골에서는 상상도 할 수 없는 31층이라는 아찔한 높이. 다방 레지가 되겠다며, 또 식모가 되겠다며 서울로 가는 시골 여자들에게 31층은 그 자체로 성장과 발전의 상징이었다.

"서울엔 31층 빌딩이 있대. 너나 나나 헤어져도 그걸 쳐다보고 살자." • 영화 〈화녀〉

영화 〈화녀〉에서 마침내 서울에 도착한 두 여자는 자기 눈으로 31층 빌딩을 직접 보고는 입을 다물지 못한다. 서울 거리는 차가 너무 많아 제대로 걷기도 힘들 지경이다. 서울은 현실이 아니라 꿈이었다.

서울에 오는 사람이 첫발을 내딛는 곳인 서울역 광장은 매우 위험했다. 시골에서 갓 상경하여 세상물정을 전혀 모르는 여자들을 유흥업소에 팔아넘기는 인신매매범이 득실대는 곳이었다. 영화 〈육체의 문〉(이봉래 감독, 1965)의 주인공 은숙도 무작정 서울역에 도착했다. 역을 나선 은숙은 눈이 휘둥그레진다. 사람이 너무 많다. 어디로 가야 할지 알 수가 없다. 그런 그녀에게 시골에서 상경한 여자들을 팔아넘기는 노파가 접근한다.

"서울에 누가 계신가?"
"취직하러 왔어요."
"그렇다니까 글쎄. 시골이 어려우니까 이렇게 어린 것들이 서울로 올라오지. 어디 내가 좋은 데 취직자리 알아봐 줄까?"
• 영화 〈육체의 문〉

노파의 꾐에 빠진 은숙은 결국 유흥업소 종업원이 되고 만다. 아예 처음부터 다방 레지가 되겠다고 결심하고 서울에 온

〈화녀〉의 혜옥은 직업소개소를 찾아가 결국 바에서 일하게 된다. 식모가 되겠다고 작정한 명자도 직업소개소를 통해 작곡가 남편과 양계장 주인 아내가 사는 집에서 식모로 일하게 된다. 무지개 다방의 레지 중에는 혜옥처럼 상경한 이도 있었을 것이고, 명자처럼 상경한 이도 있었을 것이다.

무지개 다방 레지 중에는 어머니를 각별히 따랐고, 어머니도 유독 가여워하던 배씨 성을 가진 여자가 있었다. 진짜 성이 배씨인지 아닌지는 알 수 없지만, 어머니는 그녀를 '배양'이라 불렀다. 다방에서는 직업소개소를 통해 레지를 구했는데, 대부분은 '빚'이라고 부르는 보증금을 끼고 있었다. 레지를 새로 데려오려면 이전 업소에서 진 '빚'을 다 갚아줘야 했고, 자리를 옮긴 레지는 그 빚을 월급에서 제하며 갚아나가는 방식이었다. 그렇게 돌아가는 식이었기 때문에 비싼 보증금을 주고 데려온 레지가 야반도주하는 일이 적지 않았다. 이런 야반도주는 어머니에게 적지 않은 경제적 타격을 주었다. 아마 '배양'의 경우도 마찬가지였을 것이다. 보통 레지들은 마담과 사이가 좋지 않았다. 마담이 레지를 감시하는 위치였기 때문이다. 그렇다고 레지들이 주인과 사이가 좋을 리도 없었다. 하지만 어머니와 '배양'은 서로를 매우 신뢰하는 관계였다.

그런 배양이 어느 날 특별 외출을 했다. 어머니와 배양이 각별한 관계이긴 했지만, 배양 역시 빚을 깔고 있는 처지라 특별 외출이 도망이 될 가능성을 배제할 수 없었다. 어머니와 배양은 이 문제를 해결하기 위해 나를 활용했다. 내가 배양의 특별 외출에 따라가도록 한 것이다. 영문도 모르는 채 나는 배양을 따라 집을 나서 서울의 처음 보는 가정집에 가게 되었다. 서울로 가는 길에서 배양은 나에게 신신당부를 했다. 서울 가서 만나게 되는 사람이 자신이 무슨 일을 하고 있느냐고 묻거든 "우리 집 식모예요" 하고 말해달라는 것이었다. 나중에야 알게 된 일이지만, 그 집은 배양이 다방으로 오기 전 오랫동안 식모살이를 하던 집이었다. 그 집안에 혼인 잔치가 있다는 소식을 들은 배양이 옛정이 생각나 잔치에 꼭 참석하고 싶어 나선 길이었다.

그 집에 들어서자마자 배양은 마치 자기 집처럼 부엌에 들어가 일을 하기 시작했다. 불청객이나 다름없었던 나는 그 집 안방에서 책을 보며 시간을 보내고 있었다. 그 집 안주인이 나에게 슬쩍 물었다. 예상했던 질문 그대로였다. 나는 입술에 침을 한 번 바르고는 말했다. "우리 집 식모예요." 돌아오는 길에 배양은 나에게 연신 고맙다는 인사를 했고, 어머니도 나를 칭찬했다. 분명 거짓말을 했는데도 칭찬을 받은 것이다.

"얄개야, 우리에겐 밝고 희망찬 내일이 있어"

지금도 '배양'을 생각하면 영화 〈영자의 전성시대〉(김호선 감독, 1975)의 주인공 영자가 생각난다. 영화의 첫 장면에서 영자는 경찰에게 쫓기는 창녀로 등장한다. 결국 영자는 체포되어 유치장에 갇히는데, 짙은 화장에 껌을 씹으며 말을 툭툭 내뱉는 모습은 누가 봐도 타락한 여자이다. 그녀는 창녀인 데다가 한쪽 팔이 없다. 영자가 처음부터 창녀였던 건 아

영화 〈영자의 전성시대〉에서 영자가 서울에 올라와 처음으로 한 일은 식모였다. 그러나 주인집 아들에게 강간당하고 쫓겨난 영자는 봉제공장 직공이 되었다가 박봉을 견딜 수 없어 술집에 나간다. 그 역시 적응이 되지 않아 버스 차장이 되었지만 만원버스에서 사고로 팔 하나를 잃고, 실의에 빠져 자살을 시도하다가 결국 창녀가 된다.
태흥영화사 제공

니다. 가난한 시골 출신으로 돈을 벌기 위해 서울에서 한 첫 번째 일은 식모였다. "서울에 올 때는 정말 독한 마음 먹고 왔어요"라고 말하는 영자는 식모에서 버스 차장이 되었다가 끝내는 창녀로 전락하고 만다.

학교에서 배운 바에 따르면 조상들이 못살았던 이유는 잘살겠다는 의지가 없어서였다. 이제는 우리에게 잘살겠다는 의지가 있으니, 우리가 어른이 되었을 때는 우리 앞에 선진국의 모습이 펼쳐질 것이라 했다. 교과서에는 앞으로 잘살게 되리라는, 조상에게 물려받은 가난에서 마침내 벗어나게 되리라는 '예언'이 가득했다. 영화 〈저 하늘에도 슬픔이〉(김수용 감독, 1965)의 주인공 이윤복은 이렇게 외친다. "우리는 왜 이렇게 가난하게 살아야 합니까?" 이에 선생님은 "우리는 잘살아야만 합니다"라며 미래에 대한 강력한 의지로 대답을 대신한다. 이 영화의 엔딩 역시 "이제는 우리도 잘살 수 있어요"라는 이윤복의 독백이다. 〈저 하늘에도 슬픔이〉는 1965년 국제극장에서 개봉해 그해 흥행 2위를 기록할 정도로 인기를 끌었다. 영화의 주인공 이윤복에 대해서도 모르는 사람이 없었다. 학교에서 귀가 닳도록 들어서 영화를 안 보고도 본 듯한 느낌이 들 정도였다. "아무리 굶어도 학교는 다녀야 한다고 아버지가 안 그카시더냐" 하고 말하는 영화 속 이윤복 어린이의 예를 들면서 선생님은 우리가 학교에 다녀야 하는 이유를 설명했다. 또 다른 한편에는 "나는 공산당이 싫어요"라고 외친 이승복 어린이가 있었다. 우리는 이윤복, 이승복 두 어린이를 따라 하면 잘살게 될 거라고 배웠다.

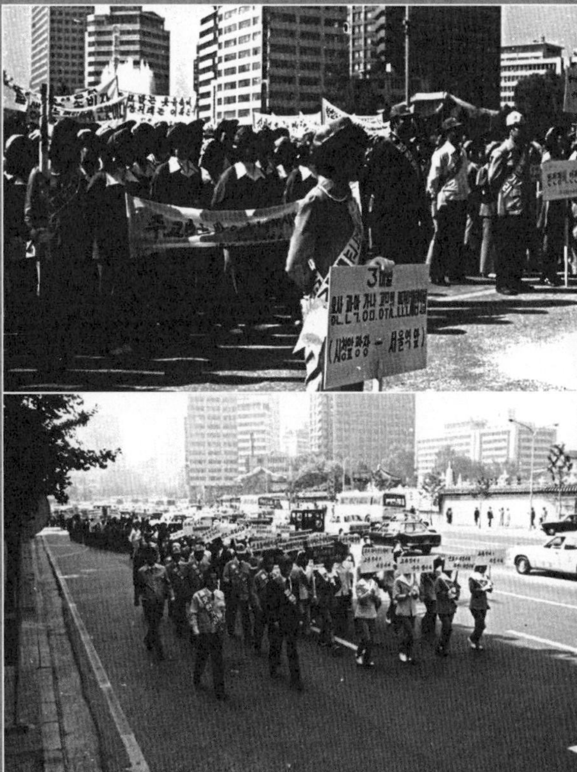

1
1965년 9월 21일 서울시민회관
(현 세종문화회관)에서 열린
제2회 저축의 날 기념식.
ⓒ서울특별시

2
영화 〈저 하늘에도 슬픔이〉 포스터.
ⓒ양해남 컬렉션

3–4
1976년 9월 17일 서울시청 앞에서 열린
명랑사회 가두 운동.
ⓒ서울특별시

이윤복 어린이는 청와대의 초청을 받기도 했다. 〈대한뉴스〉는 이윤복 어린이의 소식을 빼놓지 않고 보도했기에 삼거리 사람들은 그의 이야기를 몇 번이고 복습할 수 있었다. "우리는 왜 이렇게 가난하게 살아야 합니까"라고 절규하는 이윤복 어린이는 전국 어디에나 있었다. 당시 〈대한뉴스〉에는 '이 사람은'이라는 코너가 있었다. 이 코너에서는 전국의 또 다른 이윤복을 발굴해 소개했다. 서울 종로5가에 사는 가정주부 한원길 여사는 〈대한뉴스〉가 소개하는 숨어 있는 이윤복이었다.

> 보다 나은 내일을 위해 10년을 하루같이 저축에 힘써온 이 사람은 서울 종로5가에 사는 가정주부 한원길 여사입니다. 한 여사는 두 자녀와 함께 공무원인 남편의 박봉에 매달려 가난한 생활을 해오다가 5년 전에 행상을 시작했고 지금은 함석 세공으로 한 푼 두 푼 저축한 돈으로 두 아들을 대학까지 보내고 있는 남부럽지 않은 생활을 하고 있습니다. 수예품에 외판원 등 갖가지 어려운 일을 해서 살림에 보태고 하루도 거르지 않고 저축을 해왔습니다. 이 통장이 우리 집을 살게 해줬다고 말하는 한원길 여사는 저축의 날 시상식에서 국민표창을 받았습니다. • 〈대한뉴스〉 899호(1972년 9월 30일) 영상 86

또 다른 이윤복은 충북에도 있었다.

> 가난한 내 마을을 충북 제일의 부촌으로 발전시킨 역군이 있 영상 87

습니다. 충청북도 제천군 함수면 함안리에 사는 이동호 씨는 논밭에만 매달려서는 발전이 없음을 깨닫고 비육우 단지를 조성해서 연간 1500만 원이라는 높은 소득을 가져오게 했습니다. • 〈대한뉴스〉 884호(1972년 6월 16일)

여기에 새마을운동 지도자가 빠질 수 없다.

여기는 전라북도 남원군 대산면 운교 새마을. 이 사람은 이곳 영상 88
새마을 지도자 복태봉 씨입니다. 복태봉 씨는 10여 년 전부터 마을협동조합을 만들어 주민들의 협동심을 북돋았고 시장 안 가기 운동을 벌여 구판장을 설치함으로써 마을 사람들에게 협동의 소중함을 일깨워주었습니다.

• 〈대한뉴스〉 893호(1972년 8월 19일)

〈대한뉴스〉에 따르면 주부 한원길, 농부 이동호, 새마을 지도자 복태봉 씨가 함께 사는 "자랑스런 나의 조국 대한민국"의 미래는 밝고 명랑하다. 언제나 명랑함을 잃지 않는 '얄개 시리즈'의 등장인물들처럼, 지금 우리는 잠시 이윤복일 수 있지만 결국엔 〈대한뉴스〉에 등장하는 '이 사람'이 되는 밝고 희망찬 미래가 기다리고 있다고 배웠다. 하지만 학교를 파하고 무지개 다방으로 돌아와 관찰하는 세계에서는 한원길, 이동호, 복태봉 씨를 찾기 힘들었다.

"난 그런 거 몰라요"

〈대한뉴스〉가 소개하는 '이 사람'은 절대 무지개 다방 같은 곳에 들르지 않았다. 무지개 다방에는 계속되는 불행으로 삶이 점차 어두워지는 사람이 더 많았다. 다방 레지가 될 생각으로 서울에 온 게 아닌데, 결국은 무지개 다방의 레지가 된 '배양'과 같은 사연은 흔하디 흔했다. 〈영자의 전성시대〉의 영자는 특별하게 재수 없는 인생살이의 표본이 아니라, 그저 그런 사람들이 빠질 수 있는 평범한 인생에 놓인 위험을 보여주었다.

〈와룡선생 상경기〉(김용덕 감독, 1962)에 등장하는 '바걸' 애자도 마찬가지다. 시골에서 학생들을 가르치던 와룡선생은 은퇴 후 옛 제자들도 만날 겸 서울로 올라온다. 제자들이 모이기로 한 날 아무도 와룡선생을 찾아오지 않는데 32회 졸업생 김애자, 지금은 '바걸'이 되어 있는 애자가 나타난다.

"전 김애자예요."

"애자?"

"네, 그러니까 32회 졸업생이죠."

"오, 애자. 너 타락한 것 같구나."

"타락했다면 타락했고 발전했다면 발전했고요. 허지만 재경在京 수많은 동창생 중에도 이렇게 찾아와 뵙는 것만 보드래도 아주 몹쓸 인간은 아닌 증거죠. 제 술 한잔 받으시겠어요? 저는 오늘 선생님을 환영하러 온 것은 아니에요. 선생님한테 항의하러 온 거예요. 바bar를 나올 때는 그럴 결심으로 나왔는데 막상 선생님을 뵙게 되니 용기가 없어지는군요."

"용기를 내서 항의해보려무나."

"제가 무척 불행해 보이죠? 그 원인이 선생님한테 있단 말씀이에요."

"아니, 그건 어째서?"

"선생님 교육이 돼먹지 않았단 말씀이에요. 사람이란 정직해야 하며 사람을 믿고 사랑하라고 늘 입버릇처럼 말씀하셨죠? 죄다 새빨간 거짓말이란 말씀이에요. 이 사회란 그와 정반대예요. 그 반대로 가르쳐주셨더라도 제가 오늘날 선생님 앞에 나타나 이 모양으로 술주정은 안 할 거예요. 사람을 믿고 사랑하라고요? 하하하, 당치 않은 말씀이에요. 선생님, 외람되지만 저 담배 한 대 피우겠어요."

"과연 네 말이 옳을지도 몰라. 나는 이제 겨우 사회라는 학교에 입학한 초년생인지도 모르니까."

• 영화 〈와룡선생 상경기〉

"우리는 잘살아야 합니다"라고 말했던 영화 〈저 하늘에도 슬픔이〉의 극중 화자 이윤복과 결국 가난에서 벗어나지 못한 채 1990년 39세의 나이로 사망한 1952년생 자연인 이윤복의 삶 사이에 큰 격차가 있듯이 학교에서 배운 공식적인 메시지와 꼬마 주방장이 무지개 다방에서 목격하는 실제 사회 사이에는 너무나 큰 간극이 있었다. 영화 〈또순이〉가 약속하는 삶은 무지개 다방에는 없었다. 어머니는 '배양'이 억척스럽고

영상 89

영화〈와룡선생 상경기〉에서 애자는 와룡선생을 만나 서울살이의 힘겨움을 위악적으로 토로한다.

생활력이 강하다고 칭찬했지만 내가 기억하는 한 '배양'은 또순이와 같은 밝은 미래와 조우하지 못했다. 〈또순이〉와 〈대한뉴스〉가 공식 커리큘럼이라면, 사실 독본은 〈영자의 전성시대〉에 가까웠다.

1970년대에 인기 있었던 이른바 하이틴 로맨스에서 그리는 학교는 엄격한 규율이 있지만, 동시에 낭만이 있고 밝은 미래를 꿈꾸게 하는 곳이었다. "어머, 태일이 창문을 뛰어넘어 왔구나. 안 돼. 교칙 위반이야. 학생답지 않게"라는 〈진짜 진짜 미안해〉의 대사처럼 학교는 규칙의 공간이었지만, 무지개 다방은 학교에서 배운 규칙이 엉클어지는 곳이었다. 〈대한뉴스〉와 교과서에는 '또순이'가 있었지만, 사회에는 삶 자체가 연속적인 불행으로 직조되어 있는 '영자'가 더 많았다.

〈별들의 고향〉(이장호 감독, 1974)의 스물다섯 경아 역시 영자 못지않은 '몰락'이라는 인생극장의 주인공이다. "난 그런 거 몰라요"라고 말하는 경아는 사무실 노동자에서 바걸로, 다시 누드모델로 계속되는 불행의 궤도에 빠진다. 남자는 섹스를 거부하는 경아에게 "경아 아니라도 얼마든지 돈을 주고 여자를 살 수 있어"라고 협박한다. 그런 남자에게 "나 그대에게 모두 드리리"를 읊조리는 경아는 그와의 첫 섹스 전 "그이가 절 버리지 않고 영원히 사랑하게 하옵소서"라고 기도하지만, 인생은 순진한 여인의 기도처럼 진행되지 않음을 경아의 삶이 증명한다.

무지개 다방의 레지 중 누군가는 또순이였고, 또 누군가는 영자였고, 또 다른 누군가는 경아였을지 모른다. 인생을 스스로 통제할 수 없는 처지가 된 여자들은 화려한 옷차림만큼 화려한 인생을 살지 못했기에 늘 자기 삶에 대한 푸념을 입에 달고 살았다. 영화 〈와룡선생 상경기〉의 애자는 그래도 차분하게 와룡선생에게 실제 사회란 학교에서 가르쳐준 것과는 정반대라고 항의하지만, 무지개 다방의 레지들은 영업이 끝나면 어디선가 술을 마시고 나타나 주정에 가까운 푸념을 늘어놓기 일쑤였다. 어머니-김완숙은 레지들의 푸념을 잘 들어주는 사람이었다. 레인보우 클럽 양색시들의 인생도 잘 알고 있으니, 어머니는 인생이 왠지 모르게 자꾸 시궁창에 빠지는 사람들의 넋두리를 들어주는 데 전문가가 되어 있었다. 늘 어머

학교를 배경으로 한 1970년대 하이틴 로맨스
〈진짜 진짜 미안해〉, 〈진짜 진짜 잊지마〉, 〈고교 얄개〉의 포스터.
한국영상자료원 제공

니 곁에 있던 나 역시 그런 넋두리의 공동 청취자였다. 당시 어머니는 내가 너무 어려서 어른들의 인생살이 희로애락을 다 이해할 수 없을 거라 생각했기에 레지들이 신세타령을 할 때도 나를 옆에 앉혀두었을 것이다. 그러나 나는 그 모든 사정을 시시콜콜 다 이해하지는 못해도 학교에서 배운 세상과 실제 사회가 완전히 다르다는 걸 눈치 챌 정도로는 성숙한 아이였다.

창녀가 되어 경찰의 단속에 쫓기던 영자가 "난 잘못한 거 없어요"라고 외치듯 무지개 다방의 레지들은 아무리 생각해도 자기가 뭘 잘못했는지 알 수 없었다. 자신의 죄를 구체적으로 파악하는 사람은 그래도 차분하게 항변해볼 수 있지만, "난 잘못한 거 없어요"라고 생각하는 사람은 좌충우돌하기 일쑤다. 레지들이 술을 먹고 자살 소동을 벌이는 일도 심심치 않게 있었다. 삼거리의 군인에게 인생의 마지막 희망을 걸었다가, 그 군인이 한마디 말도 없이 전역을 하거나 다른 부대로 옮겨가면 통곡을 하며 어머니를 찾아오곤 했다. 자신이 타락했다고 여기는 그들은 위악적인 말들을 늘어놓다가 결국은 팔자타령으로 말을 맺곤 했다.

자신이 잘못한 게 아니라면 사회의 잘못을 찾아야 하지만, 배우지 못한 사람들은 자신의 잘못과 사회의 잘못을 잘 구별하지 못했다. 자기 탓을 하는 데 익숙한 사람들은 모든 불행을 자기 탓이라 생각했고, 자기가 불행해도 나라가 잘되면 좋은 거라 생각했다. 그들은 자신의 권리를 몰랐다. 식모 영자가 주인집 아들에게 강간을 당하고도 졸지에 '아들의 장래를 망치는 나쁜 년'이라는 누명을 썼을 때 영자는 자신을 보호할 방법을 알지 못했다. 어느 누구도 영자를 돕지 않았기에 세상물정에 무지한 영자는 자신을 지키지 못하는 무능력한 사람이 되고 만 것이다.

무지로 인한 무능력의 상황에 처한 사람들, 국가가 요구하는 의무는 지나칠 정도로 잘 알고 있지만 자신이 국가에 요구할 수 있는 권리에 대해서는 '일자무식'인 사람들은 결국 자신을 무능력한 존재라 여기게 된다. 가난한 집 딸로서의 의무만 생각했던 '배양'이 서울에 식모로 왔다가 다방 레지가 되기까지 그녀는 자신과 가족을, 그리고 국가를 분리시키지 못했다. 다방 레지 짓까지 하면서 도와야 하는 가족의 가난이 지긋지긋했지만, 결국 그 일을 할 사람은 자기뿐이라고 생각했기에 '배양'은 단 한 번도 국가와 사회에 대해, 박정희에 대해 불평을 늘어놓지 않았다. 그 대신 대학생 탓을 했다. 그러면서 나에게 말했다. 너는 대학에 가더라도 저런 대학생은 되지 말라고.

그들이 술을 마시고 우리 어머니에게 말하는 단골 레퍼토리는 "사람 우습게 보지 마라"와 "내가 여기서 이러고 있을 사람이 아니다"였다. 마지막에는 그래도 내가 아주머니 팔자만큼만 되면 소원이 없겠다며 하소연을 했고, 그 하소연을 함께 듣고 있는 나에게는 너는 자라서 대한민국을 위해 일하는 훌륭한 사람이 되어야 한다고 혀 꼬부라진 소리를 늘어놓았다.

어릴 때는 막연히 술주정으로만 들었던 무지개 다방 한구석의 푸념과 신세한탄이 자라는 동안 내게 언젠가는 풀어야 할 거대한 수수께끼로 다가왔다. 무언가 감지되기는 하지만 학교에서는 절대 알려주지 않는 세상의 비밀, 어른들끼리만 알고 있는 세계가 있는 것 같았다. 꼬마 주방장은 무지개 다방에서 펼쳐지는 어른들의 세계의 관찰자가 되어 '사회라는 학교'에 남들보다 먼저 '입학한 초년생'이었다.

삼거리는 절대 가난한 곳이 아니었다. 미군이 머물 때나 떠나간 뒤에나 나름대로 부를 축적하고 있었다. 나는 성장할수록 삼거리의 부에서 뭔지 모를 부끄러움을 감지했다. 삼거리의 부는 서울의 중산층과 견주어도 뒤지지 않는 물질적 풍요를 제공했지만, 무지개 다방에서 목격하는 세계는 조국 근대화가 어쩌면 불길한 징후일 수도 있음을 알아채게 했다. 무지개 다방은 어딘가 부끄러운 공간이었다. 생산의 논리에서 벗어났다는 부끄러움, '배양'과 같은 서글픈 인생을 바닥에 깐 채 풍요를 누리고 있다는 부끄러움, 교과서에서 배운 군인 아저씨와는 너무도 다른 그저 '한국 남자'일 뿐인 군인들을 보는 부끄러움……. 무지개 다방은 이렇게 잘 숨겨지지 않는 부끄러움과 과장된 긍정성이 충돌하는 공간이었다.

무슨 까닭인지 비밀에 부쳐진 듯했던 삼거리의 작동 원리, 그것을 하나하나 깨달아가는 과정이 나의 성장기였다. 나에게 성장이란 무지개 다방에서 목격한 수수께끼를 푸는 과정이나 마찬가지였다. 마침내 그 비밀을 알아챘을 때 나는 더 이상 어린아이가 아니었다. 손님이 없는 시간에 꼬마 주방장은 무지개 다방에 비치되어 있던 온갖 종류의 신문을 읽었다. 나와 공부에 관한 한 라이벌이었던 인성 문방구집 딸 명순이가 늘 신문을 읽는다는 어머니의 뻔한 거짓말이 자극이 되었다. 신문을 읽다가 잘 이해가 안 되는 부분이 나오면 어머니에게 물었다. 어머니는 당신이 아는 범위 안에서 최대한 상세하게 설명을 했다. 중학생이 되자 점차 어머니에게 설명을 부탁하는 일이 줄어들었고, 언젠가부터는 내가 어머니에게 설명하는 일이 많아졌다.

1974년 8·15 기념식 중에 육영수가 피습되는 장면을 본 곳도, 그의 영결식을 보면서 어머니와 함께 울었던 곳도 무지개 다방이다. 1979년 10월 26일 박정희가 암살되고 전국에 계엄령이 떨어지자 저녁 시간이면 무지개 다방을 찾아오던 군인들이 갑자기 보이지 않게 되었다. 박정희 시대의 종말은 내게 무지개 다방의 텅 빈 모습으로 다가왔다. 무지개 다방은 박정희가 예상치 못했던 결말로 인생극장의 무대에서 사라지자, 고도성장이 제시했던 꿈-이데올로기와 함께 산산이 부서지며 갈 곳을 잃었다. 그래도 어머니는 무지개 다방을 지켰다. 자신의 못다 이룬 꿈을 아들이 대신 이루어주는 그날, '꽃피는 팔도강산'의 그날을 묵묵히 기다렸다.

결국 어머니는 무지개 다방에서 막내가 대학에 합격했다는 소식을 들었다. 창신동 산동네에서 효제국민학교를 오가는 길에 경성제국대학 학생들을 바라보며 마음속으로 품었던 꿈, 대학에 가서 공부하고 싶었으나 가난한 집 딸이라는 이유로 포기해야 했던 그 오랜 꿈이 마침내 이루어지는 순간이었다.

그 아들이 대학 졸업 후 대학원에 들어가 마침내 유학을 가겠노라 계획을 밝히자, 얼마 후 어머니는 무지개 다방을 다른 사람에게 세를 받고 넘겨주었다. 어머니에게 더 이상은 무지개 다방을 지킬 이유가 없었던 것이다. 속으로 어머니는 이렇게 생각했을 것이다.

'이만하면 됐다.'

아버지는 생전 처음으로 어머니에게 칭찬의 말을 건넸다.

"당신 수고 많았다."

에필로그

미래라는 순간

자식이 부모에게 지상의 언어로 표현하는 마지막 말은
장례식이 끝나고도 한참 후,
이별로 인한 고통의 시간이 충분히 지난 후,
부모를 부모로서만이 아니라
나보다 인생을 먼저 살았던 자연인으로서 바라볼 수 있을 때
비로소 떠오른다.

미래는 뭔가요?

• 영화 〈국제시장〉(윤제균 감독, 2014)

순간이 모여 시간이 되고, 시간이 쌓여 세월로 흐른다. '아이노코'라고 놀림 당하던 미라는 결국 미국으로 입양되어 삼거리를 떠났고, 그 이후 딱 한 번 삼거리에 온 적이 있지만 또다시 찾아왔다는 소식은 듣지 못했다. 삼거리에 살던 또 다른 혼혈 남자아이는 다들 짐작할 수 있는 이유로 스무 살 무렵 자살했다. 흑인 혼혈아였다는 이유로 더 심한 놀림감이 되었던 어떤 여자아이도 떠오르는데, 얼굴은 또렷하게 기억나지만 이름은 통 생각이 나지 않는다. 그 아이는 어떻게 살고 있을까? 삼거리에서 멀지 않은 곳에 있던 고아원 아이들도 다 자라서 가정을 꾸리고 나처럼 중년에 접어들었을 것이다. 미군이 그 고아들을 모아 만들었던 '무궁화 합창단'은 행사가 있을 때마다 무대에 올라 〈Tie me Kangaroos down, sport〉(롤프 해리스Rolf Harris, 1957)를 불렀다. 그 노래는 지금도 나를 삼거리의 유년 시절로 데려간다.

삼거리보다 더 큰 미군 부대가 있었던 문산의 세탁소집 아들 윤도현은 유명한 가수가 되었고, 내가 다녔던 신산국민학교의 분교였던 도마산국민학교를 다니다가 서울로 이사 간

심상정은 정의당 대통령 후보가 되어 텔레비전 토론에서 눈부신 활약을 했다. 한 시대에 자신의 이름을 새겼던 박정희도 영원할 수 없었다. 아무도 예상치 못했던 방식으로 그가 인생 극장의 무대에서 퇴장한 뒤 아버지와 어머니는 할아버지와 할머니가 되었다. 손자손녀가 줄줄이 태어났고, 온가족이 스키 여행을 떠나고, 삼거리의 노인 노병욱과 김완숙도 유럽 여행을 다녀올 정도로 풍요로운 1990년대를 보냈다.

그러나 1997년 IMF 구제금융사태를 겪으면서 무지개 홀과 무지개 다방에서 거둬들인 부는 어디론가 사라졌다. 중산층 몰락의 여파가 삼거리라고 비껴갔을 리 없다. 기지촌에서 달러를 건져 올려 서울로 이사를 가고, 곧이어 눈치 빠르게 강남으로 옮긴 사람들은 기막힌 부자가 되어 삼거리에 돈 자랑을 하러 나타나기도 했다. 삼거리에 그냥 눌러앉은 사람들은 중산층 몰락의 시나리오를 각자의 인생에 새긴 채 살아가고 있다. 몰락의 시기에 태어난 조카 재용, 재미와 유라, 사라는 할아버지와 할머니를 그리워하면서도 요즘 젊은이들의 사회적 운명을 공유하며 집 장만과 취업 걱정으로 하루하루를 보내고 있다.

이 글을 쓰고 있는 나, 아들 사회학자는 어린 시절 어머니에게 했던 약속처럼 미국은 아니지만 독일로 유학을 떠나 박사가 되었다. 독일에서 전화로 박사논문이 통과되었다는 소식을 전하자 아버지와 어머니는 서로 '내 아들'이라며 노인들 특유의 사뭇 귀여운 말다툼을 벌였다. 나이가 들수록 아버지의 큰소리는 점점 줄어들었고, 기죽어 살았던 지난 시절을 복수라도 하듯 어머니가 아버지에게 큰소리를 치는 모습도 종종 보게 되었다. 함께 살던 손자와 손녀는 그런 반전된 관계에 놀라며 종종 할아버지 편을 들어주기도 했다.

1979년 10월 27일, 지난밤에 있었던 박정희의 사망 소식을 듣고 북한이 쳐들어올지 모른다는 생각과 조국 근대화의 아버지를 잃었다는 슬픔에 엉엉 울었던 무지개 다방의 꼬마 주방장은 그 사이 중년남자가 되었고, 판사나 의사가 되겠다던 어린 시절의 결심과 달리 사회학자가 되었다. 삼거리의 코흘리개가 사회학자로 자리 잡는 동안 아버지는 치매에 걸려 어린아이가 되었고, 어머니는 미우나 고우나 남편의 병수발을 들 수밖에 없었다. 어머니는 그로 인한 스트레스를 시민들을 대상으로 교양 강좌를 하는 아들의 강의를 찾아다니는 재미로 이겨냈다. 어머니는 이 책의 모태가 된 프로그램 '세상물정극장'의 단골손님이 되어 옛 영화를 보며 자기 인생을 회고하기도 했다.

어머니는 자신의 한과 소망을 투사했던 아들이 사회학자가 되자, 세상을 해석하고 싶은 자신의 숨겨진 욕망, 배움에 대한 열정을 해소하는 통로로 아들을 활용했다. 아들을 통해 자신이 품고 있던 인생의 수수께끼를 풀 실마리를 찾고자 했다. 사회학자 아들을 사실상 독선생으로 둔 셈이니 어머니는 자신의 학력쯤은 더 이상 부끄럽지 않았다. 비록 완전히 이해하지는 못하더라도 아들의 강의를 들으면 기분이 좋았다. 이해하지 못한 내용은 집에 돌아와 독선생인 아들에게 물어보면 될 일이었다. 아들은 어머니가 이해할 수 있는 언어로 세상을 설명하지 못한다면 그건 사회학의 도리가 아니라고 생각했다. 어머니가 평생을 그저 자신의 '기구한 팔자'라고만 생각했던 인생의 굴곡 뒤에 커다란 사회적, 역사적 배경이 있다는 걸 알려주기 위해 아들은 최선을 다했다. 그리고 사회학자가 되어 참으로 다행이라고 생각했다.

아버지와 어머니가 살았던 시대, 그리고 나의 유년 시절에 자신의 이름을 새길 만큼 강력한 투망을 던졌던 박정희의 딸이 대통령이 되자 시간은 마법처럼 거꾸로 흘렀다. 1979년에 떠났던 청와대로 돌아간 박정희의 딸은 그곳을 디킨스의 소설 『위대한 유산』에 등장하는, 9시 20분에서 시계가 멈춘 '새티스 하우스'처럼 만들었다. 신성불가침한 조국 근대화의 아버지였던 박정희가 대한민국의 여러 대통령 중 한 명으로, 비판과 찬양이 교차하는 평범한 인물로 내려오자 그를 다시 절대자의 자리로 올려놓기 위해 역사 교과서 국정화를 시도했고, 새마을운동을 재평가하고 새마을 정신을 세계에 알린다면서 시계를 거꾸로 돌렸다. 그런 퇴행을 용납할 수 없었던 시민들에게 박정희의 딸이 탄핵을 당하고, 박정희에 이어 그의 딸까지 보좌하던 김기춘까지 구속되자 시간은 다시 미래로 흐르기 시작했다.

시간이 거꾸로 흐르는 동안 아버지와 어머니는 각자의 성격을 꼭 닮은 모습으로 세상을 떠났다. 아버지는 주변 사람들은 힘들지만 정작 본인은 아무것도 모르는 치매를 앓다가 눈을 감았고, 어머니는 너무나 얌전하게 소리 소문 없이 병을 앓다가 끝까지 곱고 침착한 모습으로, 병문안 온 손님 대접에 막내아들 점심까지 챙기고 난 뒤 두어 시간 만에 가만가만 인생 극장을 떠났다. 떠나기 전날 밤 어머니는 꿈에서 자꾸 아버지가 나타난다 하셨고, 아들은 어머니의 손을 잡고 아들의 모든 재능은 어머니 덕분이라고 말했다.

부모와 쓰라린 이별을 한 후 아들은 여느 사람들처럼 한동안 깊은 우울을 겪었다. 아버지와 어머니의 흔적을 좇아 충남 공주의 송곡리를 찾아가고, 서울대학교병원이 내려다보이는 낙산 꼭대기에 오르고, 비행기를 타고 일본 나고야와 중국 선양을 오가며 이 글을 썼다. 식민지 시기부터 박정희 시대가 끝나는 1979년까지 아버지와 어머니가 살아온 인생을 담은 이 책을 쓰는 동안, 어떤 날은 잠을 이루지 못했고 어떤 날은 아버지와 어머니의 육성이 담긴 녹음 파일을 듣다가 키보드에 눈물을 떨구었다. 글자 하나하나를 모아 부모의 인생을 텍스트로 옮기는 시간은 나에게 산티아고 못지않은 치유의 순례길이었다. 도저히 글이 써지지 않으면 단테의 『신곡』을 소리 내어 읽었고, 어머니와 함께 마지막으로 보았던 드라마 〈응답하라 1988〉에 흐르던 노래, "그대여 아무 걱정 하지 말아요"로 시작하는 〈걱정 말아요 그대〉를 혼자 부르기도 했다.

2017년 여름 백야白夜가 한창인 헬싱키를 걷고 있었다. 늦은 밤이지만 세상은 밝았고, 밝았지만 마음은 어두웠다. 백야의 밤에 태양을 등지고 있으면 유난히 긴 그림자가 만들어진다. 한 번도 본 적 없는 기나긴 내 그림자, 그 그림자는 그리움이란 벗어날 수 있는 게 아니라 그림자처럼 평생 동반한 채 살아가야 하는 것임을 깨닫게 해주었다. 그 깨달음을 얻고서야 나는 마무리를 향해 걸어갈 수 있었다.

*

다시 서울로 돌아온 사회학자는 지금 서울역이 내려다보이는 책상에 앉아 있다. 언제나처럼 무수히 많은 사람이 서울역 광장을 오간다. 적지 않은 사람에게 서울역은 인생극장의 중요한 무대가 되었다. 만주 봉천으로 향하던 젊은 아버지가 기차를 타고 지나갔을 곳이고, 아버지와 어머니가 삼거리로 이사하기 위해 지나쳤을 곳이다. 와룡선생이 성장한 제자들을 보기 위해 지나온 곳(1962년)이자, 무작정 상경한 〈육체의 문〉의 은숙이 노파의 꼬임에 넘어간 곳(1965년)이기도 하다. 〈미몽〉의 바람난 유부녀 애순이 지나갔던 곳(1936년), 낙도에서 수학여행 온 섬마을 아이들이 서울 구경을 시작한 곳(1969년)이기도 하다. 〈지옥화〉에서 동식이가 소매치기와 마주친 곳(1958년)도 서울역이었고, 〈반도의 봄〉의 영일과 정희가 동경을 향해 떠났던 곳(1941년)도 서울역이다. 〈로맨스 그레이〉의 만자와 보영도 서울역에서 고향으로 돌아가는 기차를 탔다(1963년). 〈영자의 전성시대〉의 영자(1975년)도, 무지개 다방의 배양도 서울역을 거쳐 서울살이를 시작했을 것이다.

예나 지금이나 서울역은 요지경이다. 서울역 주변에는 기대할 수 있는 부의 최고 수준을 표상하는 힐튼 호텔의 손님과 극한까지 내몰린 빈곤과 무기력을 증명하는 노숙자가 뒤섞

1968년 서울역의 모습.

여 있다. 공항철도를 타기 위해 트렁크를 끌고 가는 경쾌한 발걸음의 여행객들 사이로 부대로 복귀하는 군인들이 바삐 스쳐 지나간다. 그 뒤로는 서울 스퀘어의 최신 LED 전광판과 어머니가 살던 창신동 채석장에서 캐낸 돌로 지은 옛 서울역사가 마주보고 있다. 1970년대엔 근대화된 서울의 표상이자 박정희식 조국 근대화의 증거로 여겨지던 서울역 고가도로는 어느덧 사람들이 걸어 다니는 공원길로 바뀌었다.

서울역 광장에서는 어느 주말엔 노동자의 권리를 주장하는 집회가 열리고, 그다음 주말엔 한미동맹 강화를 외치는 시위가 열린다. 여전히 그곳에는 과거의 어느 한 시기에 박제된 눈과 귀를 가진 사람들이 있다. 그들은 박정희가 투망을 던지던 그 시절이 가장 좋았다고 생각하며 태극기를 흔든다. 누군가는 그 사이를 비집고 다니며 "주 예수를 믿고 천당 가라"며 소리 지르고 있다. 이 기묘한 상황의 천연덕스러운 동거는 사회학자가 된 삼거리의 꼬마 주방장이 풀어야 할 또 하나의 거대한 수수께끼이다.

*

서울역 버스 환승 센터에서 703번 버스를 타고 광탄 삼거리에 내린다. 예전에는 미군이, 미군이 떠나간 뒤에는 한국 군인들이 많았던 삼거리. 헌병이 교통신호를 보내던 삼거리 중앙의 초소는 사라졌지만 가로의 배치는 예전과 크게 달라지지 않았다. 미군 보병 사단본부가 있던 자리에는 한국군 사단본부가 완전히 터를 잡아서 한때 그곳이 미군 부대였음을 짐작하기 어렵다. 새술막에 있던 캠프 스탠턴 기지 자리는 버려진 땅이 되었다. 아버지와 어머니는 캠프 스탠턴 자리에서 조금 더 용주골 쪽에 가까운 '천주교 불광동 성당 묘지'에 나란히 자리를 잡았다.

레인보우 클럽 건너편 예전에 미라가 살던 집은 편의점으로 바뀌었다. 제법 규모가 큰 이 편의점은 주말이면 인근 공장에서 일하는 이주 노동자들의 사랑방으로 변한다. 용근이네 집이 있던 옆집 건물 1층에는 월드 스토어World Store라는 이주 노동자들을 위한 식료품 가게가 들어섰다. 광탄의 오래된 명산물인 죽은 사람의 무덤과 살아 있는 군인 사이에 영세 공장들이 자리를 잡으면서, 삼거리에는 이주 노동자라는 또 하나의 명산물이 추가된 것이다.

미라네 집 건너편, 즉 무지개 다방이 있던 자리엔 여전히 다방이 있다. 상호도 무지개 다방 그대로다. 마지막으로 무지개

캠프 스탠턴이 있던 새술막 미군 부대 자리. 지금은 공터이지만 703번 버스 정류장 이름은 여전히 '부대 앞'이다.

다방에 들어가본 뒤로 몇 십 년 만이다. 의자와 테이블은 바뀌었지만 내부 구조는 옛 골격을 그대로 유지하고 있다. 꼬마 주방장이 다방 손님들을 관찰하던 주방도 원래 있던 자리에 그대로 있다. 주방에는 누구인지 모를 사람이 있다. 나도 그 사람을 모르고, 그 사람도 내가 누구인지 모른다. 다방 안의 어떤 손님도 내가 이곳의 꼬마 주방장이었음을 알지 못한다.

주방 뒤의 창문과 뮤직박스가 있던 자리, 그리고 어머니가 앉아 꾸벅꾸벅 졸던 의자가 있던 곳이 어디인지 알 것 같다. 유년 시절의 기억을 떠올리다가 문득 아는 사람만 아는 계단이 떠올랐다. 무지개 다방 주방 옆으로 난 계단을 올라가면 무지개 홀이 나온다. 그 계단을 따라 2층으로 올라가고 싶지만, 낯선 손님이 감히 청하기에는 무리한 부탁이라 그저 머릿속으로 그 계단을 최대한 기억해내는 것으로 만족하기로 한다. 시골의 티켓 다방처럼 변해버린 그곳에 오래 머물러 있기는 웬지 모르게 거북한 느낌이었다. 종업원들은 내게 잠시 혼자 앉아 유년 시절의 상념에 젖어들 틈을 주지 않았다. 서둘러 그곳을 나와 다시 703번 버스를 타고 서울역으로 돌아왔다.

*

한번 흘러간 시간은 돌이킬 수 없다. 시간의 냉정한 본질이 그렇다. 누군가의 인생을 기록하는 행위, 기록을 통해 흘러가버린 시간을 되돌리려 하거나 이미 내려간 인생극장의 막을 다시 올리려는 안간힘은 그래서 측은하다. 이미 세상을 떠난 사람의 인생을 기록을 통해 불멸의 지위로 격상시키려 하는 것 또한 부질없는 짓이다. 영웅전을 써서 그들의 인생을 미화하고 억지로 사후 재평가를 한들, 그리하여 판테온, 아니 최소한 국립묘지에라도 안장한들 그게 무슨 소용이겠는가.

노병욱과 김완숙이라는 자연인은 나의 아버지이고 어머니이다. 부모와 자식으로 맺은 인연이니 그 인연은 분명 소중하고 각별할 수밖에 없다. 각별한 사람과 죽음을 통해 이별하는 것은 무엇과도 비교할 수 없는 비극이다. 하지만 그 비극을 지나치게 강조하면 넋두리가 된다. 생로병사는 누구도 피해갈 수 없는 인간의 보편적 운명이지 나에게만 일어나는 비극이 아니니까.

시간은 흐른다. 시간이 흐르기에 인생극장의 막이 올랐고, 그 막은 다시 내려가야 한다. 나의 부모가 인생극장의 무대에 올랐다가 퇴장했고, 나는 그 무대를 물려받았다. 무대 장치가 썩 맘에 들지는 않지만, 부모를 우리가 마음대로 선택할 수 없고, 무대 장치 또한 투덜댄다고 바뀌지 아니하니 그것을 원망하며 째려보기보다는 찬찬히 살펴보는 편을 택하는 게 더 현명할지도 모른다. 바로 그 맘에 들지 않는 무대장치가 부모에게서 물려받은 진정한 유산인지도 모른다. 유산이 꼭 '재산'의 모습으로 나타나야 하는 건 아니다.

*

우리 각자의 부모는 다른 사람 눈에는 그저 노인일 뿐이다. 하지만 그들은 서로를 공통의 사회적 운명을 경험한 인생의 동지라 생각한다. 이 부모의 집합체를 '그들'이라 부르자. '그들'은 태어나자마자 강력하면서도 섬세한 국가라고 하는 '전 방위적 통제기관total institution'*이 연출하는 세상극의 무대에 섰다. 식민지 시대에 유년 시절을 보내고, 해방되자마자 전쟁을 겪고, 이승만과 박정희의 시대에 젊은 시절을 보낸 뒤 중장년기에 접어든 '그들'이다. '그들'은 남자 주인공 혹은 여자 주인공의 자격으로 무대에 오르지 못했다. '그들'은 시나리오에 이름도 나오지 않는, 지나가는 사람 1, 2 혹은 청소하는 사람이나 밥하는 아줌마로 표시되어 있는 '그저 그런' 역할을 맡았다.

박정희는 시대에 자신의 이름을 새기려 했던 특별한 사례, 즉 특례特例의 삶을 살았기에 개성적이다. 나의 부모처럼 박정희가 연출하는 인생극장의 무대에서 '그저 그런' 역할을 연기했던 사람들은 이런 개성을 지니지 못했다는 사회적 운명을 공유한다. 특례가 아닌 범례凡例의 삶을 살았기에 이들은 서로를 동시대인으로 만들어준다. 이 책 『인생극장』은 그리하여 내 부모의 인생 기록이기도 하지만, 그들과 동시대인이었던 모든 인생의 기록이기도 하다.

보통 사람은 자신의 뜻이 아니라, 시대에 자신의 의지를 칠하려는 '특례의 사람'이 부여한 조건 속에서 삶을 살아낸다. 군복을 입으라면 입고, 새마을 모자를 쓰라면 쓰고, 혼분식을 하라면 해야 했다. 또 머리를 자르라면 자르고, 짧은 치마를

* Erving Goffman, 1961, *Asylums: Essays on the Social Situation of Mental Patients and Other Inmates*, Anchor Books.

금지하면 긴 치마를 입었다. 그들에게 주어진 선택은 언제나 제한적이었기에 그들의 인생 궤적에는 시대가 그들에게 강요했던 조건들이 해독되어야 할 코드로 기록되어 있다. 그 코드를 해독하는 건 이후 세대인 우리의 몫이다.

*

국가가 총 연출한 무대에서 인생을 살아내야 했던 사람들을 자의식이 느껴지지 않는다며 비난할 수 있을까? 전체로부터 분리되지 않기 위해 고유성을 스스로 포기하는, 일종의 분리 장애 증상을 보인다고 비웃을 수 있을까? 아주 특별하게 자의식이 강하고 용기도 있는 사람은 '뻐꾸기 둥지' 위로 날아가기 위해 시대라는 껍데기를 뚫고 저항하기도 한다. 하지만 '그저 그런' 사람들이 이런 행보를 보이지 못했다고 그들에게 유죄 판결을 내릴 수 있을까? 껍데기에 반응하기 위해서는 용기도 필요하지만, 국가라는 총 연출자가 천연덕스럽게 늘어놓는 거짓말의 체계를 뚫고 나가 사실을 인식할 수 있는 지적 능력도 필요하다.

그러나 '그들'은 대부분 교육받지 못했고, 희망이라는 거짓말의 본질을 꿰뚫어 볼 지식도 없었다. 그래서 통치자가 휘두르는 통념의 조작에 쉽게 이용당하고 말았다. 노인 빈곤에 시달리면서도 "우리나라는 저만 부지런하면 배는 안 고픈 세상이라고 나는 봐. 노력하면 열린 사회라고 봐. 부자가 될 수 있어"*라고 생각하는 인식의 오류를 범하기도 한다. '그들'을 비난하기는 쉽고, '그들'의 주장에서 논리적 허점을 찾아내는 것도 간단한 일이다. '그들'은 때로 무식한 것처럼 보인다. 하지만 그 무식은 교육받지 못한 지난날의 흔적일 뿐이다. 그 무식의 배경에는 '그들'의 가난이, 여자라는 처지가 숨어 있다.

'그들'은 무식하기에 노인 빈곤 인구로 분류되면서도 나라가 잘살면 자신도 잘살게 될 거라고 착각한다. 겉으로 드러나는 이 어리석음의 심연을 파고 들어가면, 자신의 삶을 스스로 결정할 기회를 단 한 번도 경험하지 못한 이들의 인생 궤적을 발견할 수 있다. '그들'의 무지는 '그들'의 죄가 아니다. 그 죄는 '그저 그런' 사람들을 자신이 연출하는 인생극장의 엑스트라로 동원해놓고, '그들'의 무지를 이용해 시대에 자신의 이름을 새겼던 사람들에게 물어야 한다.

자신의 삶을 스스로 결정해본 일이 없는 사람들은 연출자의 시시콜콜한 지시에서 자유가 박탈되었다는 느낌보다는 오히려 편안함을 느낄 수도 있다. 아니, 좀 더 정확하게 말하자면 '그들'은 자유를 가져본 적이 없다. 그러니 자유가 박탈되었다는 느낌도 가져본 일이 없을 것이다. '그들'에게 박탈된 자유는 결격된 삶이 아니라 익숙한 삶이다. 연출자의 강력하면서도 세밀한 지시가 익숙한 '그저 그런' 배우는 자아에 대한 감각을 키울 틈이 없었기에 길들여진 삶에서 어떤 불편도 느끼지 못한다. 연출자에게 불만을 표하고 항의를 한다는 건 꿈도 꿔본 일이 없다. 항의는 빨갱이들이나 하는 짓이라고

* 최현숙, 2016, 『할배의 탄생』, 이매진, 128쪽.

믿으며 살아온 '그들'은 인생에서 단 한 번도 감히 국가를 상대로 질문하거나 요구해본 적이 없다. 물론 국가 역시 단 한 번도 '그들'에게 그런 '자격'을 부여한 적이 없다.

전 방위적 통제기관의 연출 속에서 인생을 살아낸 사람들이 갖는 한계는 너무나 명백하다. '그들'이 물려준 과거의 질서를 생각할 때마다, 빨리 사라져야 할 그 질서가 희한한 방식으로 끈질기게 유지되는 상황에 절망할 때마다 우리는 머릿속에서 '그들'에 대한 관념적 살해를 생각하곤 한다. 각자 자신의 부모는 장수하기를 바라면서도 동시에 '그들'의 생명 단축을 기원하는 이 딜레마는 분명 하나의 증상이다. 이것은 현재의 자식 세대가 풍토병처럼 앓고 있는 노이로제라는 증상이다.

*

> 아주 가까운 사람이 세상을 떠나면 채 몇 달이 지나지 않아 우리는 그와 그토록 함께 나누고 싶었지만 그가 멀리 가고 나서야 비로소 정체가 드러나는 그 무엇을 알아차린다. 우리는 그가 더 이상 이해하지 못하는 언어로 그에게 마지막 인사를 보낸다. • 발터 벤야민, 「일방통행로」

그렇다. 벤야민이 말했듯이 자식은 부모와 장례식을 통해 의례적인 이별을 마치지만, 자식이 부모에게 보내는 마지막 인사말은 장례식에서 곧바로 나오지 않는다. 자식이 부모에게 지상의 언어로 표현하는 마지막 말은 장례식이 끝나고도 한참 후, 이별로 인한 고통의 시간이 충분히 지난 후, 부모를 부모로서만이 아니라 나보다 인생을 먼저 살았던 자연인으로서 바라볼 수 있을 때 비로소 떠오른다. 1865년 어머니와 이별한 브람스가 '마지막 인사'를 〈독일 레퀴엠Ein deutsches Requiem〉이라는 곡에 담기까지는 3년의 시간이 필요했다. 이 책 『인생극장』은 장례식이 끝나고 한참의 시간이 흐른 뒤 부모에게 보내는 '마지막 인사'다.

'마지막 인사'는 부모가 살았던 시대를 회고하면서 그들의 시대와 나의 시대가 어떻게 다른지 알아가는 지난한 작업과 함께 마련되었다. 이 작업을 통해 자식 세대가 이전 세대를 감정적으로 미워하지 않으면서도 그들을 넘어설 수 있는 방법을 찾아낸다면, 그때 비로소 진짜 '마지막 인사'를 나누는 순간이 다가오지 않을까.

과거는 미래를 상상하는 터전이다. 회고의 끝에는 노스탤지어가 아니라 미래에 대한 상상이 있어야 한다. 노스탤지어에 사로잡혀 있는 한 우리는 과거에 대해 할 말이 많아지고, 한번 이야기를 시작하면 중단할 수 없을 정도로 수다스러워진다. 노스탤지어는 사람을 우울함 속으로 데려간다. 과거를 추억하고 안타까워할수록 현실은 맘에 들지 않기 마련이다. 과거로 돌아가고 싶은 마음에 영혼이 사로잡힌 사람은 미래라는 단어를 낯설어 한다. 부모가 살아왔던 생애를 기록해 나가면서 나의 머릿속에는 우리가 살아야 하는 미래가 떠올랐다. 과거는 미래를 보기 위한 연습이다. 과거에서 미래를 볼 수 있는 사람만이 고아가 되어도 서럽지 않다. 과거에 대한 기억은 미래에 대한 상상으로 종결되어야 한다. 기억의 정확한 시제는 과거가 아니라 미래다.

참고문헌

강광자 외, 2016, 『보고 시픈 당신에게』, 한빛비즈.

강상중·현무암, 2012, 이목 옮김, 『기시 노부스케와 박정희 – 다카키 마사오, 박정희에게 만주국이란 무엇이었는가』, 책과 함께.

강신재, 2013, 「구식 여자」, 『강신재 소설전집』, 현대문학.

강영심, 2008, 「일제 시기 충량한 신민 만들기 교육과 학교문화」, 『일제 시기 근대적 일상과 식민지 문화』, 이화여자대학교출판부.

강진호, 2006, 「근대 교육의 정착과 피식민지 주체」, 『상허학보』 16.

강성률, 2006, 『친일영화』, 로크미디어.

강성률, 2012, 『친일영화의 해부학』, 살림터.

강성률, 2012, 『영화는 역사다 – 한국 영화로 탐험하는 근현대사』, 살림터.

경기도사이버도서관 편, 2016, 『수려선 – 지금은 잊혀진 협궤열차 이야기』, 경기도사이버도서관.

고마고메 다케시, 2008, 오성철·이명실·권경희 옮김, 『식민지 제국 일본의 문화통합』, 역사비평사.

고바야시 히데오, 2004, 임성모 옮김, 『만철 – 일본제국의 싱크탱크』, 산처럼.

공제욱 외, 2006, 『식민지의 일상 – 지배와 균열』, 문화과학사.

곽은희, 2014, 「감성으로 기억하는 만주 – 만주 소재 대중가요 가사를 중심으로」, 『만주연구』 18.

곽현자, 2005, 「미망인과 양공주, 최은희를 통해 본 한국 근대 여성의 꿈과 짐」, 『한국 영화와 근대성』, 소도.

권인숙, 2005, 『대한민국은 군대다』, 청년사.

김경일 외, 2016, 『한국현대생활문화사 – 1970년대』, 창비.

김남석, 2013, 「고려영화협회에 편입된 경성촬영소의 역할과 의의 연구」, 『언론학 연구』 17(4).

김대근, 2016, 「얄개 담론에 대한 계보학적 접근: 당대의 감정구조와 외재적 조건을 중심으로」, 『인문콘텐츠』 42.
김도형, 2009, 「한말 일제하 한국인의 만주 인식」, 『식민지 시기 재만조선인의 삶과 기억』, 선인.
김동춘, 2006, 『전쟁과 사회』, 돌베개.
김동춘, 2015, 『대한민국은 왜 1945~2015』, 사계절.
김려실, 2004, 「인터/내셔널리즘과 만주」, 『상허학보』 13.
김려실, 2006, 『투사하는 제국, 투영하는 시대 – 1901~1945년의 한국영화사를 되짚다』, 삼인.
김려실, 2007, 「조선을 '조센'화하기 – 조선영화의 일본 수출과 수용에 대한 연구」, 『영화연구』 34.
김려실, 2007, 「조선영화의 만주 유입 – 만선일보의 순회영사를 중심으로」, 『한국문학연구』 32.
김려실, 2008, 「기록영화 〈Tyosen〉 연구」, 『상허학보』 24.
김려실, 2009, 「일제시기 영화제도에 관한 연구」, 『영화연구』 41.
김미선, 2012, 『명동 아가씨』, 마음산책.
김부자, 2008, 「식민지 시기 조선 보통학교 취학 동기와 일본어 – 1930년대를 중심으로」, 『사회와 역사』 77.
김서영, 2014, 『프로이트의 꿈의 해석 – 무의식에 비친 나를 찾아서』, 사계절.
김숙년, 2010, 『서울 토박이의 서대문 안 기억』, 서울특별시사편찬위원회.
김순덕, 1965, 『엄마 왜 나만 검어요』, 정음사.
김승구, 2012, 「아동 작문의 영화화와 한일 문화교섭」, 『한국학연구』 41.
김연자, 2005, 『아메리카 타운 왕언니 죽기 오분 전까지 악을 쓰다』, 삼인.
김영미, 2009, 『그들의 새마을운동』, 푸른역사.
김원, 2011, 『박정희 시대의 유령들』, 현실문화.
김은실, 1999, 「한국 근대화 프로젝트의 문화논리와 가부장성」, 『당대비평』 8.
김자야, 1995, 『내 사랑 백석』, 문학동네.
김재수, 1980, 「기지촌에 관한 사회지리학적 연구」, 『지리학 연구』 5.
김재희, 2004, 「1950년대 말~ 60년대 한국영화에 나타난 도시성과 근대성 연구」, 『대중서사연구』 10-1.
김정자, 2013, 『미군 위안부 기지촌의 숨겨진 진실』, 한울.
김조영, 1978, 「기지촌에 관한 지리학적 연구 – 경기도 파주지방을 중심으로」, 『지리교육논집』 8.
김진균 · 정균식, 1997, 『근대 주체와 식민지 규율 권력』, 문화과학사.

김학재 외, 2016, 『한국현대생활문화사 – 1950년대』, 창비.
김한상, 2008, 『조국 근대화를 유람하기』, 한국영상자료원.
김한상, 2010, 「조선-만주 관광 문화영화와 동아 신질서의 극장 경험」, 『영화연구』 43.
김한종, 2013, 『역사교육으로 읽는 한국 현대사』, 책과함께.
김흥식, 2009, 『1면으로 보는 한국 근현대사 1884~1945』, 서해문집.
노명우, 2015, 「스펙터클로 재현되는 조국 근대화와 영화 팔도강산 시리즈의 대중성」, 『인문콘텐츠』 38.
레이먼드 윌리엄스, 2007, 성은애 옮김, 『기나긴 혁명』, 문학동네.
리영희, 2005, 『대화 – 한 지식인의 삶과 사상』, 한길사.
문경연 외 옮김, 2010, 『좌담회로 읽는 국민문학』, 소명출판.
문화공보부, 1979, 『문화공보 30년』, 문화공보부.
박노자, 2009, 『씩씩한 남자 만들기』, 푸른역사.
박동은, 1966, 「특집 – 미국과 한국, 양공주와 혼혈아」, 『신동아』 1966년 9월.
박완서, 1990, 『나는 왜 작은 일에만 분개하는가』, 햇빛출판사.
박완서, 1991, 「1950년대 미제문화와 비로도가 판치던 거리」, 『역사비평』 13.
박완서, 2007, 『호미』, 열림원.
박완서, 2012, 『그 많던 싱아는 누가 다 먹었을까』, 세계사.
박정희, 1962, 『우리 민족이 나아갈 길』, 동아출판사.
박진호, 2003, 「1950년대 한국 멜로드라마 분석」, 중앙대학교 첨단영상대학원 영상예술학과 석사논문.
박태순, 2010, 「무너진 극장」, 『박태순 작품집』, 지만지.
발터 벤야민, 1983, 반성완 옮김, 「기술복제시대의 예술작품」, 『벤야민의 문예이론』, 민음사.
발터 벤야민, 1983, 반성완 옮김, 「카프카」, 『벤야민의 문예이론』, 민음사.
발터 벤야민, 2007, 김영옥·윤미애·최성만 옮김, 「일방통행로」, 『발터 벤야민 선집 1』, 길.
발터 벤야민, 2008, 최성만 옮김, 「역사의 개념에 대하여」, 『발터 벤야민 선집 5』, 길.
발터 벤야민, 2009, 김유동 · 최성만 옮김, 『독일 비애극의 원천』, 한길사.
배수찬, 2009, 「일제 강점기 국어교육의 식민지 근대성 연구 서설」, 『한국언어문화』 39.
서울시 정보공개정책과, 2010, 「베이비붐 세대의 삶을 통해서 본 교육통계 주요 변화」, 『e-서울통계 80호』.

서울역사박물관 조사연구과, 2011,『창신동: 공간과 일상』, 서울역사박물관.
서중석, 2013,『사진과 그림으로 보는 한국 현대사』, 웅진지식하우스.
서중석 · 김덕련, 2015,『서중석의 현대사 이야기 2 – 한국전쟁과 민간인 집단학살』, 오월의 봄.
서중석 · 김덕련, 2016,『서중석의 현대사 이야기 3 – 조봉암과 이승만, 평화통일 대 극우반공독재』, 오월의 봄.
서중석 · 김덕련, 2016,『서중석의 현대사 이야기 4 – 4월 혁명, 독재자와 맞선 피의 항쟁』, 오월의 봄.
서중석 · 김덕련, 2016,『서중석의 현대사 이야기 6 – 박정희와 배신의 정치, 거꾸로 된 혁명과 제3공화국』, 오월의 봄.
서중석 · 김덕련, 2017,『서중석의 현대사 이야기 8 – 경제성장, 박정희 공로? 위험한 착각!』, 오월의 봄.
손정목, 2010,『서울 도시계획 이야기』, 한울.
손창섭, 2005,「비 오는 날」,『손창섭 단편선 비 오는 날』, 문학과지성사.
손창섭, 2005,「생활적」,『손창섭 단편선 비 오는 날』, 문학과지성사.
손창섭, 2005,「미해결의 장」,『손창섭 단편선 비 오는 날』, 문학과지성사.
송도영, 2000,『주민 생활사를 통해 본 20세기 서울 현대사 – 서울 주민 네 사람의 살아온 이야기』, 서울시립대학교출판부.
송병수, 2015,「쑈리 킴」,『황석영의 한국 명단편 101』, 문학동네.
스베틀라나 알렉시예비치, 2015, 박은정 옮김,『전쟁은 여자의 얼굴을 하지 않았다』, 문학동네.
신하경, 2011,「일제 말기 조선 붐과 식민지 영화인의 욕망 – 영화 〈반도의 봄〉을 통해」,『아시아문화연구』 23.
어빙 고프먼, 2013, 진수미 옮김,『상호작용 의례』, 아카넷.
어빙 고프먼, 2016, 진수미 옮김,『자아연출의 사회학』, 현암사.
에리히 프롬, 2012, 김석희 옮김,『자유로부터의 도피』, 휴머니스트.
에리히 프롬, 1996, 차경아 옮김,『소유냐 존재냐』, 까치.
에릭 홉스봄, 2007, 이희재 옮김,『미완의 시대』, 민음사.
에바 일루즈, 2014, 김희상 옮김,『사랑은 왜 불안한가』, 돌베개.
염상섭, 2015,『효풍』, 글누림.
염인호, 2010,『또 하나의 전쟁 – 만주 조선인의 조국과 전쟁』, 역사비평사.
영화진흥위원회, 2006,『한국영화사』, 커뮤니케이션북스.
오성철, 2000,『식민지 초등교육의 형성』, 교육과학사.
오성철, 2006,「식민지 교육연구 잡감」,『한국 근대성 연구의 길을 묻다』, 돌베개.

오성철, 2006, 「조회의 내력」, 『근대를 다시 읽는다 1』, 역사비평사.
오제연 외, 2016, 『한국현대생활문화사 – 1960년대』, 창비.
오타 오사무, 2013, 이규태 · 김진숙 옮김, 「중일 전쟁 시기 대구 조선인 여학생의 학교생활」, 『식민지 조선의 일상을 묻다』, 동국대학교출판부.
요시노 겐자부로, 2012, 김욱 옮김, 『그대들, 어떻게 살 것인가』, 양철북.
유진오, 2012, 「신경」, 『유진오 단편집』, 지만지.
윤해동, 2006, 「식민지 인식의 회색지대」, 『근대를 다시 읽는다 1』, 역사비평사.
이광수, 2005, 『무정』, 문학과지성사.
이경분, 2012, 「영화음악으로 해석한 식민지 조선 영화 〈반도의 봄〉」, 『인문논총』 68.
이기훈, 2000, 「일제하 농촌 보통학교의 졸업생 지도」, 『역사문제연구』 4.
이기훈, 2006, 「청년의 시대」, 『근대를 다시 읽는다 2』, 역사비평사.
이덕기, 2009, 「영화 〈수업료〉와 조선영화의 좌표」, 『한국극예술연구』 29.
이범선, 2015, 「오발탄」, 『황석영의 한국 명단편 101』, 문학동네.
이봉범, 2012, 「한국전쟁 후 풍속과 자유민주주의 동태」, 한국현대매체연구회 편, 『한국영화와 민주주의』, 선인.
이병담 · 문철수, 2004, 「일제강점기의 보통학교 수신서 연구」, 『일어일문학』 24.
이선미, 2012, 「미국영화, 교양과 소비, 젠더」, 한국현대매체연구회 편, 『한국영화와 민주주의』, 선인.
이순진, 2003, 「1950년대 공산주의자의 재현과 냉전의식」, 『매혹과 혼돈의 시대 – 1950년대의 한국영화』, 소도.
이순진, 2005, 「식민지 경험과 해방 직후의 영화 만들기」, 『대중서사연구』 14.
이순진, 2011, 「냉전의 논리와 식민지 기억의 재구성」, 한국현대매체연구회 편, 『한국영화와 민주주의』, 선인.
이승희, 2011, 「흥행장의 정치경제학과 폭력의 구조 1945~1961」, 한국현대매체연구회 편, 『한국영화와 민주주의』, 선인.
이영재, 2008, 『제국일본의 조선영화』, 현실문화연구.
이원재, 2016, 『아버지의 나라 아들의 나라』, 어크로스.
이임하, 2003, 「한국전쟁과 여성노동의 확대」, 『한국사학보』 14.
이임하, 2006, 「전쟁미망인의 전쟁 경험과 생계 활동」, 『경제와 사회』 71.
이임하, 2004, 『한국전쟁과 젠더』, 서해문집.
이임하, 2010, 『전쟁미망인, 한국현대사의 침묵을 깨다』, 책과함께.
이재명, 2011, 『일제 말 친일 목적극의 형성과 전개』, 소명출판.
이준식, 2004, 「문화 선전 정책과 전쟁 동원 이데올로기」, 『일제 파시즘

지배정책과 민중생활』, 혜안.
이준식, 2007, 「일본제국주의와 동아시아 영화네트워크」, 『동북아역사논총』 18.
이충우, 2013, 『경성제국대학』, 푸른사상.
이하나, 2013, 『국가와 영화』, 혜안.
이화진, 2005, 『조선영화, 소리의 도입에서 친일 영화까지』, 책세상.
장덕조, 1956, 「미망인의 연애문제」, 『여원』 1956년 3월.
장세윤, 1991, 「일제의 경성제국대학 설립과 운영」, 『한국독립운동사연구』 6.
장세진, 2012, 『상상된 아메리카』, 푸른역사.
전국역사교사모임·역사교육자협의회, 2014, 『마주보는 한일사 III – 한일 근현대사』, 사계절.
전인권, 2003, 『남자의 탄생』, 푸른숲.
전인권, 2006, 『박정희 평전』, 이학사.
전재호, 2000, 『반동적 근대주의자 박정희』, 책세상.
정근식, 2011, 『식민권력과 근대지식: 경성제국대학 연구』, 서울대학교출판문화원.
정종화, 2015, 「조선영화 〈수업료〉의 영화화 과정과 텍스트 비교연구」, 『영화연구』 65.
조갑제, 1998, 『내 무덤에 침을 뱉어라』, 조선일보사.
조갑제, 2006, 『박정희, 한 근대화 혁명가의 비장한 생애 1 – 군인의 길』, 조갑제닷컴.
조갑제, 2009, 『박정희의 결정적 순간들』, 기파랑.
조선총독부, 2007, 김순전 옮김, 『조선총독부 초등학교수신서 제4기(1939년)』, 제이앤씨.
조순자, 2015, 「영화음악을 중심으로 본 국책영화: 〈병정님〉의 프로파간다에 관한 고찰」, 『한국학연구』 54.
조영정, 2003, 「미국영화에 대한 양가적 태도: 〈비오는 날의 오후 3시〉를 중심으로」, 『매혹과 혼돈의 시대, 1950년대의 한국영화』, 소도.
조준형, 2014, 「문화영화의 제도화 과정」, 『지워진 한국영화사』, 한국영상자료원.
주유신 외, 2005, 『한국영화와 근대성』, 소도.
채만식, 2015, 「치숙」, 『황석영의 한국 명단편 101』, 문학동네.
최길성, 2009, 『영상이 말하는 식민지 조선』, 민속원.
최용기, 2006, 「일제 강점기의 국어정책」, 『동양어문학』 46.
최정운, 2013, 『한국인의 탄생』, 미지북스.
최현숙, 2016, 『할배의 탄생』, 이매진.

칼 세이건, 2001, 현정준 옮김, 『창백한 푸른 점』, 사이언스북스.
캐서린 H. S. 문, 2002, 이정주 옮김, 『동맹 속의 섹스』, 삼인.
테드 휴즈, 2013, 나병철 옮김, 『냉전 시대 한국의 문학과 영화』, 소명출판.
파주군, 1995, 『파주군지 하 – 현대사회』, 파주군.
파주시, 2009, 『파주시지 3 – 파주생활』, 파주시.
프란츠 카프카, 1999, 이재황 옮김, 『아버지에게 드리는 편지』, 문학과지성사.
프란츠 파농, 1998, 이석호 옮김, 『검은 피부 하얀 가면』, 인간사랑.
한국구술사학회, 2011, 『구술사로 읽는 한국전쟁』, 휴머니스트.
한국영상자료원 영화사연구소 편, 2010, 『일본어 잡지로 본 조선영화 1』, 한국영상자료원.
한국영상자료원, 2003, 『한국영화의 풍경 1945~1959』, 문학사상사.
한국영상자료원, 2013, 『한국영화 100선』, 한국영상자료원.
한영현, 2011, 「해방과 영화 그리고 신생 대한민국의 초상」, 『대중서사연구』 26.
한철호 외, 2013, 『식민지 조선의 일상을 묻다』, 동국대학교출판부.
한홍구, 2003, 『대한민국사』, 한겨레출판.
함충범, 2008, 『일제 말기 한국영화사』, 국학자료원.
함충범, 2013, 「1941년 조선영화에서의 이중언어 속 일본어」, 『아세아연구』 56(1).
함충범, 2013, 「1940년대 초반 식민지 조선영화에서의 언어 상황의 변화양상과 특수성」, 『아시아문화연구』 30.
황일호, 1956, 「딸라의 매력인가, 양공주들의 실태」, 『여원』 1956년 1월.
Goffman, Erving, 1961, *Asylums: Essays on the Social Situation of Mental Patients and Other Inmates*, Anchor Books.

영화 목록

58~61, 63쪽
1925
고요한 아침의 나라에서
Im Lande der Morgenstille
노르베르트 베버

85쪽
1926
풍운아
나운규
조선키네마프로덕션

85쪽
1928
사랑을 찾아서
나운규
나운규프로덕션

85쪽
1928
유랑
김유영
조선영화예술협회

85쪽
1928
지나가의 비밀
유장안
대륙키네마

85쪽
1929
약혼
김서정
중앙키네마사

85쪽
1931
남편은 경비대로
도전장
원산만프로덕션

85쪽
1931
큰 무덤
윤봉춘
독립프로덕션

167, 422쪽
1936
미몽
양주남
경성촬영소

103, 129쪽
1938
군용열차
서광제
홍찬, 다나구치 센키치

54, 55쪽
1939
국기 아래서 나는 죽으리
이악 · 오카노 신이치
조선문화영화협회 ·
일본문화영화사

61~63쪽
1939
동경-북경: 조선과 만주국을 거쳐
Tokyo-Peking:
Through Tyosen and Manchoukuo
미상
일본영화신사

74, 76, 79,
110~112, 218, 360쪽
1940
수업료
최인규 · 방한준
고려영화협회

129쪽
1941
그대와 나
허영
조선영화제작주식회사

129, 158~160, 422쪽
1941
반도의 봄
이병일
명보영화사

85, 89, 100쪽
1941
복지만리
전창근
고려영화협회

108, 122~124,
129, 143쪽
1941
지원병
안석영
동아영화사

74, 140, 144쪽
1941
집 없는 천사
최인규
고려영화협회

118, 119쪽
1942
하와이-말레이 해전
ハワイ・マレ沖海戦
야마모토 가지로
도호

129쪽
1943
망루의 결사대
이마이 다다시
도호

129쪽

1943
젊은 모습
도요타 시로
조선영화제작주식회사

122, 123, 126, 127, 129, 167, 168쪽

1943
조선해협
박기채
조선영화제작주식회사

128~134, 138~140, 143쪽

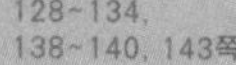

1944
병정님
방한준
조선군 보도부

129쪽

1945
사랑의 맹서
최인규
조선영화사

45, 145쪽

1948
독립전야
최인규
고려영화사

208, 209, 222쪽

1954
운명의 손
한형모
한형모프로덕션

194, 259, 261, 263~269, 271, 273쪽

1954
자유부인
한형모
삼성영화사

273, 275쪽

1957
순애보
한형모
한형모프로덕션

196, 395쪽

1958
돈
김소동
김프로덕션

245쪽

1958
어머니의 길
안현철
육토영화사

12, 259, 260, 272쪽

1958
자유결혼
이병일
동아영화사

193, 209, 211, 219, 220, 221, 226, 238~240, 422쪽

1958
지옥화
신상옥
서울영화사

251, 254쪽

1959
독립협회와 청년 이승만
신상옥
한국연예주식회사

196, 197, 242쪽

1959
동심초
신상옥
한국영배사

249, 250, 259쪽

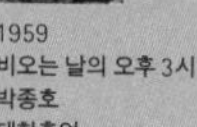

1959
비오는 날의 오후 3시
박종호
대한흥업

281쪽

1959
여사장
한형모
효성영화사

281쪽

1959
자매의 화원
신상옥
서울영화사

295쪽

1960
돌아온 사나이
김수용
신필름

297~301, 303, 306, 307, 326, 327, 334쪽

1960
로맨스 빠빠
신상옥
신필름

294쪽

1960
박서방
강대진
화성영화사

340, 342, 350쪽

1960
울려고 내가 왔던가
김화랑
극동흥업

180, 233, 234, 236, 243, 245쪽

1960
이 생명 다하도록
신상옥
신필름

186, 187, 215쪽

1960
표류도
권영순
중앙문화영화사 · 권프로덕션

341, 350, 352쪽

1960
흙
권영순
중앙문화영화사

344, 346쪽

1960
하녀
김기영
한국문예영화사 · 김기영프로덕션

260, 262쪽

1961
돼지꿈
한형모
성림문화사 · 한형모프로덕션

243, 245쪽

1961
사랑방 손님과 어머니
신상옥
신필름

294, 334, 335쪽

1961
삼등과장
이봉래
후반기프로덕션

388쪽

1961
서울의 지붕 밑
이형표
신필름

340, 342, 344쪽

1961
언니는 말괄량이
한형모
한형모프로덕션

232, 235, 237쪽

1961
오발탄
유현목
대한영화사

135쪽

1961
현해탄은 알고 있다
김기영
한국문예영화주식회사 · 김기영프로덕션

44, 351쪽

1961
마부
김대진
화성영화주식회사

404~407쪽

1962
와룡선생 상경기
김용덕
신필름

294, 296쪽

1962
월급쟁이
이봉래
연아영화공사

180, 225, 311~313쪽

1963
돌아오지 않는 해병
이만희
대원영화주식회사

244, 344, 345, 405, 406쪽

1963
또순이
박상호
세종영화주식회사

327~329, 343, 422쪽

1963
로맨스 그레이
신상옥
신필름

238, 239쪽

1963
쌀
신상옥
신필름

196, 221, 226쪽

1963
혈맥
김수용
한양영화공사

86쪽

1963
대지의 지배자
정창화
극동흥업

86쪽

1964
쏘만국경
강범구
동성영화공사

276쪽

1964
명동에 밤이 오면
이형표
세기상사주식회사

390, 392, 393쪽

1964
빨간 마후라
신상옥
신필름

302, 303, 338, 339쪽

1964
어머니와 지만이의 하루
국립영화제작소

299, 301, 303쪽

1964
유쾌한 삼형제
국립영화제작소

396, 422쪽

1965
육체의 문
이봉래
세기상사주식회사

400, 401, 405쪽

1965
저 하늘에도 슬픔이
김수용
신필름

86쪽

1965
압록강아 말하라
강민호
극동흥업

288쪽

1965
비무장지대
박상호
제일영화주식회사

390, 392, 393쪽

1966
소령 강재구
고영남
합동영화사

320, 322쪽

1966
워커힐에서 만납시다
한형모
동남아영화공사

342쪽

1966
초우
정진우
극동흥업

86쪽

1966
광야의 결사대
정창화
세기상사

285, 287쪽

1967
안개
김수용
태창흥업주식회사

381~386쪽

1967
팔도강산
배석인
국립영화제작소

342, 381, 382쪽

1968
미워도 다시 한 번
정소영
한진흥업

381쪽

1968
속 팔도강산 · 세계를 간다
양종해
국립영화제작소

377쪽

1968
국민교육헌장
국립영화제작소

368, 394쪽

1969
수학여행
유현목
한국영화주식회사 ·
동양영화흥업주식회사

382쪽

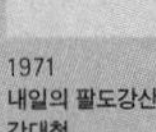

1971
내일의 팔도강산
강대철
삼영필름

390, 392쪽

1971
월남에서 돌아온 김상사
이성구
연방영화

391, 396쪽

1971
화녀
김기영
우진필름

390쪽

1973
특별수사본부 배태옥 사건
이원세
한진흥업

390쪽

1973
특별수사본부 기생 김소산
설태호
한진흥업

390쪽

1973
특별수사본부 여대생 이난희 사건
설태호
한진흥업

390, 392쪽

1974
특별부사본부 김수임의 일생
이원세
한진흥업

407쪽

1975
별들의 고향
이장호
화천공사

398, 399, 404, 406, 422쪽

1975
영자의 전성시대
김호선
태창흥업

390쪽

1975
특별수사본부 외팔이 김종원
이원세
한진흥업

379, 408쪽

1976
진짜 진짜 잊지마
문여송
동아수출공사

373, 379, 406, 408쪽

1976
진짜 진짜 미안해
문여송
동아수출공사

379, 380, 408쪽

1977
고교 얄개
석래명
연방영화

379쪽

1978
진짜 진짜 좋아해
문여송
동아수출공사

416쪽

2014
국제시장
윤제균
㈜JK필름

○ 본문에 이미지가 수록되지 않은 작품은 영화 정보에 이미지를 넣지 않았습니다.

영상 목록

영상 1 〈대한뉴스〉 314호 5 · 16 군사혁명(https://goo.gl/euhSrB)
영상 2 〈마부〉 춘삼과 수원댁의 영화 관람
영상 3 〈고요한 아침의 나라에서〉 1925년 무렵 조선의 가족 생활
영상 4 〈고요한 아침의 나라에서〉 신식 춤, 러시아 춤
영상 5 〈Tyosen〉 조선신궁 참배
영상 6 〈Tyosen〉 체조하는 여학생들
영상 7 〈수업료〉 영달이의 지리 공부
영상 8 〈복지만리〉 노래 백년설
영상 9 〈꽃피는 북만선〉 노래 이인권
영상 10 〈만주 신랑〉 노래 송달협
영상 11 〈할빈 다방〉 노래 이난영
영상 12 〈군용열차〉 경성역으로 들어오는 기차
영상 13 〈지원병〉 전쟁놀이하는 아이들
영상 14 〈수업료〉 군가를 부르는 영달이
영상 15 〈애마진군가〉 일본의 군가(https://goo.gl/v5kTzz)
영상 16 〈하와이-말레이 해전〉 진주만 공습
영상 17 〈지원병〉 황군이 될 수 없어 안타까워하는 춘호
영상 18 〈조선해협〉 특별지원병에 지원하겠다는 세키
영상 19 〈조선해협〉 황군의 행진
영상 20 〈조선해협〉 훈련받는 세키
영상 21 〈병정님〉 징병 검사 권유
영상 22 〈병정님〉 징용병들의 훈련소 입소
영상 23 〈병정님〉 가수 리샹란의 위문 공연
영상 24 〈집 없는 천사〉 아이들의 황국신민서사 제창
영상 25 〈반도의 봄〉 남자는 일본어, 여자는 조선어로 대화
영상 26 〈반도의 봄〉 무대 위에서 노래하는 정희와 객석의 남녀
영상 27 〈조선해협〉 데파트에 쇼핑하러 간 여인들
영상 28 〈미몽〉 애순의 데파트 나들이
영상 29 〈이 생명 다하도록〉 혜경과 피난짐 '구루마'
영상 30 〈표류도〉 영문학 전공한 다방 마담 현희
영상 31 〈지옥화〉 1950년대 서울역 앞 풍경
영상 32 〈돈〉 남대문 도떼기시장의 구제품 장사
영상 33 〈동심초〉 전쟁미망인 이 여사와 김상규의 사랑
영상 34 〈운명의 손〉 미군의 입항
영상 35 〈지옥화〉 전후 달러 경제의 면면
영상 36 〈지옥화〉 미군 클럽의 춤추는 남녀
영상 37 〈지옥화〉 미군 클럽의 무대 공연
영상 38 〈오발탄〉 상이군인의 처지를 비관하는 경식
영상 39 〈이 생명 다하도록〉 양공주가 된 영선을 받아들일 수 없는 병선
영상 40 〈오발탄〉 양색시를 보며 수군거리는 남자들
영상 41 〈지옥화〉 양공주들의 대화
영상 42 〈지옥화〉 미군부대 옆을 지나가는 소냐
영상 43 〈동심초〉 감시의 시선 때문에 괴로운 전쟁미망인 이 여사
영상 44 〈이 생명 다하도록〉 남편에게 사업 자금을 대주는 혜경
영상 45 〈샌프란시스코〉 장세정 노래

영상 46 〈우리 대통령〉 방송어린이노래회 노래(https://goo.gl/ckcKm9)
영상 47 〈대한뉴스〉 38호 제79회 리 대통령 탄신 경축(https://goo.gl/3q5t66)
영상 48 〈독립협회와 청년 이승만〉 배재학당에서 영어를 배우는 이승만
영상 49 〈독립협회와 청년 이승만〉 고종의 뜻을 받들어 미국 유학을 떠나는 이승만
영상 50 1954년 7월 28일 미국 의회에서 영어로 연설하는 이승만
영상 51 〈자유결혼〉 유창하게 영어를 구사하는 외교관 남편
영상 52 〈돼지꿈〉 영어가 섞인 어눌한 한국어로 사기를 치는 찰리 장
영상 53 〈자유부인〉 옆집 청년 춘호의 영어 인사 "굿모닝, 마담"
영상 54 〈자유부인〉 옆집 청년 춘호의 영어 인사 "굿나잇, 마담"
영상 55 〈자유부인〉 중국집 아서원에서 열린 오선영의 동창회
영상 56 〈자유부인〉 장 교수에게 한글을 가르쳐달라고 부탁하는 은미
영상 57 〈자유부인〉 한글을 배우는 타이피스트들
영상 58 〈자매의 화원〉 명희가 운영하는 명동의 양장점
영상 59 〈여사장〉 미국식 파티
영상 60 〈박서방〉 "나 슬퍼하지 않아"라며 자식들과 화해하는 박서방
영상 61 〈삼등과장〉 "얘, 4 · 19혁명도 별수가 없구나"
영상 62 〈월급쟁이〉 온 가족이 마당에 나와 체조하는 모습
영상 63 〈로맨스 빠빠〉 가족 소개(로맨스 빠빠와 아내)
영상 64 〈로맨스 빠빠〉 가족 소개(2남 3녀의 자식들)
영상 65 〈대한뉴스〉 412호 워커힐 개관(https://goo.gl/NqqzFE)
영상 66 〈삼등과장〉 구 과장과 아내 화해의 식사
영상 67 〈언니는 말괄량이〉 아침밥을 차리지 않는다고 아내를 때리는 남편
영상 68 〈울려고 내가 왔던가〉 "그럼 바로 보는 법을 알려줄까?"
영상 69 〈언니는 말괄량이〉 "여자는 여자로서의 본분이 있는 거야"
영상 70 〈또순이〉 주제가
영상 71 〈하녀〉 재봉틀을 돌리는 아내
영상 72 〈흙〉 미국 박사학위를 자랑하는 이건영
영상 73 〈울려고 내가 왔던가〉 미국 가는 비행기에 오르는 아들 부부를 바라보는 어머니
영상 74 〈마부〉 큰아들의 고시 합격
영상 75 〈대한뉴스〉 1019호 국민투표에 참가합시다(https://goo.gl/bwVh7W)
영상 76 〈대한뉴스〉 898호 퇴폐풍조 뿌리 뽑아 명랑사회 이룩하자(https://goo.gl/Sv4PyU)
영상 77 〈대한뉴스〉 535호 모기를 잡자(https://goo.gl/Eq6jto)
영상 78 〈대한뉴스〉 888호 총력안보 더욱 굳혀 자주평화통일의 기반 다지자(https://goo.gl/k3jp6X)
영상 79 〈대한뉴스〉 772호 5.15은 쥐 잡는 날(https://goo.gl/PT7HJk)
영상 80 〈국민교육헌장〉 국민교육헌장의 의미를 설명하는 문화영화(https://goo.gl/fk3XYn)
영상 81 〈팔도강산〉 울산의 비료 공장
영상 82 〈팔도강산〉 삼척의 시멘트 공장
영상 83 〈팔도강산〉 서해안의 간척사업 현장
영상 84 〈팔도강산〉 부산의 발전상
영상 85 〈서울의 지붕 밑〉 1960년대 다방 풍경
영상 86 〈대한뉴스〉 899호 이 사람은-한원길 여사(https://goo.gl/rrQM55)
영상 87 〈대한뉴스〉 884호 이 사람은-이동호 씨(https://goo.gl/CkgXNU)
영상 88 〈대한뉴스〉 893호 이 사람은-복태봉 씨(https://goo.gl/61ZhcN)
영상 89 〈와룡선생 상경기〉 와룡선생을 원망하는 애자

○ 웹주소가 별도로 표기되어 있는 경우를 제외한 모든 영상은 사계절출판사 유튜브 채널(http://www.youtube.com/user/sakyejulbook) 안의 '노명우의 인생극장'에서 볼 수 있습니다. 게시한 영상은 모두 저작권 문제가 없는 것들이나 유튜브 정책 및 시스템의 문제로 일부 영상이 일시적으로 차단될 수 있습니다. 모든 영상은 사계절출판사 블로그(skjmail.blog.me) '노명우의 인생극장' 게시판에서도 볼 수 있습니다.

인생극장

막이 내리고 비로소 시작되는 아버지, 어머니의 인생 이야기

2018년 1월 26일 1판 1쇄
2018년 2월 5일 1판 2쇄

지은이 노명우

편집 이진 · 이창연
디자인 홍경민
제작 박흥기
마케팅 이병규 · 양현범 · 박은희

인쇄 천일문화사
제책 J&D바인텍

펴낸이 강맑실
펴낸곳 (주)사계절출판사
등록 제406-2003-034호
주소 (우)10881 경기도 파주시 회동길 252
전화 031-955-8588, 8558
전송 마케팅부 031-955-8595 편집부 031-955-8596
홈페이지 www.sakyejul.net
전자우편 skj@sakyejul.co.kr
블로그 skjmail.blog.me
페이스북 facebook.com/sakyejul
트위터 twitter.com/sakyejul

값은 뒤표지에 적혀 있습니다. 잘못 만든 책은 서점에서 바꾸어 드립니다.
사계절출판사는 성장의 의미를 생각합니다.
사계절출판사는 독자 여러분의 의견에 늘 귀기울이고 있습니다.

ISBN 979-11-6094-332-0 03330

이 도서의 국립중앙도서관 출판예정도서목록(CIP)은 서지정보유통지원시스템 홈페이지(http://seoji.nl.go.kr)와 국가자료공동목록시스템(http://www.nl.go.kr/kolisnet)에서 이용하실 수 있습니다. (CIP제어번호: CIP2018001210)